Treasures for Scholars Worldwide

「十四五」时期国家重点出版物出版专项规划项目

国家社科基金重大项目『清末民国社会调查数据库建设』项目中期成果
（项目编号：15&ZDB041）

清末社会调查资料丛编·初编

习惯卷 1

总主编：黄兴涛 夏明方

本卷主编、点校：邱志红

广西师范大学出版社
·桂林·

QINGMO SHEHUI DIAOCHA ZILIAO CONGBIAN CHUBIAN XIGUANJUAN

图书在版编目（CIP）数据

清末社会调查资料丛编. 初编. 习惯卷：全4册 / 黄兴涛，夏明方总主编. --桂林：广西师范大学出版社，2022.11
　　ISBN 978-7-5598-4474-3

Ⅰ. ①清… Ⅱ. ①黄… ②夏… Ⅲ. ①社会调查－资料－汇编－中国－清后期 Ⅳ. ①D693.79

中国版本图书馆 CIP 数据核字（2021）第 249585 号

广西师范大学出版社出版发行

（广西桂林市五里店路9号　邮政编码：541004　）
　　网址：http://www.bbtpress.com
出版人：黄轩庄
全国新华书店经销
广西广大印务有限责任公司印刷
（桂林市临桂区秧塘工业园西城大道北侧广西师范大学出版社
　集团有限公司创意产业园内　邮政编码：541199）
开本：787 mm × 1 092 mm　1/16
印张：107.5　　字数：2 618 千字
2022 年 11 月第 1 版　　2022 年 11 月第 1 次印刷
定价：680.00 元（全4 册）
如发现印装质量问题，影响阅读，请与出版社发行部门联系调换。

序 言

中国现代社会调查兴起于清末。现今不少档案馆、图书馆均藏有清末调查资料,当时的报刊杂志也曾刊载较多调查报告。时人出于了解国情、引进新学、振兴中华的目的,曾大量撰文提倡调查研究,介绍外国调查的案例、一般性的调查方法,以及与调查密切相关的学科理论;清廷各部门、地方政府机构也曾要求或实际从事过各种调查,并成立专门的调查统计机构,留下大量调查成果,甚至一定程度上还注意到调查统计工作的规范性问题,开始致力于建章立制。以往学界长期认定中国现代社会调查起于1914年左右北京社会实进会所进行的人力车夫调查,可以肯定的是,这一流行说法目前已经过时。

一

据最新研究,国人较早从事现代社会调查,至少可上溯至19世纪70年代初。1871年,黄宽就曾用英文在《海关医报》(*Medical Reports*)上发表过一篇有关广州流行病情形的调查报告①。此后几年,他继续在《海关医报》发表同类报告②。这些报告文章可以视为中国最早的现代社会调查报告。黄宽(Wong Fun,1829—1878),名杰臣,曾留学英国学习医学,受过系统的医学专业教育,回国后长期在广州从事医疗工作,后被海关聘为医官,在相当长的一段时间内,他是唯一的华人海关医官。在广州附近从事流行病调查,是黄宽作为医官的职务行为,属于专业人士从事的专业性社会调查。不无巧合的是,英美早期社会调查的兴起也与流行病调查密切相关,甚至可以说,关于流行病的调查对英美早期社会调查的兴起发挥了相当重要的作用。黄宽的调查显然受到英国风气的影响。不过这些调查报告发表在英文杂志上,在当时的中国影响有限。后来中国社会调查潮流之兴起,与它们似并无直接关联。

中国现代社会调查的潮流肇兴于戊戌辛亥时期,其影响因素多样复杂。单从调查技术层面而言,1897年《农学报》创刊并登载大量日本人的调查报告所作示范,以及对土产(物产)调查的倡导和实践,对中国现代社会调查的肇兴起到直接的推动作用,而中国传统方志和舆地学关于各地物产资料的搜集和整理,也为现代调查的初起提供了必要的养分。1897年6月,黎宗銮奉谭嗣同之命作《浏阳土产表》,发表在《农学报》上,1897至1898年,《渝报》上也连载重庆物价调查作品《渝城物价表》,它们标志着中国现代调查的发轫。在《农学报》的倡导和有关调查成果示范之下,一批物产(土产)调查报告相继发表出来。进入民国后,物价调查及其二次成果物价指数的编制,更成为一种较受关注的调查类型。

---

① Dr. F. WANG's Report on the Health of Canton for the half year ended 30th September, 1871, *Customs Gazette*, *Medical Reports*, 1871, No.2.

② Dr. F. WONG's Report on the Health of Canton for the half year ended 31th March, 1872, *Customs Gazette*, *Medical Reports*, 1872, No.3; Dr. F. WONG's Report on the Health of Canton for the half year ended 30th September, 1872, *Customs Gazette*, *Medical Reports*, 1872, No.4; Dr. F. WONG's Memorandum on Leprosy, *Customs Gazette*, *Medical Reports*, 1873, No.6; Dr. F. WONG's Report on the Health of Canton for the half year ended 30th September, 1873, *Customs Gazette*, *Medical Reports*, 1873, No.6; Dr. WONG's Report on the Health of Canton for the half year ended 30th September, 1877, *Medical Reports*, 1877, No.14; Dr. WONG's Report on the Health of Canton for the half year ended 31th March, 1878, *Medical Reports*, 1878, No.15.参见李章鹏:《现代社会调查在中国的兴起:1897—1937》,西苑出版社2021年,第75—76页。

义和团运动之后,大批国人赴日留学并陆续归国,为现代社会调查在中国的蔚起奠定了人员、舆论、知识、制度等各方面的基础,也使得清末中国的现代社会调查在整体上打上较深的日本烙印。

1902—1903年间,浙江、湖北、江苏、安徽等省留日学生同乡会相继成立调查组织,制定调查规章,并在同乡会机关刊物上开辟调查专栏,提倡调查,发表调查成果,极大地推动了社会调查在中国的开展。此后,国人迅速掀起一股社会调查的潮流,社会调查的数量因此而急剧增多。在那些受聘于政府的留日归国学生的推动和参与下,清朝各级机构所从事的社会调查后来居上,超越各种民间机构所组织的调查,逐渐占据主流地位。

在清末,朝廷所组织的各种调查一般较民间调查规模要大。最为显著的是清末户口普查和民商事习惯调查,它们在整个近代中国的社会调查中占有十分重要的地位。需要说明的是,除这两类调查外,清廷许多部门都曾发起过与其职能相关的全国性调查。如1903年,商部就曾具奏章程,要求各省调查土货和工业产品。经过广泛而深入的资料搜集,我们发现,宪政编查馆、修订法律馆,以及各省调查局等机构所发起或从事的习惯调查,并不限于通常所谓的民商事习惯调查的范围,还包括极有特点的各种"行政沿习利弊调查"等内容。这次我们收录此类调查的部分材料,后续还将陆续刊出更多。在清末,各级政府和机关所从事的调查,还往往具有职位化、制度化和相对规范化的特点。除了因具体施政而临时举办调查外,政府部门的有些内设机构、职位,均负有调查的职责。如学部的视学员、各省的查学员和视学员,其职责就包含查视所辖范围的教育状况、各个学校的情形等,并提出改良意见;各驻外使领馆的商务专员,则有责任调查所在国、所在地的商务状况,尤其是同华侨、中国密切相关的商务情形,以促进中外贸易和相关产业的发展。

特别值得一提的是,1908年清政府决定在宪政编查馆下设统计局,各部院设立统计处;各直省成立调查局;各省的司道及府厅州县各衙门添设统计处,由此创立了上下联动的专管统计、调查的三级工作体系,统计和调查遂成为这些部门的日常工作。这在中国调查统计史上是件具有标志性意义的事情,它标志着中国已开始建立现代统计行政管理体制。

晚清特别是清末社会调查是国人最早试图以现代视野和方法调查、了解国情和世情的一种认识实践活动，受当时各种因素的制约和影响，体现出鲜明的时代特征。首先，调查的早期提倡和普遍开展，受到国人外争利权、振兴国家的爱国心之强烈驱动。其次，在这一过程中，西方和日本的现代社会调查，发挥过直接的刺激和示范功能，特别是日本的影响尤为切近而重要。此外，值得注意的还有清末新政与新兴的社会调查潮流之间所存在的密切关联，新政对于现代调查在中国兴起的关键推动作用。

清政府最早的官办调查机构之一四川学务调查所的产生，就是因应清末教育改革之需而设立的。随着各种新政措施的推展，清政府愈来愈认识到调查的重要性，认定"调查各件，关系重要，得随时派员分赴各国各省实地考察"。准于此，清政府决定广设调查机构，调查中国各地情形，以为创立各项新制度的参照。在实际操作层面，此期清政府每有重大举措，都强调必须先行调查。如法律改革先有各地风俗、民商事习惯、行政沿习利弊等调查；边疆开发，有理藩部调查局之设；币制、盐政改革，则伴随币制调查和盐政调查；风俗改革，有妇女缠足调查和禁烟调查；宪政改革，先后有自治和户口调查；教育改革，也有持续不断的教育调查，等等。这些调查统计本身，甚至已被认为就是清末新政的一个重要组成部分。

在清末，调查与统计的关系也极为密切，统计型调查占据优势地位。从数量上来看，无论是民间人士，还是清政府各部门、机构所从事的调查，绝大多数均属统计型调查。就连规模颇大、文字表述为主的民商事习惯调查报告，在一定程度上，亦可认为是一种有关国家社会生活某个领域的"描述性科学"，符合国势学派阿亨瓦尔所说的"统计学"范畴。从方法论角度而言，这些统计型调查均受到以横山雅南《统计通论》为代表的德、日早期社会统计学影响至深。

清末，不少调查受到传统调查一定程度的影响，实际调查成果中也时常存在挪用地方志成说和数据的现象，但就整体观之，则清末调查可谓中国现代调查的开端。关于清末社会调查的现代性特质，李章鹏曾从多方面加以讨论，给我们以不少启发。如他强调清末调查主体的多样性、专门调查机构的出现，调查目的不再是为了统治者征收赋税和劳役服务，而是主要服务于现代社会改良、社会行政和国家利权；指出清末调查开始明确以现代"社会"概念、"经济"概念等来分类调查事项、说明调查对象,具体指导调查;大量调查受到现代调查意识的支配,成为现代调查方式、统计方法和专业规范共同作用的结果;调查结论通常反映部分直接的社会真实,特别是现象的真实,尽管在揭示现象间系统联系的深层真实方面还存在不足,等等。① 我们大体上认同李章鹏基于上述考量作出的清末社会调查总体具有现代特质这一判断。

二

正因为晚清特别是清末的社会调查整体上具有现代特质,所以系统发掘和整理出版这些调查资料,并对其进行系统研究,具有重要的学术价值。

首先,它构成今人全面完整把握中国现代社会调查史不可或缺的有机组成部分,且由于它的早期性,还理当成为我们了解和认知现代社会调查在华兴起史需要格外重视的基础性内容。尽管与民国时期某些类型的调查、尤其是一些学科的典型调查相比,清末社会调查总体水平还显得不高,但它们往往成为后者的先导。

如前所述,社会学界一般认为最早的现代社会调查乃1914年左右北京实进会从事的城市平民调查(即北京人力车夫调查),但实际上,城市平民的调查在清末已经多次发生,如对习艺所的调查、对贫儿院的调查等,即属此类。今人回顾中国监狱学史时,总要提到严景耀及其所从事的监狱调查,但早在清末,已有人对国内外监狱进行过调查。1905年,《时报》曾集中刊登各地岁时风俗调查记,清末习惯调查中的不少内容亦可归为风俗调查,这都比民初北京大学提倡风俗调查要早十余年。朱惠贞所作《苏州婚嫁之风俗》可归入风俗调查类,其调查水平,即便与后来燕京大学社会学系研究生相关的人类学学位调查论文相比,也并不逊色多少。1905年,有人对皖北的语言进行过调查研究,实开民国时期语言调查之先河。清末还有人对少数民族进行调查,甚至进行过类似后来的人种调查和文化人类学调查,同样属于开创性质,自有其特殊的历史意义。

---

① 参见李章鹏:《现代社会调查在中国的兴起:1897—1937》,第111—119页。

其次,清末社会调查遗留下来的调查报告、资料,作为国人最早使用现代调查方式、统计方法和相关专业知识而获得的一种具有现代学术意义的特殊文献,对于今人认知清末社会、政治、经济、文化和世界情形,史料价值独特,可谓大有裨益。尤其是清末社会调查与新政密切相联,有些类别的调查成果,便能够直接反映新政改革在相关领域的开展情形,很有助于清末新政史的研究。以教育(学务)调查为例,清末教育(学务)调查成果,就不仅大致反映了当时的教育发展状况,还反映了清政府教育改革、推进教育的措施在各省各地甚至在具体学校的落实情形,以及在时间轴上的发展变化情形等,而这些,乃是别类史料所难以替代的。

此外,清末调查资料对今人了解当时社会调查所涉及的各门新兴学科史的早期孕育、成长以及它们与社会发展的互动关系,也不无参考价值。

《清末社会调查资料丛编·初编》所欲编辑出版的资料,大致由两部分构成:一部分是保存于各档案馆、图书馆的单行本资料,大多属于珍稀文献,如清末各地的民商事习惯调查等;另一部分则是当时报刊所载的报告或文章,有的已收存于各数据库,但均属影印文献,且海量分散,查阅和使用起来多有不便。对这些报刊调查资料进行系统搜集、集中整理与点校,十分必要。从海量化的资料里搜索出调查类文献,对之加以一一鉴别,其工作量之巨大,不亲自从事者实难想象。而欲对其进行准确甄别,也非长期研究的专业人员不能胜任。本课题组团队成员长期关注和研究中国现代社会调查史,对晚清的调查状况有较为深入的了解。研究团队下了大量的苦功夫和笨功夫,经过长时期的努力和搜索,凡是与晚清社会调查相关的资料均一一下载,并仔细鉴别,最后选择水平较高或较有特色的部分加以编辑、出版。

目前,除了已经影印出版的《国家图书馆藏清代民国调查报告丛刊》包含少量清末调查外,另有一些大型资料集也零星收录有清末的调查报告,但专门汇集、整理和出版的晚清社会调查资料集仍很少见,成系统全面汇集并予公开点校出版的,就更是未曾见到。《清末社会调查资料丛编》正是想在这方面做出努力,试图将这一特定时期的社会调查报告较为系统地搜集整理并予以点校,以简体字横排形式而不是影印形式公开出版,更加方便研究者和社会各界使用。

此次的"初编",大体由六卷组成,具体为习惯卷、文教卷、经济卷、法政卷、海外卷、人口及其他卷,分卷主编分别由邱志红和李章鹏担任。

习惯卷 清末的习惯调查,不论是其调查本身,还是调查留下的宝贵资料,都愈来愈引起包括法学界、社会学界在内的国内外学者的强烈关注。

初编整理点校的清末习惯调查资料,计包括清末预备立宪时期,尤其是宣统年间宪政编查馆和修订法律馆统筹领导的习惯调查资料,其中修订法律馆系统以民事、商事习惯调查资料为主,而宪政编查馆系统则以各省调查局(多以某某省宪政调查局为名)为依托进行的包括本省民情风俗、地方绅士办事与民事商事及诉讼事习惯、督抚权限内各项单行法及行政规章,以及行政上沿习利弊等内容,概言之,即各省法律行政习惯调查资料。此类习惯调查资料大致可以分为两大类,一是阶段性成果,除了修订法律馆制定的指导性质的各省民事、商事习惯调查问题纲要外,还包括各省调查局根据本省实际情况所编订的各类法政习惯问题条目或清册;二是最终成果,即对调查问题答案的整理汇总,此类报告书又存在两种形态,一种是各府厅州县级的基层调查报告,另一类是进一步整理的省级调查报告。此次整理点校的习惯调查资料基本囊括上述几类原始形态,并以手稿本为主。

根据北洋政府《司法公报》1927年第232期所载《各省区民商事习惯调查报告文件清册》,仅清末民事、商事习惯调查资料就有881册,这还不包括宪政编查馆系统各省调查局进行的各类行政习惯调查资料。这些资料对于认识清末预备立宪、法制改革、地方因应与自治等,史料价值和学术价值不言而喻,可惜如此丰富的资料由于散佚各处,湮没不彰,学界利用较少。目前虽然有些已经有影印本出版,但较为零散,对这些习惯调查资料进行系统整理和点校出版在学界尚为首次。由于各图书馆、档案馆对清末资料尤其是手稿本的收藏限制,此次初编仅将编者多年来的搜集所得汇编成册,后续还将有进一步的补充完善。

文教卷 清末文教调查主要由文化事业调查、学务调查、留学生调查三部分组成,均为调查报告,且大多均属统计调查报告。其中,学务调查的分量最重。

清末的学务调查,最初由留日学生倡导,多刊发在《浙江潮》《江苏》等留学生创办的刊物上。而后清政府教育部门（学部和各省提学使等）逐渐参与进来。与民间力量所从事的调查相比，清政府的有关调查报告篇幅更长，调查更具有系统性，调查的内容更细，且基本上均遵循固定的表式、格式，每个调查对象后还大多附有点评。各省查学、视学学务报告是一种非常特殊的调查报告，此种形式的报告民国时期仍然存在，后来的视察指导报告与此也有些类似。虽然内容简单，但从中可了解每个视察对象的大体情况及其优长与不足，尤其是应当改进之处。

通过该卷，可以窥知当时调查所涉各省教育的总体状况、学校概况，留学生出国留学情形，以及个别地方的文化事业情形。同时，教育调查实乃教育学的经验性研究，对中国早期教育学发展史的探究，清末教育调查也能够提供重要的参考。

经济卷 清末经济调查主要由商务调查、物产调查、实业调查、金融调查、交通调查、度量衡调查等部分组成，实业调查又可分为实业综合、工业手工业、矿产、农业等部分的调查。实业和商务调查分量最重，其余依次为物产调查、交通调查、金融调查、度量衡调查等。实业调查中，农业调查最多，其余依次为工业手工业调查、实业综合和矿业调查等。

物产调查是一种比较特殊的调查，既受现代调查观念的影响，又受传统舆地学和志书的影响。清末调查数量发展变化轨迹与经济调查数量轨迹高度一致，而清末调查也起于经济调查中的物产调查。当时的人们从事经济调查的一个思想出发点就是"商战"，欲盘点中国的物产、农业、工业手工业、矿产和商务情形，以此为基础，振兴、发展中国的实业和商务，同西方、日本列强争夺利权、展开商战。而对经济不同分部的调查的数量差别，一定意义上也反映了国人对它们的重视程度不同。

通过该卷，可以了解当时经济发展的一般情形和各分部的具体情况，包括更为细致的农业（含农产品）、工业手工业生产情形和商业交易情形及其不足之处、所提出的改良办法等。发展实业、商务，不仅出自民间呼吁，清政府各级部门也非常重视，可谓清末新政改革的一个重要组成部分。该卷内容，对研究清末经济史、思想史和新政改革史均有切实价值。

法政卷 清末法政调查内容复杂，主要由军事调查、政治行政调查、财政调查等几部分构成。财政调查包括财政制度、机构、管理和财税调查等部分，其中财税调查亦可归属于经济调查。还需指出的是，清末习惯调查，其实也属于法政调查内容，但其数量过于庞大，且内涵极为丰富，所涉范围广泛，非常特别而重要，我们已经单独分出并列为"初编"首卷。

通过法政卷所收调查，可以了解清末一些地方的驻军情形和新军军备情形，以及各省财政状况和一些地方官僚机构及其施政情况。其中甘肃省各厅州县地理调查表，是陆军部所主持的全国军事地理调查的部分成果，通过它们，可以得知陆军部所欲弄清的甘肃军事地理情形；各省财政说明，则属于清政府统一进行的全国财政调查结果，从中可知当时全国财政概况；该卷所收有关监狱、司法情形的调查也很有特色，可以视为监狱学经验研究的嚆矢。

海外卷 该卷主要由华侨调查和对外国的调查两部分构成。从分量上看，对外国的调查远远多于华侨调查，据不完全统计，清末报刊刊载的有关外国的调查241篇，有关各国华侨的专门调查31篇。

华侨调查方面，商务调查占首位，其次是有关华侨社会的调查。对外国的调查方面，涉及亚欧美澳四大洲21个国家和地区，其中，对日本的调查最多，其余依次为美国、朝鲜、德国、英国、法国、秘鲁等国，经济、军政、教育是国人在考察外国时关注得最多的领域，在经济领域中，对丝、茶、瓷业的调查又较有特色。

通过该卷，可以了解当时华侨社会的一些基本情况和所在国华侨的商务情形、华侨在中外贸易中的作用，可以了解相关国家的经济状况（尤其是中外贸易情形），以及教育、军政情形。对不同国家不同领域的不同关注度，一定程度上也反映了当时中国革新求强努力的几个面向。该卷所收调查报告，有许多是驻外使领馆的报告（搜集、调查驻在国的商务、经济和本国侨民情形，是一国驻外使领馆重要职责之一）；有一些是考察政治大臣的报告，从中可以进一步探讨不同驻地的使领馆的相关职责履行情况，可以探讨考察政治大臣的识见及其所提改革方案的成效。

对华侨的研究，一般追溯到梁启超《中国殖民八大伟人传》，但事实上国人在同时代已做了相当多的有关华侨的经验调查，其中留学生刘成禺（革命党人）的调查水平还比较高。有一篇对越南人种的调查，有点类似文化人类学的调查成果。

人口及其他卷 本卷所收的乃属于狭义"社会"的一些内容和已单独成卷部分以外的调查,因篇幅所限不能单独成卷,故将它们放在一起编为一卷。具体说来,这些调查由综合性调查、历史地理调查、户口调查、灾害和社会慈善调查、社会生活调查、宗教调查、民族调查、医疗卫生调查等部分组成。

该卷最有特色、也最有分量的是人口(户口)调查部分。将之与其他原始材料(各地图书馆、档案馆收藏的清末户口调查报告、资料)组在一起,可对清末人口(户口)调查和清末人口(户口)状况进行较为深入的探讨,从中可以看到清末人口调查中一些很有特色的地方。社会生活中的年节风俗调查、民族调查、医疗卫生调查等,也很值得关注,因为它们都是使用现代调查方法对相关领域开展调查所得的早期成果,而学术界以往更多关注的是民国时期相关领域的调查,而不免忽略了清末部分。

医疗卫生调查部分,则收录了前面提到的黄宽有关广州周围的流行病调查,这是目前所能发现的国人最早的社会调查。其调查符合严格的学术规范,对于中国流行病学史、中国社会调查史的意义非同一般,自然成为本卷的重要内容。

另外要说明的是,"初编"除了《习惯卷》之外,其他各卷都主要聚焦于清末报刊上所刊载的各类社会调查报告。计划中的"二编"乃至"三编",则打算继续搜集各地图书馆、档案馆所藏的清末调查,包括许多至今未曾公开出版过的珍稀文献。这样,经过持续不懈的努力,更为全面完整的清末社会调查将会陆续贡献给学术界和社会其他各界,相信这项工作的学术价值和社会文化意义,也会不断得到更为广泛深入的认知。

非常感谢广西师范大学出版社的大力支持,尤其是要感谢负责有关工作的宾长初、鲁朝阳先生和各位编辑的辛劳。林展老师和郑旦同学率领学生团队,做了不少录入工作,这里也要一并致谢。限于能力和水平,这次的"初编"之中,错讹、遗漏之处在所难免。恳请学界同仁和热心人士批评指正,并为我们后续的资料搜集和编辑提供更多的方便和帮助。

黄兴涛　夏明方
2021 年 10 月 20 日

凡 例

一、本《丛编初编》"习惯卷"资料包括清末宪政编查馆和修订法律馆两大系统进行的各省民事、商事习惯以及民情风俗、地方绅士办事习惯、督抚权限内各项单行法规及行政规章、省行政上之沿习及其利弊等调查资料，来源于各类稿、钞、刻、印（含报刊）本。

二、本《丛编初编》"习惯卷"编排顺序，除将修订法律馆商事、民事调查习惯问题列首位外，其余按照宪政编查馆各省调查局之设立时间，以及调查问题（含调查局公牍）——县（府）级原始调查报告书——省级调查报告书等排序，由于调查后期修订法律馆系统与宪政编查馆系统尤其在民事习惯调查方面多有交叉，修订法律馆系统民、商事习惯调查不单独排序。

三、凡在不同刊物发表的调查成果，选择版面较为清晰的，予以点校、编排。

四、一律将原始资料（含表格）整理为简体横排印本，以方便阅读。正文或表格中出现的记数数字则一律保留原貌。

五、将繁体字改为规范简体汉字，除人名或其他需要保留之专有名词外，异体、俗体、避讳等字径改为通行字。

六、尊重底本和当时的语言环境，原则上保持文字原貌、保留原文用法，如"猺""狪"

"獞""獠"等,如"迳""著""取销""沮塞"等,如"如左"等。

七、原抄件中手写删补处,原则上照原稿誊录,个别增补或校正者,加【】表示原稿内容。原文或误或衍者,加〔〕表示改字;脱漏者,加⧵⧸表示;不能辨认或释读者,加?表示。原书内容阙失或期刊缺载者,加[ ]表示,或加脚注予以说明。

八、保留原稿中符号( )用法,但原稿中有小一号字体内容,为便与正文区分,另置于圆括号内。

九、尊重原文中的编号序列。对原文中易于引起次序混乱的编号,作适当的技术性处理。

十、按照国家标准《标点符号用法》,进行标点。

十一、本《丛编初编》资料类型丰富,种类差异较大,如有特殊情况,由该书整理者在注释中加以说明。

十二、本《丛编初编》"习惯卷"尚多挂漏,整理工作仍在进行中,容俟续编再为出版。

目 录

修订法律馆调查民事习惯问题 ……………………………………… 1
法律馆调查各省商习惯条例 ………………………………………… 27
广西藤县民情风俗报告书 …………………………………………… 35
直隶调查局法制科调查书 …………………………………………… 93
直隶调查局法制科调查书稿本 …………………………………… 192
湖北调查局法制科第一次调查各目 ……………………………… 314
江宁调查局调查商事习惯商号类问题 …………………………… 387
山东调查局公牍暨法制科调查问题总目 ………………………… 391
山东河务行政沿习利弊报告书 …………………………………… 473
云南民商事习惯调查报告 ………………………………………… 510
代理大理府云龙州知州造呈调查民事习惯问题答案 …………… 526
云南省普洱府宁洱县民事习惯答案 ……………………………… 551
徽州府六县民情风俗绅士办事习惯报告册 ……………………… 576
安徽宪政调查局民事习惯问题答案 ……………………………… 645
陕西宪政调查局法制科调查问题总目 …………………………… 784

江西调查局公牍暨法制科调查问题总目	799
江西调查民事习惯问题	871
山西调查局法制报告书·民情风俗报告书底稿	922
甘肃全省调查民事习惯问题报告册	969
广东调查局法制科调查问题总目	1070
惠来县民情风俗民事暨绅商诉讼事册	1165
廉州府合浦县民情风俗民事纲目册	1182
浙江调查总局调查商事习惯	1194
浙江调查局详送诉讼事习惯类目文	1205
西安县民事习惯报告书	1206
江山县法制科第一股民事习惯报告书	1231
常山县法制科第一股民事习惯调查报告	1265
龙游县法制科民事习惯调查报告	1298
浙江民事习惯报告书	1329
四川调查局法制科第一次调查问题册	1384
调查川省诉讼习惯报告书	1403
奉天调查局公牍暨法制科调查问题总目	1429
奉天调查局法制科续拟调查问题总目	1541
海城县现行礼俗调查	1582
兴京协领衙门造送旗人礼俗调查表及论说	1592
凤凰直隶厅调查民情风俗习惯条目	1598
凤凰直隶厅调查民事习惯条目报告册	1604
凤凰直隶厅调查民事习惯问题报告册	1619
调查郭尔罗斯公前旗事项一览	1665
调查郭尔罗斯公前旗吉林候补路道槐禀及报告清折	1667
调查郭尔罗斯前旗委员王席珍报告册	1679
后记	1686

修订法律馆调查民事习惯问题

调查民事习惯章程十条

一、民事习惯视商事尤为复杂，且东南西北类自为风气，非如商业之偏盛于东南，拟派员分途前往调查，以期详悉周知，洪纤毕举。

一、省会为各府厅州县集中之地，且多已设有调查局所，其机关亦较灵。调查员应到省会与该局所商同调查，固执简而驭繁，亦事半而功倍。

一、本馆于光绪三十四年奏定调查章程，声明调查员于应行调查之件，如为力所不及者，得随时商请谘议官协助办理等语。各省提法司、按察司现经本馆奏派为谘议官，调查员应即与商同妥办。

一、调查民事必得该省绅士襄助，方得其详，调查员应与面加讨论。至应如何约集各处绅士会晤，临时与调查局或提法司、按察司酌量办理。会晤时将本馆问题发交研究，询以有无疑义，有疑而质问者，应即为之解释，并示以调查之方法，答复之限期。至该府厅州县绅士无人在省又不易约集者，应商由调查局或臬司，将问题发交该府厅州县地方官转饬绅士研究，按限答复。

一、各处答复必需时日，调查员势难坐候，应酌定限期，商由调查局或提法司、按察司随时催收汇齐，咨送本馆。

一、本馆民法起草在即，各处答复期限至迟不得过本年八月。其调查员自行调查所得，应随时陆续报告来京，不必俟事竣始行报告。

一、法律名词不能迁就,若徇各处之俗语,必不能谋其统一。调查员应为之恺切声明,免以俗语答复,致滋淆乱。

一、各处乡规、族规、家规,容有意美法良、堪资采用者,调查员应采访搜集,汇寄本馆,以备参考。

一、各处婚书、合问、租券、借券、遗嘱等项,或极详细,或极简单。调查员应搜集各抄一份,汇寄本馆,以备观览。

一、各处如有条陈,但不溢出于民法之范围,调查员均可收受,报告本馆,以备采择。

调查民事习惯问题

第一编　总则

第一章　与人及团体有关系之习惯

(一)僧尼得置买产业否(所谓僧尼产业者,指僧尼以自己名义置买产业而言,与寺庵产业有别)?

(二)僧尼财产归何人承受?

(三)未经父母允许,未成年者径自与人交涉事件时,可生效力否(所谓未成年者以年龄为断,如以二十岁为成年,则二十岁以前为未成年)?

(四)未成年者之财产如何办理?

(五)未成年者达几岁时可为成年(须从多数儿童之身体智识着想,不得据一二人为断)?

(六)妻得于夫之财产外私有财产否(如嫁资等是)?其使用此等财产应经其夫许可否?

(七)疯癫人之生计及财产如何办理?

(八)聋者、盲者、哑者之生计及财产如何办理?

(九)有管束浪费者之财产方法否?

(十)有区别住所及居所之制度否(以其地为生计上之根据地者为住所,否则为居所)?

(十一)外出之人久失踪迹,又无父母妻子,其家产得由其亲族或戚族代为管理否?

（十二）管理久失踪迹人之家产者，有如何权限（是否只准保管，不准变卖）？

（十三）有失踪迹后经若干年即作为死亡之制度否（如失踪后计其年龄已达八九十岁者如何办理？又，如失踪后须经过若干年可将其木主送入祖庙等）？

（十四）失踪迹后，计其人之年龄当已死亡，又无父母妻子，其家产得由其亲族或戚族处置（处置者如变卖等皆是，与管理有别）否？

（十五）家产处置后，万一失踪人复归，得向处置人索偿原家产之值否？

（十六）失踪迹人有定而未娶之妇，其妇须经若干年始得别嫁？

（十七）因临战阵与行船遭难及他之灾变而生死不明者，有经若干年即作为死亡之制度否？

（十八）如有以公益为目的之团体（所谓团体者，或由多数之人设立，如讲学会是；或由多数财产而设立，如义仓、积谷会、育婴堂等是），请详述其名目与组织及管理之情形。

（十九）如有以营利为目的之团体，请详述其名目与组织及管理之情形。

第二章　与物有关系之习惯

（一）所谓不动产者，是否以土地、房屋为限？此外尚有所谓不动产者否？

（二）土地与房屋是否有主物、从物之别？如土地出卖，则建筑于此土地上之房屋亦应归买主所有，是谓以土地为主物，房屋为从物；如房屋出卖，则建筑此房屋之土地亦统归买主，是谓以房屋为主物，以土地为从物。抑别有土地与房屋两者均得为主物之习惯否（如土地出卖，房屋不在内；房屋出卖，土地不在内）？试详按城镇乡现行习惯而缕述之。

第三章　与代理有关系之习惯

（一）未成年者，其处理事务是否由父母为之代理？

（二）少孤而无父母者，其处理事务系由何人为之代理？

(三)癫狂盲哑之人如无父母,其处理事务应由何人为之代理?

(四)代理人之权限有无限制(是否准为保存行为,不准为变卖行为)?

(五)未成年者达于成年时,其代理人之代理权是否从而消灭?

(六)未成年者及癫狂盲哑之人并未商允代理人,径自与人交涉事件时,代理人得出而撤销之否?

(七)代理人如因事烦不能一一亲任,或因故不能任事,得另觅人代理否?

第二编 物权

第一章 所有权关系

（某人有一权利,举凡使用、收益、处分之权,均归其一人所有者,曰所有权）

(一)盖筑房屋、修理墙壁时,得使用邻地或走入邻宅否?

(二)四面均被他人之土地环绕,欲通至大道,得通过邻地否?又,须通过费用否?

(三)因低地沮塞致使高地之水不能畅行下流,高地所有者得疏通此沮塞否?（并略述疏通费用、办法。）

(四)邻地蓄水之陂塘,其堤防有渗漏崩溃之虞,得商请其预为修筑否?（并略述修筑费用、办法。）

(五)盖筑房屋时,为防檐水注滴邻地,计于墙根外应留出几尺隙地?

(六)水流两岸,一岸属于己,对岸属于人,如变更水路及幅员时,须两面妥商否?

(七)水流两岸均属一人,于变更水路及幅员时,其水流之下口应复原水路否?

(八)欲将余水向下排泄,高地所有者得不商诸底地所有者径行排泄否?又,排泄时有须留心不害底地所有者之义务否?

(九)欲引甲地之水至乙地,中间须经过他人土地时,应如何办理?

(十)土地、山林、房屋四至界线,系以何为凭?

(十一)年久两造契据遗失,界标湮没,其疆界凭何为据?

(十二)设立界标之费用是否分担？

(十三)房屋两所分属于甲乙二人，中有空地，甲欲设立屏障以别界限，而乙不愿意时，甲仍得设立否？（或得设立竹篱、木栅等？）

(十四)共有墙壁相邻之一人得自由增高改筑否？

(十五)邻地竹木之枝横过疆界时，得如何办理？

(十六)邻地竹木之根抽过疆界时，得如何办理？

(十七)凿井、设厕，应距离疆界线若干尺？

(十八)穿池浚沟，应距离疆界线若干尺？

(十九)附海岸而涨出新地者，此地是否归沿岸地主所有？

(二十)附江岸、河岸、溪岸而涨出新地者，此地应归何人所有？若因对岸被冲滩而此岸涨出新地者，此新涨地如何办理？

第二章 共有权关系

（一权利系二人以上共有者，曰共有权）

(一)数人共有（二人以上同有一物，谓之共有）一物，其共有之一人欲使用此物，有何限制？

(二)共有者之一人不经他共有者同意，得变更共有物否？

(三)共有物之管理是否由众公举，抑轮流管理？

(四)共有物归一人管理时，其费用如何分担？

(五)共有者之一人死亡而无承继人时，其所应得之一部分是否分配于各共有者？

(六)共有者之一人得随时分割其应得共有物之一部分否？如他共有者不愿分割时，则如何办理？

(七)以共有物抵押于人时，得由共有者之一人取赎否？

第三章　地上权关系

（在他人所有之土地上有盖筑房屋或培植竹木之权者，曰地上权）

（一）有使用他人土地以盖筑房屋或培植竹木者否（如借基造屋、租山种树等是）？如有此事，请详述左揭各项之情形：

　　一、地租是否每年交付一次，或统行先交？

　　二、订有一定年限者，至长以若干年为限？至年限既满，地主不允展续时，系如何办理？

　　三、未订有一定年限者，地主欲取还土地，及使用土地者欲退还土地时，系如何办理？

　　四、因年限满而退还土地时，须仍复土地之原状否？

　　五、退还土地时，土地上之房屋或竹木地主愿照时价买收时，使用土地者得拒绝否？

第四章　抵押权关系

（一）凡借人之财，以物为质者，为抵押。抵押物有过手管理、不过手管理之别。是否以动产（如衣服、首饰等）为抵押时，均须过手管理？以不动产（如田地、房屋等）为抵押时，无须过手管理（如以田地为抵押者，其田地仍由业主耕种或出租；以房屋为抵押者，其房屋仍由业主居住或出租）？或不动产抵押，亦有须过手管理否（如田地一经抵押后，即交押主耕种或出租；房屋一经抵押后，即交押主或出租）？

（二）质、当、典、押，其名目既异，其规则有无异同？

（三）抵押物有无限制？（如军装、爆发物、动物、植物等得抵押否？）

（四）抵押是否以票据为凭？（以票据为凭者，请抄粘票据式样。）

（五）以票据为凭者，若票据遗失时，业主得如何办理？

（六）若不用票据者，凭何为据？

（七）押主得将抵押之物品使用或借给于人否？

（八）修理与保管抵押物之费用，是否由押主任之？

（九）押主得以抵押物转抵押于他人否？如得转抵押于他人，则因转抵押之故而抵押物被毁损时，押主向于业主是否应负责任？

（十）抵押物有毁损灭失时，押主是否折价偿还？其价以何时之率为准（如抵押时之价或偿还时之价）？

（十一）因天灾时变致抵押物有灭失毁损时，押主得免赔偿之责任否？

（十二）抵押物是否本利还清始得取偿，抑专将本钱还清即可取赎？

（十三）抵押年期至长以若干年为度？

（十四）期限将满时，物主得将利息付清请再展期否？

（十五）业主至期限无力取赎，如何办理？

　　一、抵押物是否即归押主所有？

　　二、满期限后，押主得不通知业主即行变卖否？如得变卖，其卖价不敷抵价时如何办理？或卖价扣除抵价及利息尚有余时，又如何办理？

（十六）抵押利息每年至少若干？至多若干？平准若干？

（十七）不动产抵押是否以契据为凭？（以契据为凭者，请抄粘契据。）

（十八）过手保管之不动产抵押是否即以该产所得之利息（如田地收获、住宅租银之类）充利息，抑须别给利？

（十九）过手保管之不动产抵押，其不动产每年应交纳之丁粮、捐税，是否由业主完纳，抑由押主完纳？

（二十）抵押取赎年限有最长至若干年者？

（二十一）过手保管之不动产抵押，其抵押物之修理（如房屋修理）及保管费用，是否全归押主任之？

（二十二）过手保管之不动产抵押，于抵押期限中业主将其业出卖时，系如何办理？

（二十三）不过手保管之不动产抵押，其利息每年若干？至业主到期不交利息，押主得如何办理？

（二十四）以一不动产抵押于数人,则押主与押主间之权利有先后区别否?

（二十五）不过手保管之不动产抵押,若业主将不动产出卖于他人时,押主得向买主索还抵价否?

（二十六）业主变卖其抵押物摊还债务时,押主较他借主有尽先摊还之权利否?

（二十七）买得不过手管理有抵押之不动产者,得代业主备价向押主取赎抵押否?

第五章　物权之消灭

（一）各国法律,凡权利者经过若干年后不行使权利,则其权利归于消灭。吾国关于物之权利亦有此习惯否?如有此习惯,其年限若何?且关于各种物权之消灭年限有无区别?

第三编　债权

第一章　契约

（一）订立契约时是否必以证书为据?又,在证书外更须用别种之方法否(如中证人等)?其办法如何?试详述之。

（二）未成年之人能否与人订约,抑或须由其家长父母出名?

（三）为人妻者及奴婢与人订约,应否得家长及夫之许可,抑或一切契约均须家长及夫出名代订?

（四）托人代订契约时,关于左揭各项情形试详述之:

一、代理人与人订约能自行出名否,抑或须用本人名义?

二、代理人之有无代理权限,及其权限如何,应以何法证明?

三、代理人所订契约若出其权限之外,本人可不承认否?如可不承认,代理人对于彼造应否照所订契约自负履行之责?若彼造更有损害,是否并须赔偿?

四、代理人受托后得转托他人代订契约否？如得转托他人，则其所托之人苟办理不善，本人因之受损，代理人并其所托之人对本人应负赔偿之责否？

（五）契约若定有期限，在期限未满以前，债主得以索偿否？

（六）契约若无定期限，债主须俟何时方得索偿？

（七）履行契约应在何地？若未约定，债主应否至债户家索偿，抑或由债户送还债主家，又或可另定一地以为履行之地？试分别言之。

（八）债户若逾限尚不履行契约，债主因以受损，债主得使债户赔偿否？

（九）契约若约定应为某事而债户不为时，债主得以债户之钱请人代为，以副原约否？

（十）契约若约定不准为某事而债户竟为时，债主得以债户之钱请人除其所为，以副原约否？

（十一）债主〔户〕依限履行契约，债主若不领受，债户得以该物托人保管，以免其责否？

（十二）债主〔户〕依限履行契约，债主若不领受，债户因以受损，债户得使债主赔偿否？

（十三）交付银钱时，或用银圆，或用外国货币，有一定之办法否？

（十四）契约约明有利，若其利率若干未经明定，则依本地习惯，每月或每年应付若干方得免责？

（十五）债户若逾限不付利息，债主因以受损，债主得使债户赔偿否？

（十六）债户若逾限不付利息，债主得以所欠利息作为元本重征利息否？若许重征，其所欠利息应积至若干，并所误期限应迟至何时债主方得如此办理？

（十七）一契约债主数人，债户亦有数人时，其各债主、各债户之权利义务是否平等均分，抑或另有办法？试详言之。

（十八）债主数人同一债权，债户所负债务若仅一物，不能分偿各债主时，则债主中一人可否代各债主而对债户索偿，抑或须会同各债主方得索偿？又，债户若以其物交还一债主时，对他债主能免其责否，抑或须约齐各债主当面交还，方能免责？试分析言之。

（十九）债户数人同负一债，各债户若与债主约明连带负责，则债主或对债户中一人索偿全部之债,或同时对各债户索偿全部之债,又或顺次对各债户索偿全部之债,是否属其自由?

(二十)前条债户中一人若有特别事故(如更改、抵销、免除等),其所应负之债额归于消灭时,则他债户按其所消灭之数,是否得以援免?

(二十一)前条债户中一人若清偿债务,则对他债户按其所应免之债额是否得以索偿?

(二十二)契约若有保证之人,则关于左揭各项情形,试分别言之:

　　一、保证人之资格能力有何限制?

　　二、保证人对债主负何责任?

　　三、保证人在保证债务外,对于利息违约罚款并赔偿损害之事等,亦负保证之责否?

　　四、保证人所负之责得较重于本契约所定者否?

　　五、债户若尚有资力,吝不还债,债主不与交涉,直向保证人索偿时,保证人对债主应用何法抵制?

　　六、债主至期不即索偿,至债户擅自消费,资力有缺,其后不能清偿时,与保证人责任有何影响?

　　七、保证人若有数人,其保证之法如何?

　　八、保证人代债户偿债后,对债户有何权利?

(二十三)债主、债户间若各有欠债,可否互相抵销? 又,两债务期限若有不同,或依契约所定,其债务各不相同不能抵销,是否各应偿债,不得援抵销之例办理?

(二十四)前后有二契约,以后契约废弃前契约时,前契约是否归于消灭? 如归消灭,则前契约如有保证人,或以物件作担保,后契约得以援用否?

(二十五)各国法律,债主若经过若干年不对债户索债,其债权有归销灭、不能再行索偿之例,吾国亦有此惯例否? 如有此例,则其年限以若干年为限? 又,因各债务之不相同,其年限亦有不同否?

(十二)〔(二十六)〕左揭各契约之情形如何? 试分别言之:

　　(一)赠与契约

甲、以物与人，虽已约明，若未立有书据，与者得自反悔，将该约撤销否？

乙、以物与人，其物若有瑕疵或欠缺，与者应否换给以完足之物？

丙、约定每月或每年与物若干，若未订明以若干年月为限，其契约以何时为完毕之期？

(二)买卖契约

甲、彼此约定买卖一物，物、价均未交割，中途有一人违约不买或不卖时，其处理之方法如何？

乙、约定买卖并付有定钱，中途有一人违约时，其定钱作何处理？

丙、买卖时应有一切用费(如夫马酒食等类)由买主、卖主何人任之？

丁、买卖用费是否照实费计算，抑有特定标准(如买价若干，须加用费若干之类)？

戊、买卖经过一定期限，如未付价，或付价未清，卖主可向买主索加利息，或撤销买卖之约否？

己、买卖已成交后(指物、价均已交割，或物已交清，价尚未付清时而言)，买主如不合意，有无退换之事？其退换之方法如何？

庚、买卖已成交后，如买主因该物有缺损差异(如数量不足、品质有异之类)与原约不符时，其退换之方法如何？

辛、退换货物有无一定期限？

壬、故将左揭各物出卖，买主不知，致买卖无效时，卖主对于买主有何责任(如加利退价或别议处罚之类)：

    一、抵押租借之物

    二、官有或公有之物

    三、寄存或遗失之物

    四、盗窃之物

癸、定买之物，如卖主已先抵押于人，应由何人取赎？

子、定卖之物,卖主再以卖人时,其对于前后买主有何责任?

丑、买卖已成定约,买主或卖主一人死亡,其承继人得撤销其约否?

寅、已定买之物因天灾事变致有毁损灭失时,其处理之法如何?

卯、买卖时卖主如预约买回,其价值如何预定?

辰、预定买回期限最长以若干年为限?

巳、预约买回之物,买主可于期未到时转卖于他人否?如转卖后,原买主于期到时得向后买主买回否?

午、买回之物,其未买回以前所有修理、保管一切用费应算入买价中否?

(三)借贷契约(分为三种:曰消费借贷,曰使用借贷,曰租赁)

一、消费借贷(以金钱或物借人,许其自由消费后以同样之钱或物归还者,曰消费借贷)

甲、消费借贷之预约若未交清,适遇借主或贷主破产时,其契约效力是否即归消灭?

乙、消费借贷之约若订有利息,则贷主所贷与之物苟有瑕疵,应否换给以完全之物?

丙、不定期之消费借贷,贷主得随时向借主索偿否?

丁、定期之消费借贷,在期限中借主破产,贷主得即向之索偿否?

二、使用借贷(以物借人使用,约定以原物归还者,曰使用借贷)

甲、使用借贷契约若定明使用之法而借主不照约使用时,贷主得将该约即行解除否?又,有损害时,更得向索赔偿否?

乙、借主若欲以所借之物转借他人,应否经贷主之允许?苟不经允许擅行转借时,贷主对之有何办法?

丙、所借之物如有灭失毁损,借主得以同样之物或折价偿还否?其计算以何时之率为准?

丁、所借之物,其必须修理、保管、培养(如牛马食料之类)一切用费由贷主、借主何人任之?

戊、由借贷物所生之果实(如畜类产子、花木结果之类),原约未定归何人所有,贷主得向借主索还其果实之一部或全部否?

己、不定期之使用借贷,贷主得随时向借主索偿否?

三、租赁(以钱租物使用之约曰租赁,分而为二:曰不动产租赁,曰动产租赁),兹分别拟题如左:

第一、不动产租赁

甲、租主所纳保证金(俗称押租)多少?以何为准(如以租金几分之几为率之类)?

乙、住宅租金,其交纳期限共分几种(如按月、季之类)?有无先期交纳者?如逾限不交,宅主可向租主索加利息否?

丙、租宅期限中遇房价腾贵,宅主可向租主索加租金否?

丁、租佃田土耕种者,其认租之法如何(如按亩计算,每亩计租若干,或照收获之额计算,业主、佃户各分若干之类)?

戊、田土认租是否仅于秋收时交纳一次,抑有无按照所出各种谷物分季交纳者(如夏季纳麦、秋季纳稻之类)?

己、田土认租是否皆以谷物交纳,抑系以金钱折算?其折算之法是否皆照时价,抑有预定之率?

庚、荒年歉收,佃户可向田主请求免租或缓租否?其缓租期限如何预定?补纳时有无加认利息之事?

辛、租佃空地修造房屋或为牧畜种植之用者,其租金如何计算?

壬、租佃山林专为采取柴木果物用者,其租金如何计算?有无以所出之物纳租者?

癸、租佃田宅、山林,其预定期限有最长至若干年者?有无不定期限,约定永归一人承租者?

子、定期租佃期限中物主将租物出卖,租主得仍继续承租满期否?

丑、租佃之物遇有必须修理之时(如房屋、堤防破损,沟堰淤塞之类),其用费是否概由物主担任?

寅、租主将租物加工以求坚美,其用费可向物主索偿否?

卯、租主或物主若欲解租,在解租前须互相先期通知否?其通知期限若何(如前若干月之类)?

辰、租主自行添置之物(指附着于租物上者),解租时得概行撤去否?物主如愿接受,其价值如何计算?

巳、田方播种或田稼将熟,田主得遽解租以田改佃他人否?

午、租主破产,物主是否即得解除原约?

未、租主若经物主允许以物转租他人,转租主对物主间关系如何处理?

第二、动产租赁

甲、赁用之物,其必须修理、保管、培养一切用费是否由物主自任,抑有由赁用之人分任者否?

乙、赁用之物如因天灾事变毁损灭失时,赁用之人得免赔偿之责否?

丙、赁用之物如有毁损灭失时,赁用人得以同样之物或折价偿还否?其价以何为准?

丁、因赁用物所生果实是否概归物主,抑有归赁用之人者否?

戊、不定期赁用之物,物主可随时向赁用人索还否?

(四)雇佣契约

甲、佣人有无缴纳保证金之事(如商店学徒缴纳押柜之类)?其处理之方法如何?

乙、雇佣期限有最长至若干年者?又,有无定终身为佣之约者(凡因买卖抵押终身为佣者不在此类)?

丙、给付佣金有定期者,雇主如过期不给,佣人可向雇主索加利息否?

丁、有期限之雇佣,在期限内因物价腾贵,可求雇主增给佣金否?

戊、雇主不经佣人承诺得使佣人为他人服务否?又,佣人不经雇主承诺得使他人自代否?

己、雇佣于期限内雇主无故解佣,有须别给佣金者否?又,佣人无故解佣,有须缴还佣金者否?

庚、有期限之雇佣,在期限内雇主若遇破产,佣人得自行解佣否?

辛、佣人因服劳致疾或死亡而解佣时,雇主对于佣人或其家族有无给养之事?

(五)承揽契约(为人包办事件或完成工作而取得报酬,谓之承揽;承办之人,谓之承揽人;以事工交人承办之人,谓之出揽人。)

甲、承揽人于事工未完时死亡,其承揽之责须由其承继人继续负之否?

乙、承揽事工逾限尚未完成,出揽人得另觅人承办否?

丙、因物价腾贵或事变发生,致原约承揽用费不足而事工不能完成时,承揽人得向出揽人索加用费或解除承揽之约否?

丁、承揽工作中途遇天灾事变致前工尽弃,承揽人得向出揽人索取赔偿否?

戊、承揽工作,其定保固年限(即约定至若干年止,遇有毁损须由承揽人赔修之事)有最长至若干年者?

己、承揽工作由出揽人自出材料或示以一定办法,而其材料恶劣、定法不良,致于保固年限中工作毁损时,承揽人得免赔修之责否?

庚、于保固年限内工作毁损,有于赔修之外别议处罚者否?

辛、保固年限中承揽人死亡,其承继人须继续负保固之责否?

壬、承揽人有甲乙二人,于保固年限中因甲修之一部不固致乙修之一部毁损,其赔修之责由甲乙何人负之?

癸、出揽人若遇破产,承揽人得即解除原约否?又,解除原约时,承揽人得对已完之事工请求报酬否?

(六)委托契约(即以事托人代办之约)

甲、委托人如要求报告委托事务情形,受托人是否须即报告？又,委办事毕,受托人应否即将其颠末报告？

乙、委托之事若须用费,委托人应否先行支付？

丙、受托人因处理委托事务得有财物或权利,应否移归于委托人？

丁、受托人若将应归委托人之银钱自行消费,应否算还利息？

戊、受托人因处理委托事务代委托人支付用费或负债时,受托人须认偿否？又,受托人得向索保证人及财物以为保证否？

己、受托人得向委托人索报酬否？

庚、委〔受〕托人因处理委托事务,如自己并无过失竟至受损,得向委托人索偿否？

（七）寄托契约（即以物寄托他人代为保管之约）

甲、保管物件如须用费,受寄人可否请寄托人先行支付？

乙、受寄人因保管物件得有财物,应否移归于寄托人？

丙、受寄人未经寄托人承诺得以寄托物自行使用否？或以寄托物转托他人代为经管否？

丁、受寄人因保管物件代寄托人支付用费或负债时,寄托人须认偿否？又,受寄人得向索保证人及财物以为保证否？

戊、因寄托物有瑕疵致使受寄人受损时,寄托人应负赔偿之责否？

己、有期寄托契约,寄托人得随时向之索还否？

庚、受寄人得向寄托人索报酬否？

（八）合伙契约（即合伙共营事业之约）

甲、依合伙契约,各股东所认之股本及经营事业所得之利益,是否作为各股东共有之财产？

乙、认股之法是否专用银钱,抑或劳力、信用等亦许作为股本？

丙、经营事业时,其处理事务之人若有数人,其事项应以何法决行（如以过半数议决,或一人独得专行之类)?

丁、依合伙契约,若专委股东数人以当处理事务之任,则闲散之股东得随时检查其事业及财产之情形否?

戊、经营事业如有得利及亏本之事,各股东间以何标准而决其分担之法?

己、各股东在结算以前得请收回股本并分割财产以脱合伙之关系否?

庚、合伙契约若定有期限,各股东得随时自行脱退否?

辛、股东如遇死亡、破产,是否作为脱退合伙关系?

壬、股东如有不合之处,经各股东全体商定后,可否即行除名?

癸、脱退合伙关系之股东与各股东结算帐目,其估定财产价值以何时市价为准?此时若尚有未了事件,是否俟清了之后再行结算?

子、合伙事业苟经解散,其结算帐目应否会同各股东面行清算,抑有无选任数人委令清算之事?

丑、结算帐目之人若有数人,其事项应以何法决行?

第二章 无委任之事务管理

(一)无受他人委托而管理其事务时,其两人间对于左列各项之关系如何?试详述之:

一、管理人应用何法管理事务?

二、因管理事务致使本人受损,管理人应负赔偿之责否?

三、管理人既管理事务后,应否通知本人?

四、管理人既管理事务后,在本人未能接管间,应否继续负管理之责?

五、管理人既管理事务,代本人支出用费并负债,得向本人索偿否?又,得向索保证人及财物以为保证否?

六、本人如有要求报告管理事务情形,管理人是否即须报告?又,本人接管时,管理人应否即将其颠末报告?

七、管理人因管理事务得有财物或权利，应否移归于本人？

八、管理人若将应归本人之银钱自行消费，应否算还利息？

第三章　无因得利

（一）借人之财产、劳力私自得利，致使他人受损，而其利益又系非所应得者，则两人间之关系如何？

第四章　不法行为

（一）因故意或过失毁人名誉、损人财产、伤人身体、杀人生命者，对于被害人及其遗族，加害人应负赔偿损害之责否？若应赔偿，试详述其办法如何。

（二）未成年人若因不法行为对人加以损害，应负赔偿之责否？又，其父母及其监督之人亦应负责否？

（三）为人妻者若因不法行为对人加以损害，其夫应负赔偿之责否？

（四）狂人及愚痴之人若因不法行为对人加以损害，其监督之人应负赔偿之责否？

（五）被役使人若因不法行为对人加以损害，其主人应负赔偿之责否？

（六）妻子被人加害，其夫及其父母得索赔偿否？

（七）狂人、愚痴之人、被役使人被人加害，其监督之人得索赔偿否？

（八）加害人如系二人以上而有左揭各项情形者，其赔偿损害之责任有分轻重与否？试详述之：

一、共谋

二、并无共谋，系适与共同加害者

三、一造教唆他造者

四、一造帮助他造者

五、一造利用不知情之他造者

第四编　亲属关系

第一章　总则

（一）依本地习惯，亲属二字包括何人？

（二）为人后者对于所后者之亲属，其亲属关系是否与亲生者同？

（三）凡由婚姻而生之亲属关系，离婚后尚承认否？

（四）凡由承继而生之亲属关系，归宗后尚承认否？

第二章　家制

（一）家长是否必以一家中之最尊长者为之？

（二）一家中最尊长者遇老病不能理家政时，或志在静修不愿理家政时，次尊长者是否即居家长之位，抑仅代理家长之事？

（三）一家中辈最尊者尚未及岁，是否先以次尊长者为家长？（譬如一家兄弟二人并不分家，兄死弟幼，而兄之子则年长，是否从兄之子为家长？）

（四）家中无男丁，或有男丁而未及岁者，妇女得为家长否？

（五）依本地之习惯，何者为一家之公产？何者为家属之私蓄？

第三章　婚姻

（一）男子定婚寻常在若干年岁左右？女子在若干年岁左右？

（二）外姻亲属中不得互相结婚者有几？

（三）父母主婚有先询其子女之意见者否？

(四)定婚请书、允书之式若何？

(五)定婚后，未婚之男死亡，女得别嫁否？

(六)定婚时未订婚期，逾多年无故不嫁或无故不娶者，各得别娶别嫁否？

(七)定婚后、成婚前，男女之一造有犯奸盗者，彼造得退婚否？

(八)定婚后、成婚前，男女之一造有婴残废癫狂疾者，彼造得退婚否？

(九)夫死再嫁是否须经夫之父母允许，或须经妇之父母允许？夫死后约若许时期方得再嫁？

(十)须有如何情形，夫得呈诉离婚？

(十一)须有如何情形，妇得呈诉离婚？

(十二)离婚之妇得携其子女同去否？

(十三)夫妇财产是否皆为共有？妻之嫁资及妻以自己之名所得之财产是否归妻私有？妻私有之财产，夫得管理之否？

(十四)离婚及妇再嫁者，妇得携其私有之财产以去否？

(十五)赘婿招夫有无于定婚时订明夫须永远在妻家居住者？

(十六)关于夫妇财产之事，有无于定婚时订明契约者？

第四章　亲子

(一)继母或嫡母遇有虐待其子之事，近支亲族可出而保护否？父死之时，有无预嘱近支亲族保护其子以免继母或嫡母之虐待者？

(二)父母虐待子女，近支亲族或官府得干预阻止否？

(三)小儿在胎时期寻常以若干日为最多？若干日为最少？（以寻常之事实为准，其奇异偶有之事不必问。）

(四)寻常受胎时期之中父与母实不同居而生子者，父得不认其子否？

(五)奸生子为父所收留，与其生母尚有母子关系否？

(六)奸生子已成立，如其父母欲认明为己子，须先经其允诺否？

第五章　监护

(一)凡未及岁之子女,上无父母,应由何人管教?其应行管教之人何人居先?何人居后?(如有祖父母者,先由祖父母管教;有胞伯叔者,先由胞伯叔管教。有无此习惯?)

(二)父母临终时有无指定某人管教其子女者?

(三)管教他人之子女者是否兼为经理该子女之财产?其经理财产向用何种方法使免侵蚀?

(四)他人之子女及岁后,经理财产之人是否即将财产交还该子女,听其自行经理?其交还时是否须交出历年清帐,由近支亲族公同阅看?

(五)凡管教他人子女并经理其财产者,如有侵蚀情事,该子女之近支亲族得出而干预,另选管教经理之人否?

(六)管教他人子女、经理其财产,得收受酬劳之资否?

(七)经理他人子女之财产者,于该子女之财产是否禁其自行买受或承租?如有自行买受或承租之事,该子女及岁后是否可索还不认?

(八)成年之人患癫狂、酗酒、流荡之习者,其财产是否可由家中尊长管理?其应行管理之人何人居先?何人居后?

第六章　亲属会

凡亲族会议由何人招集?集议时何人主席?如何决事?决定后如何施行?

第七章　扶养之义务

(一)亲属中互负扶养之义务者为何人?

(二)负扶养义务者有数人时,何人应先担任?何人为次?

（三）负扶养义务者有数人,而此数人居于同一应先担任之地位者,是否平均分担其义务？

（四）受扶养权利者有数人时,何人应先享受？何人为次？

（五）受扶养权利者有数人,而此数人又居于同一应先享受之地位,则如何办理？

（六）凡负扶养之义务者,是否以其财力为准？无此财力者,是否可免其扶养？

（七）凡受扶养权利者,是否以不能自存者为限？如有因怠惰流荡以致不能自存,其负扶养义务者是否可因此拒不扶养？如果可因此拒不扶养,何人当在例外（如同胞兄弟之类是否在例外）？

第五编　承继关系

第一章　总则

（一）依本地习惯,承继种类有几（如承继宗祧、承继遗产之类）？

（二）承继以何时为始？

（三）胎儿有承继之权否？

（四）承继人有不承认承继,自由抛弃者否？

（五）因承继之事若有一切用款,是否由遗产中支付？

第二章　宗祧之承继

（一）有子之人得再抚他人之子为嗣否？

（二）大宗无后,小宗得先立嗣否？

（三）承重之人及大宗之子孙,得承继他人为嗣否？

（四）以族人为嗣,其先后之序以何为定？

（五）如不依承继先后之序择爱择贤为嗣,须经亲族之公允否？

（六）可继之人如系独子,可否准其兼祧两房？

（七）以外姻之人为嗣有无限制（如限于姑舅之子、两姨之子及妻侄之类）？

（八）承继长房宗祧时，授继人之直系卑属有数人，若其间亲等有远近，年岁有多少，并有嫡庶之分，应以何者居先为应继之人？何者居后以俟递补？试详晰言之。

（九）有无既已成继即不许悔继归宗之例？

（十）本宗承继之人许其悔继否？

（十一）由少抚育成立之承继人，尚准其悔继否？

（十二）如有左揭各事，得由承继人悔继归宗否？

  甲、不堪嗣父母之苛待

  乙、所后之亲生子

  丙、所生父母无子

（十三）悔继之人，其已受嗣家之财产，应否全部返还？

第三章　遗产之承继

（一）未分析之家产是否归家长管理承继？

（二）无子嗣及同居亲属之人，其遗产应由何人承继？

（三）无亲属之人，其遗产得由外姻承继否？

（四）负债多于遗产，袭产人得将其遗产经众或经官尽数摊还，不复承继否？

（五）析产分配之法是否皆以房计？

（六）左揭各项之人，其分受遗产有无轻重之别？

  甲、大宗之子及嫡子

  乙、小宗之子及庶子

  丙、嗣子或兼祧之子

  丁、赘婿

  戊、奸生子

己、无子寡妇

（七）左揭各项之人亦得分受家产否？

　　甲、被出复归之子

　　乙、出子之子孙

　　丙、未嫁女

　　丁、收养或买继之子

　　戊、配偶者

　　己、直系尊属

　　庚、亲兄弟

　　辛、家长

（八）不可分割之产（如房屋之类）以何法分析？

（九）授继人在生前或以遗书对某承继人有特与以财产时，受与之人仍得与他承继人共分遗产否？又，其所受之物应否缴还？

（十）某承继人以其应继之分出卖或抵押时，他承继人得行赎还否？

（十一）授继人遗书若言在一定年限内不准分产，其承继人得随时共议分析否？

（十二）遗产中如有债权，各承继人间应如何分析？如分归一人，后日债权倘不能索偿，各承继人应否分垫损失？又，其分垫之法如何？试详述之。

第四章　遗书

（一）无字据之遗言以何为证？

（二）立遗书须用一定之方式否？其方式如何？试录其式样以对。

（三）遇有变故，请人代立遗书，如别无证人，亦为有效否？

（四）关于立遗书能力有何限制（如达若干岁方许立遗书之类）？

（五）未成年人立遗书应否经其法定代理人允许？

(六)撤销遗书之法如何？

(七)遗书若未指定执行之人,应以何人为执行遗书人？

(八)因执行遗书若须各种费用,是否由遗产中支付？

(九)遗书所嘱之事如属不法(如无故出妻之类),其子女亲族得为之撤销否？

(十)立遗书时应否用保证人？又,保证人之资格有何限制？

第五章　遗留财产

(一)授继人应否以遗产若干留给后人,抑可以全部财产随意赠与他人？

(二)左揭各项之人,其应得遗留财产有无轻重之别？

　　甲、直系卑属

　　乙、配偶者

　　丙、直系尊属

第六章　无人承认之承继

(一)承继起始时,若应继之人踪迹不明,无人承认,其承继财产应如何办理？

(二)承继财产若命人管理,其管理人之职务如何？

(三)寻觅承继人时应用何法探索？

(四)承继人若经探索历久无踪,其承继财产应归何人所有(如归国库,或捐办公益事业之类)？

第七章　债权者及受遗人之权利

(一)承继债权者(即授继人之债权者)及受遗人(即受授继人遗赠之人)在承继起始后,

可否请将承继财产与承继人固有财产分离,以充偿还之用?

(二)承继债权者及受遗人如有前条权利,应向何处请求(如向审判厅或向承继人请求之类)?

(三)承继债权者及受遗人请求分离财产后,应否定以一定期限通知各债权者、各受遗人会同核算,公同索偿?如应若此办理,其通知期限最短以若干月日为限?

(四)承继人若供出担保,可否不许承继债权者及受遗人分离财产?

[修订法律馆《调查民事习惯问题》,修订法律馆刷印,光绪三十四年(1908年)。 上海图书馆藏。]

法律馆调查各省商习惯条例

第一章 总则

第一条 有称为商人之特别阶级否？若无之，则是否无论何人，皆得为商人？

第二条 称为商人者之范围如何？

第三条 就营某种商业，若有特别制限时，则详述之。

第四条 官吏公吏等之营商业，有无制限？此外有无特就营某种类商业加以制限者？

第五条 女（妻或独立之女）或未成年者有无营商业之例？若有之，则与成年男子营业之方法有无差异？

第六条 有大商人与小卖人之别否？若有之，说明其区别之标准，及营商业之方法等有无差异。

第七条 有小卖商人与卸卖商人之别否？若有之，亦说明其区别之标准，及营商业方法等有无差异。

第八条 此外有商人之区别否？

第九条 有特为交易之市场否？若有之，则言其制度如何。

第十条 对于商人特有登记否？若有之，则详言其制度。

第十一条 商人在其商业上为表示自己之名称，要用姓名否？若系不要，则言其关于用姓名以外之名称有无制限。若有制限，则言其制限如何。又，不问有无制限，详言关于商业上所用之氏名，及其他名称之制度。

第十二条　商人表示自己之名称以外,有表其商业处所之名称否?若有之,{则详言有之}①之际,及关于此之制度。

第十三条　商人有为表示其商品用文字图形记号者否?若有用之者,则详言其制度。

第十四条　商人商业本据系一种物品否?若有多种物品,则其间有无主从之关系?宜详说其制度。

第十五条　商人有记录其商业情形之帐簿否?若有之,则详言其制度。

第十六条　详言关于商人在其商业上所使役者(包含商业使用人及商业学徒等)之制度。

第十七条　商人在其商业上有以他商人为代理,或居间之常设机关否?若有之,则详言其制度。

第十八条　详言商人在自己之营业上,临时使他人(不问其为商人与否)代理自己,或使其补助自己之制度。

第十九条　商人有举其店铺商品交易上关系等一切事物出顶与他人者否?若有之,则详言其制度。

第二十条　商人间之交易,及商人、非商人间交易,并非商人间之交易,其间有无差异(如利息、连带及其他等)?

第二章　组合及公司

第一节　总则

第一条　详查二人以上共同营商业之情形。

第二条　若有外国人共同营商业之际,则详查之。

第三条　区别各种共同商业,详查左列诸事项:

(一)官吏之干涉。关于设立营业组织之变更、合并、解散等之监督及罚则。

(二)设立。

---

① 原文误,据《己酉大改记》宣统元年三月二十日第21册(载《中国近代史料丛刊续编》第25辑,台北文海出版社1976年,第1694页)补。

(三)规约(定款)。

(四)名称。

(五)广告之方法。

(六)营业年岁。

(七)资本及其增减。

(八)公积金。

(九)借入金。

(十)事务之执行及代表。

(十一)事务之监督。

(十二)盈亏之分配,及设立后至开业时,要展缓之际,所处之之方法。

(十三)共同员决议之方法,及于有总会之共同商业,详言其总会之制度。

(十四)各员之出资。

(十五)各员之责任。

(十六)禁止各员为同一营业否?

(十七)各员之加入及退资解约。

(十八)各员所有权利之让与。

(十九)自己商业变为共同商业之情形,又,共同商业变为自己商业之情形。

(二十)共同商业情形之变更。

(二十一)一共同商业与他共同商业之合并,又,共同商业之让与。

(二十二)破产。

(二十三)解散及清算。

第二节 股份

第一条 有二人以上共同有一股者否?若有之,则详言其关系。

第二条 详查股份帐簿,或股东名簿。

第三条　股份银数有不均一者否？若有，宜详言之。

第四条　股份银数之最多数目、最少数目，及最普通数目如何？

第五条　股份银数与发行银数有差异者否？若有，宜详言之。

第六条　详查股东是否概系有同等之权利义务。

第七条　详查是否以股份银数为股东责任之界限。

第八条　股银缴纳方法如何？

第九条　股份银数，公司有消却之者否？

第十条　对于股份是否必发行股票？若系发行，则须列举股票中记载事项之最普通者。

第十一条　股份票是否必须记载股东之姓名？或有无记名者否？试详查之。

第十二条　是否依股银缴纳之先后，异其记载？

第十三条　详查股票遗失所用之方法。

第十四条　股票得由出顶否？出顶有方式否？又有禁止出顶之时否？试详查之。

第十五条　股份出顶后，原股东对于公司尚负责任否？

第十六条　公司有让受或质入本公司之股票者否？

第三章　票据

第一条　有汇兑票据、定期票据及支银票据三种否？试详查其区别。

第二条　有止许持往购买物品之银票否？

第三条　详查银行券。

第四条　有货物汇票否？

第五条　作成票据或让与之原因无可考，或被批消，或为不法时，则其票据是否无用？

第六条　票面是否无论为何记载，皆可作成？后之记入如何？

第七条　代理人使其票据时，要以其事记入票据否？

第八条　详查票据遗失时所处之之方法。

第九条　关于汇兑票据,详查左列诸事项：

（一）作成。

（二）伪造、变造。

（三）副本、誊本、补笺。

（四）流通。

（五）保证。

（六）担任。

（七）证明无担任之方法。

（八）因无担任之救济方法。

（九）因无担任而第三者为担任。

（十）支付。

（十一）证明无支付之方法。

（十二）因无支付之救济方法。

（十三）因无支付而第三者为支付。

（十四）前记以外之显著事项。

第十条　关于定期票据,详言左列事项：

（一）作成。

（二）伪造、变造。

（三）流通。

（四）保证。

（五）支付。

（六）证明无支付之方法。

（七）因无支付之救济方法。

（八）因无支付而第三者为支付。

（九）前记以外之显著事项。

第十一条 关于支银票据,详言左之事项:

（一）作成。

（二）伪造、变造。

（三）保证。

（四）流通。

（五）担任。

（六）证明无担任之方法。

（七）因无担任之救济方法。

（八）因无担任而第三者为担任。

（九）支付。

（十）证明无支付之方法。

（十一）因无支付之救济方法。

（十二）因无支付而第三者为支付。

（十三）前记以外之显著事项。

第四章　各种营业

第一条　就左列各营业,详言其营业之开始,交易之情形,与对手者之关系,及出顶、闭歇等:

（一）买卖业。

（二）赁贷业。

（三）制造业。

（四）银行业,其他贷金业。

（五）银钱业。

（六）代理业。

（七）发行业。

（八）居间业。

（九）保险业。

（十）寄托业。

（十一）运送业。

（十二）营造承办业。

（十三）劳务承办业。

（十四）小客店。

（十五）客栈。

（十六）劝工场业。

（十七）公共欢乐场业。

（十八）浴场业。

（十九）饭食店业。

（二十）电灯及其他供给电气业。

（二十一）煤气业。

（二十二）出版业。

（二十三）印刷业。

（二十四）照相业。

（二十五）前记以外显著之营业。

第五章　船舶

第一条　详言船舶之种类。

第二条　详言数人共有船舶时之关系。

第三条　关于船舶之债务,其所有者有以其船舶为限度之责任者否?

第四条　以船舶营利者,固常为其所有者,然亦有为赁借人者。若为赁借人,则对于其交易之人,与船舶所有者自为交易相同否? 若有差异,则详言其差异。

第五条　详言船舶之质入、抵当。

第六条　详言船长及船员之雇用、辞退权限、责任等。

第七条　以船舶运送货物及旅客,各有如何情形? 试详言之。

第八条　就运送货物,详言左列各事项：

（一）寄货人与运送者之关系。

（二）寄货人与收货人之关系。

（三）运送人与收货人之关系。

（四）代表货物之单据。

第九条　就运送旅客,详言左列诸事项；

（一）旅客与运送者之关系。

（二）证明乘船之票据。

第十条　详言船舶之保险。

第十一条　航行危险,有冒险贷与金钱者否? 若有,则详言之。

第十二条　船舶及货物因兑于共同危险所生之损害费用等,如何使船舶所有者（船舶赁借人）及货物所有者分担? 试详言之。

第十三条　详言船舶危险遇救时,救之者与船舶所有者（船舶赁借人）之关系。

第十四条　详言船舶冲突所生两船间之关系。

（《东方杂志》,1909年第6卷第8期。）

广西藤县民情风俗报告书

调查民情风俗习惯问题

藤县第一次报告书　　辽阳陈思　述

第一类

一、土著之人性情、特质、好尚若何？

答：朴实勤俭，啬于用财。士崇经术，农服先畴。《通志》曰："习尚简朴，器用无华，饭稻羹鱼，有陂池山泽之饶。"又，《铁围山丛谈》曰：俗尚淳古且多长年。时势虽迁，此风犹昔。

二、土著之人工于谋生计否？业农之外，何业为多？

答：土著勤于作事，善谋生计，啬于用财，故生活程度甚低。统计全县人民，除士绅外，以十分计之，农占十分之九；开铺店生意、作负贩营生者占百分之三；作木工、泥工、铜铁工、织布、编竹、缝衣、剃头种种杂色匠人占百分之四；屠沽、操舟、网鱼、挑抬者占百分之三。县境东连苍梧，西通邕柳，大江中亘，交通便利，无如土著素不重商，故商业久自粤东人操之。近年林业、蚕业、蓝业、桂业日见发达，每年输入金额已达一百五十余万圆。

三、各乡村团系聚族而居者占多数，抑众姓杂居者占多数？

答：县境皆山，因山为村，大村不过六七十户，三四百口；小村十余户、四五户不等，均不过五六十户。统计全县大村占十分之三，皆聚族而居，小村亦族而居者多，间有杂居者,多因姻亲关系。

四、土著中有无累叶未经迁徙者?其族系之蕃衍多至若干户口?

答:土著皆二三十叶未经迁徙巨族,如三江之韦、东皇之陈、凤村之黄、权中之杨、白马之何、大黎之江、杨峒之吴、陈村之李、随化之梁、罗龙之邓,均男系蕃衍至一万余人。又如姓氏计有陈、苏、韦、杨、何、邓、蒙、江、吴、黄、王、窦、甘、马、朱、冯、温、区、廖、欧阳、石、谢、韩、叶、梁、秦、蔡、祝、潘、易、周、钟、沈、袁、聂、刘、徐、罗、严、郭、卓、谭、谢、蒋、宋、孔、高、魏、施、伍、成、孙、邝、彭、赖、邹、覃、黎、卢、林、曾、邱、蓝、玉、陆、万、农、辛、文、龙、雷、饶、龚、张、全、程、姚、柳、武、颜、喻、萧、莫、胡、余、唐、俄、粟等姓。

五、土著之人每年由乡里移居城市与由城市移居乡里者孰多?

答:土著之人安土重迁,少见移徙,比较城乡,则由乡里移居城市者间有,均一时因职业暂居;由城市移居乡里者甚少。

六、士农工商等业,居民所最注重者何项?

答:居民所最注重者,农占全体十分之八;其次为士,占全体十分之一;又其次者工,占全体百分之四;商占全体百分之三;其余杂业占全体百分之三。

七、土著之富家大族热心公益多者否?

答:县内虽无巨富,如兴学、练团、义渡、义仓、桥梁公益等事,均系大族提倡集捐,或独力创办。

八、客籍以何省何属人为多?

答:客籍来藤皆营商业,移家者甚少。其人以广东之顺德、南海、罗定为多。

九、客籍人初至境内谋生活时,土著之人对之有无特别规定?又,客籍人对于后来加入者有无特别规定?

答:客籍人初至境内,或城或墟,皆任其自谋生活。土著人对之除应收之房屋、园地租金外,无特别规定。客籍人对于后来加入者,亦无规定。

十、客籍在本境多营何业?所营之业有无侵占土著人民生活情事?

答:客籍在本地,或城或墟,盈各项商业者十之八,无巨万资本能垄断市价者。其余则营杂色工艺,无种田、种山之业者。土著素不重商,故客籍无侵占生活之事。

十一、客籍与土著彼此感情若何?有无欺压仇视等事?

答:土著与客籍感情甚洽,无欺压仇视之事。

十二、客民有无一定住居年限始准入籍?入籍者有无费用?费用若干?由客民占籍者多否?

答:客民须住居两代以后有财产、庐墓而又公正者始能入籍,入籍之费捐银三百两或百数十两不等,视产业之多少为差。从前捐作文庙、书院、宾兴公款,今因科举停罢,无须入籍,所以近十年来无请愿户籍之事。查从前客民入籍不过为应童试,县去广东,一水之便,故入籍者不过数户。

十三、有无客籍游民聚集境内流为盗窃匪类者?

答:有。

十四、本地回、苗、瑶、狪、獞之种族孰多?其人数占全境人民若干成?

答:县境三江、随化、大任、大黎等里,明以前皆猺人、獞人居之,今随化覃氏皆明初獞目覃福之裔也,久慕皇风,不分汉土。若回教,则向无。

十五、本境毗邻之地有无未归化之苗、瑶各种族?其人数约计若干?与土著之民有无交通往来?

答:无。

十六、他种人居住有无特别组织之法?其习惯比土著之民有无特别之处?

答:无。

十七、他种人与土著之人有无猜忌?他种人与他种人有无互相攻击之事?

答:无。

第二类

一、有无家庭和睦数世同堂者?

答:家庭和睦数世同堂者,卷查县属四十一都凤君山民人潘永福,年八十一岁,四代同堂；三十二都勤坤村民人欧习广，年八十六岁，四代同堂；三十九都平山村民人李守先，年九十一岁，四代同堂，均皆禀请奖励，给予匾额，以惠耆年。

二、析居之风盛否？析居者是否由亲族分配财产？有无证据？其证据之书式若何？

答：析居之风盛。析居时多由亲族将田地、铺户按份分配，用拈阄法拈定。立一分关部据，俾作证据。

分关式

承母命立分关合同。长兄○○、三弟○○、承嗣侄○○，情①父生我兄弟三人，次弟名○○，早故无嗣，慈母命嘱即将○○之子出继承嗣，惟我与三弟两人尚在，嗟夫！兄也而仅存乃弟，弟也而仅存乃兄，形影相吊，零丁孤苦，正宜居同方、食同案、衣同服，百年如一日也，何忍不协不和，遽尔分门各爨哉。独是谋生之际，兄弟各有志向不同，欲强合也，必致两伤，何以成家。是不忍分者，情也；不得不分者，势也。兄弟商议，各各情愿，爰请族长公议，当众将本村与及各处田地共该税米并各户钱粮，俱系长、二、三房值份均分照纳，肥瘠相兼配合，注存册部三本，以"福""禄""寿"三字分次第，然后当众在香火堂前落筒经拈，欢心领受，各执一筹，以征分定，即注明部面长房执得"福"字，共该税米○石余；二房执得"寿"字，共该税米○石余；三房执得"禄"字，共该税米○石余。所分俱经族长品答均平，并无此多彼少、此好彼丑。兄弟与嗣侄等收领分关册部，甘愿无词。自分以后，各宜照册部管业，勤俭谋家。若夫寝炽寝昌，家业浩大，则天也，我兄弟与嗣侄三人，亦尽人以听之而已。倘背关觊觎，滋事生端，是兄仅有弟而不念鞠子哀，弟仅有兄而罔顾天显灭，同气相残，忍纵寻斧，岂复存人道哉。是以悉经族长当众笔立分关合同三张，册部三本，兄弟与嗣侄三人各执分关一张，册部一本，永远为照。

计开

一、实经族长抽设○○等处田业，共税米○斗○升，余递年该租谷○千斤。又，○○处铺户一间，永为○○祖蒸尝祀业，永远祭享之需。

一、实经族长抽设○○处田业一契，共税米○石，余递年该租谷○千斤，当众设与○○作为抽长之业。

---

① 原文如此。

一、实经族长抽设〇〇处田业三契，共税米〇斗，余递年该租谷〇千斤，设与〇〇兄长作为嗣书，花押利事。

一、实经族长抽设〇〇街坐西向东铺户一间，当聚设与〇〇嗣书并抽长，花押利事。

一、实经族长先在公家抽出花银〇百〇十两，设与〇〇妻〇氏，作为长养〇〇乳金。

一、实现所居屋地房间俱经族长兼分三份居住，而日后园地、屋地俱作三份均分。又，旧屋并园地作为抽众管理。

一、实福字份占〇〇户，征银〇两〇钱正。

一、实禄字份占〇〇户，征银〇两〇钱正。

一、实寿字份占〇〇户，征银〇两〇钱正。

在场经分知事人族长〇〇〇押
在场经知秉笔人〇〇〇押
戚族〇〇〇押

年　月　日承母命立分关合同长兄〇〇押三弟〇〇侄〇〇押

分关部面式	分关部内式
〇号分关连皮共几页	祭祀田业列左
〇年〇月〇日　立	一　土名〇〇田〇丘，租若干斤，为〇〇公祖田。
〇房〇〇收执	〇房份占田业列左
	一　土名〇〇田〇丘，租若干斤，系〇〇年买〇〇之契，承批〇〇耕租，谷若干斤。
	一　〇街〇号铺〇间，东至〇〇，西至〇〇，南至〇〇，北至〇〇，宽〇弓，长〇弓。
	以上〇房分得〇，共田〇丘，房〇间，买契〇张，当契〇张。

三、有父母在堂而兄弟析居者否？析居后，其父母别自居住，抑归某子养赡？

答：有父母在堂而兄弟析居者。析居后，其父母或归某子养赡，或由诸子轮流赡养，或凑钱米与父母自爨，间有别自居住者。

四、有无奇节至行可以矫励末俗者？

答：县城苏翀慷慨好施，乾隆戊寅连岁荒歉，佃户逋欠，尽出其券焚之。至今皇华、江口、水口、□路各村，咸思慕不忘。

白马墟何光母姓蒙，多病，朝夕气养，历久如一。嘉庆己巳大浸，尽出藏谷以赈，了无德色。常语人曰："分多润，寡情也。"

苏和五袴厢人少以贫，役典史署嗜酒无赖。咸丰四年流贼陷城，典史冉正崇与其妻孙氏并殉难。和叹曰："城破官死，宜矣。吾侪不死，更何待乎！"取阿芙蓉和酒饮之，不死，以首触壁，骨折血淋，又不死。或曰："官死，宜矣。若贱役，何死为？"和怒索刀，刎厥喉。

五、家庭之间有无忤逆、勃溪、斗阋、诟谇及争讼一切情事？以何项为最多？

答：乡愚无文，姑妇勃溪，时所不免，兄弟争讼，亦时有之。

六、一家生计抑系仰赖于一二人，抑各有谋生之术？

答：一家生计，户长总持，其余老少男妇，均一律力田。

七、一家中之游手无赖者，其家长有无箝制之法？

答：家中之游手无赖，其家长箝制之法皆视乎其人，无一定方法，大抵因事施教。

第三类

一、组织各种学堂，赞成、反对二者孰多？

答：组织各种学堂，无反对者，间有反对之事，皆因二三刁劣生监为私利起见假公济私，只能名曰破坏，不能名曰反对。

二、学堂聘用教员系本籍人，抑外州县及他省人？孰占多数？

答：城乡各学堂教员均本籍人。

三、出洋游学及在京师或省城或外州县暨他省各学堂肄业者若干人？

答：游学日本东京成城学校一人；保定陆军一人；广东法政四人，警察一人，测绘二人,启智学堂三人;桂林优级师范三人,法政学堂三人,优级师范十人,陆军学堂五人。干部一人,中学一人,女子师范二人,中学堂十五人,法政十九人,自治三人,蚕业中学四人。

四、私塾是否改良?教授系何种科学?何类教科书?

答:私塾已改良。教授用书列后:

《澄衷学堂字课图说》

《学部修身教科书》

《孟子》《论语》

《白话中国历史》

《文明心算珠算》

《地球韵言》

五、学堂招学考,其应考者多否?较科举未废以前应试人数多少何如?

答:从前应试,每次应试者一千一百余人,现学堂招考,应试者如法政、自治、蚕业、工农、陆军、警察等项招考,每一项报名总在二百以下、一百人以上。县内各项两等小学每校招考总在三百人以上,比较从前,应试人数加增二倍。

六、风气是否开通?人民均知进学堂之利益否?

答:风气早开,人民皆知进学堂之利益,惟多以贫苦无力,未能入校为憾。

七、乡曲村塾有无仍以八股授徒者?

答:无。

八、女子中读书识字者多否?有无女学堂及女子赴外国及他处入学堂者?

答:女子读书识字者,全县约三百余人。光绪三十二年城内苏氏创立一家族女校,旋以无款解散。本年七月城内创立培淑女学堂一所,甲乙两班,共一百名。女子留学,现有二名,一苏汝英,县城五袴厢人;一蒙伯东,三十都旺村人,均在桂林女子师范学堂。

九、女子有无充当小学女学堂教员及在家庭自课子弟者?

答:县城陈绅勷光女在培淑女学堂充乙班国文教员,只此一人。

十、有无公共组织之教育机关?有之,自何年成立?

答:有劝学所一,光绪三十二年五月成立;教育会一,宣统元年七月成立。

十一、旧有之书院、义学、宾兴馆是否一律改为学堂？其款项曾否拨充学堂经费？有无劣绅把持公款、阻挠学务情事？

答：旧有之藤州书院改为高等小学，宾兴馆改为铁路劝股公所，义学改为劝学所，试院改为高等小学分校，太平墟义学改为七里高等小学，和平墟义学改为和平小学。其款项均拨充学堂经费，无劣绅把持公款、阻挠学务情事。

十二、学堂劝学所常年经费如何？筹措有无指定款项？

答：学堂劝学所常年经费系提拨，宾兴、义学、书院各公款及地方公产庙产，均有指定款项，已于绅士办事类说明。

十三、各教员有无就地方情形特别编辑教科书者？

答：地理一科系用乡土志编辑教授。

十四、本境销行中图书报章各若干类？

答：本境销行中外图书有舆地学会《直省图》《五洲图》，富山房《形势指掌图》，中东各种新挂图，暗射读史等图，修身图、植物动物矿物图，以及体操生理、人种风俗、解剖姿势各种示教等。图书则除学部、商务、文明三处外，以新出各科教科参考各书，如理化、博物、算学、舆地、法律、修身、国文等类，由梧州输入十之二，由广东输入十之八，统计三十三年价计五千余元，三十四年计三千七百余元。报章则《学部官报》《政治官报》《商务官报》《本省官报》《东方杂志》《外交报》《国粹学报》《海理工报》，日本《太阳》大杂志，上海《时报》《舆论报》，广东《时敏报》《羊城报》《七十二行商报》，《梧州日报》等报。

十五、私塾、家塾之设较科举未废以前孰多孰少？

答：私塾之设均在山僻之区，共九十八间；家塾于三十三年已一律改为学堂，统计学生比科举时多五倍。

十六、儿童通常以若干岁为就学之年？

答：儿童通常以六岁、七岁为就学之年。

十七、各族提租产设学塾以课族中子弟者多否？

答：孔村吴氏乐天学堂、赤水吴氏家族小学、白马何氏开明两等小学、龙腾石氏小学、十都陈氏小学俱提祠款或捐资办理,已于第一册说明,现在古墙温氏、三江吴氏、大黎黄氏、罗龙邓氏均创办学堂,明春建筑毕工,即行开校。

第四类

一、新学输入以后,士所研究者何种学问为多?

答:新学输入后,士所研究者除师范、法政、警察、自治外,蚕桑、林业为多。

二、士习风尚若何?

答:习尚经济,尤重气节。

三、业儒之人,较科举未废以前何时为盛?

答:较前为盛。

四、科举既废以后,士之改习他业者多否?其改习究系何业居多?

答:科举既废以后,士皆研究教育、法政、实业三种,其余多经营商业、林业、蚕业。

五、有无硕学鸿儒著书行世者?

答:苏时学,道光举人,撰有《爻山笔话》《墨子注》《镡津忠义录》《宝墨楼诗钞》四种已刊,《镡津考古录》五百卷未刊。覃俊民撰《丧葬总宜》一卷。陈勷光撰《劝俗袭编》一卷。近年梁衍译《蚕桑问答》一册,石应曾译《养蚕示教》一册。

六、有无习于刀笔,秘密代人作状词者?

答:现无。因控诉当堂,照供写呈,技无可施。

七、出入衙门、包揽词讼之风盛否?

答:无。

八、有无代人包完钱粮之事?

答:无。

九、大农之家田亩至多者有若干亩?自耕与佃租孰多?

答:大农之家至多者不过六七百亩,以出谷三百斤为一亩,全县不过二三家有此数耳。佃租居多,自耕居少。

十、农民盖藏每年之收获约足支几年食用?

答:农民一年收获足支一年之用。

十一、小农一人力耕一年,其收获约足供若干口之食?

答:小农一人力耕一年,约足供三口之食。

十二、地主对于佃户每年所获之利益如何分配?

答:地主对于佃户每年所获之利益,地主占三四,佃户占六七。

十三、地主对于佃户有无役使视若奴隶之习?

答:地主对于佃户,除收租外,无役使之习。

十四、农民之勤惰若何?

答:年来百物腾贵,入款不加增,出款不可思,终岁勤劳,仅足糊口,何敢稍惰。

十五、有无兴水利除水害之特种方法?

答:兴水利有建塘、筑坝、设水车各法,除水害除筑基防堵、开沟消导外,无特种方法。

十六、有无特种制造肥料之方法?

答:制造肥料,草灰和以人猪牛粪发透,间有锄草皮,以人尿发透为用者,此外无特种方法。

十七、有无选种之方法?

答:稻之种子,选其禾苗旺盛者除净莠稗,俟熟透则获获透收藏,至播种,淘去浮面之谷,取其沉者作种。其他各种种子均如此法。蚕种现正议办,选择法尚未施行。

十八、荒芜之地多否?较诸耕熟之地多少若干?

答:无。

十九、现在开垦荒地者有若干人?新开垦者若干亩?

答:无。

二十、农民贫苦者有无救济之方法?

答:农民贫苦者,以种木茹、芋头为食品救济,典押衣物、富家贷给牛种为金钱救济。

二十一、农民经营农业有无公共组合之事？

答：各耕各田，习惯已久，不解何为公共组合。

二十二、农业家蓄牧植树者多否？若蓄与树究以何者为最宜？

答：农家力田外，以种山、养蚕、养猪为最要之事。全县土质不同，宝家旺村一带，山皆宜桂；大黎、大任等里，山皆松杉；赤水、濛江、金鸡等处江岸沙田，均宜桑与柚。

二十三、有无因耕获便利起见，彼此交换田亩者？

答：无。

二十四、农民通常所植之谷类、蔬类有几？以何者为大宗？

答：农民通常所植之谷有青粘、赤粘、白粘、黄粘、油粘、交址粘、白银粘、桃花粘、南宁粘、六白粘、四川粘、香粳、黄粳、赤粳、白糯、红糯、蕉糯、油糯、荔枝糯、斑鸠糯、白银粳、乌牛粳、赤梁、白梁、青梁、黄梁、大麦、小麦、莜麦、黄豆、黑豆、青豆、芝麻、玉黍粟之类。蔬类有芥、菘、芸苔、□□、延荽、苦荬、来菔、茼蒿、生菜、蒿苣、蒜、姜、芥〔葱〕、韭、芥蓝、枸杞、芋、薯、刀豆、蚕豆、苦瓜、王瓜、丝瓜、木瓜、蕨、笋、菇、芹、金针、葫芦之属，各随土宜，蔚为大宗。

二十五、农民所植之谷稻一岁一熟与一岁两熟者孰多？

答：农民所植之稻一岁两熟，岭冲及旱田则种豆麦之属一岁一熟。一岁两熟者与一熟者比较，占十之七。

二十六、一岁一熟与一岁两熟之谷稻，除工本外，何者获利较厚？

答：稻一岁一熟，工本少而收获亦少；一岁两熟，工本多而收获亦多。二者比较，以一岁两熟者获利为厚。

二十七、通常年岁，凡田一亩之收入，其劳力资本约费若干？所得若干？

答：通常年岁，凡田一亩之收入，约得谷三百斤（价每一百斤约银二元五毫），其工力资本各项花费需银六元，除所费外，约得一元五毫。

二十八、地主对于佃户有无特别规定？

答：地主对于佃户只取承耕租约纸一张，无特别规定。

租约式

立批。承耕公田,佃人○○○,系○都○村人,今因少田耕种,自行问到○○有○○公田一座,约种○百斤,情愿承耕纳租,每年认纳租谷若干斤,分早晚二糙清纳。每糙应谷若干斤,不敢少欠。如有少欠,租谷任由田主另批别佃。恐口无凭,立批为据。

中人○押

年　月　　日立承耕○○○押

二十九、有无减租、抗租相沿成习者?

答:地主丰年不增,旱年有减,佃户如非因另批争耕,无抗租者。

三十、农民于每年收获余暇,尚有营他业者否?其种类若干?

答:民收获余暇多系种树、修塍、烧灰、制粪,预备来年力田之用。间有兼营他业者,不外工作、挑贩、畋猎三种。

三十一、农器系本地制造,抑购自他处?有无用机器者?

答:犁、锄、刀、叉,概系本地制造,无用机器者。

三十二、农民耕地与耕田孰多?耕田与耕地之利孰厚?

答:农民耕田者多,耕地者少,田利最厚。

三十三、农家妇女是否与男子一同力耕?

答:农家妇女均与男子一同力耕。

三十四、有无种罂粟者?现在减种否?

答:土质不宜,向无种者。

三十五、工业分若干类?执工艺者土著与客籍孰多?

答:工艺有做金银首饰,造铁器、铜器、锡器、洋铁器,建筑房屋,做水桶、浴盆、竹器、寿木,锯木板,造船,纸扎,裁衣,做靴鞋、帽子、袜子,织布,纺纱,织棕屉,打棕绳,剃头,烧砖瓦,炼石灰,靛染,镌字,石匠,泥水匠等类。执工艺者,客籍较多。

三十六、以操何种工业为最多?何工为最精?何工获利最厚?

答:以业裁缝者为最多,无制造最精、获利最厚之工业。

三十七、有无仿造外国器具物件者？

答：城内有数姓合力在水月宫内制火柴箱者，专销广东，获利无多。其他无。

三十八、有无大资本之工厂，扩张工艺、制造通行货物者？

答：无。

三十九、有无专精某项工艺，制成货物，销行外国、外省者？

答：无。

四十、凡工艺除人力手工外，有无利用外国水火机器者？其种类若干？

答：无。

四十一、有无特别原因致工艺之发达者？

答：如有官发巨款，工艺即日发达。

四十二、有无特别组织致工艺之进步者？

答：现无。

四十三、工艺技术，其传授之法若何？

答：工艺技术传授之法，大致以从师三年，毕业后尽义务一年为率。

四十四、工匠工资之常率有无一定限制？

答：如木工之工资，先年每日工钱八十文，近年增至二毫五仙；裁缝每日工钱六十文，近年增至二毫。大略工价增涨与物价之增涨为比例，无一定限制。

四十五、操工艺者有无习于作伪情事？作伪之习以何种工艺为多？

答：工艺虽未发达而尚无作伪者。

四十六、妇女有作工艺者否？以何业为多？

答：妇女以劳勤农工第一，间有能缝衣作鞋者，别无制造。

四十七、商业分若干类？以何者为大宗？营商业者本籍、客籍孰多？以何籍人营何种商业为最多？

答：商业有饷押、绸缎、布疋、洋货铺、酒、米、海味、京果、杂货铺、铁锡铜铺，板木店，首饰店，药铺，贩运屯，扎店，柴篷等类。以饷押、酒、米、海味店、绸缎、布疋、苏杭铺为大宗。上列各种商业,以广东顺德、南海、新会人为最多。

四十八、普通商业近年获利与折阅者孰多?

答:普通商业近年获利不多,因人无余资,货不卖则不买,生意年少一年,然尚不至倒闭。

四十九、有无经营至巨商业之公司?

答:无。

五十、通常商家贩卖之货物多属何处?

答:通常商家贩卖货物皆由梧州,油、糖二项,则由南宁输入。

五十一、地方有无商会?除商会外,有无合议公共遵守之规则?

答:县商会外,有新会米柴丝桂各商家用古冈堂名在粤馆公议办事,沿用惯习,无文法之规则。商会规则列下:

第一条

藤县商场颇简,应照《奏定章程》设立分会,仍隶于梧州商务总会,即以原日公建公所一座为办事之所。

第二条

本分会以联络商情、开通商智、别除商弊、振兴商利为宗旨。

第三条

本分会为本会范围众商之代表。凡事有益于商、无损于众及本分会内商业前途实受影响者,务须研究调查,实力提倡,设法维持,以图公益而挽利权。

第四条

按《奏定章程》,分会派总理一员,不派协理,窃恐照料难周,拟通融多派协理一员,藉资臂助,商董派十员。总协理由各会总董齐集会议,投筒公举。商董各员照商部商会第六条以才地资望为格,由总协理、商董集议公定,以示无私。

第五条

本分会总理、协理由各商董公推,禀请商部加扎委任,以一年为满任之期。先期仍由会董议定,或去或留,投筒取决,禀部派委,以符定章。

第六条

本分会商董必须开列职名报部查核,至任满期限,或续举或续任,悉如上条办理。

第七条

本分会总协理有保护商会之责。凡会内商人有抱屈情事,总协理体察属实,代向地方官伸诉,或禀请商部核办,以资保护而达商情。

第八条

本会兴办必须联合群策群力,以谋公益,一俟公积裕余,然后量力次第举办工艺各要政,以副商战主义。

第九条

本分会办公经费现由本分会内各商乐认并抵免注册、凭据、部册三项,至于公积一款,仍拟仿照广州商会设立公益会,视生理之大小酌认会份,不收会本,每份只收会息一角,为本会公积。如有富足荣归,准其出会停捐会息,亦无庸将会本交出,俟公积裕余,举行工艺各要政。此系以商之财为商之用,商捐商办,他处不能提拨。此会现未举办,俟办成后再列四柱清册于年底核实,报部备核。

第十条

凡占有本会会份者即为本会会友,所有公益一律均沾。遇有彼此争论之事,竭力调处,两造中一造有会份者,亦为调处,以示大公。

第十一条

本分会办法悉依钦定章程律例,以示画一而昭信守。至其中有随时酌宜,因地筹办之处,自应禀请农工商部核夺办理。

第十二条

本分会一以振兴商业为义务,如外事冲激,不合本会之宗旨,非关商业权利者,概不干涉。其会内应办之事未经会众公同议定,亦不得擅行。

第十三条

总协理会董均有随时提倡增改章程权限,但所议章程先以不背商律,次以各董多数许可方准举行。

第十四条

本分会如有华洋交涉事件,遵照《奏定章程》第十六条,参酌西律,持平办理。

第十五条

各处奉宪示提倡设立商会,近再奉到明定办事规则,照《奏定章程》第八条内开,商务盛衰之故,按年汇报商部,其关系商业重要事宜,随时禀报,尤为紧要者并准电禀具见保商至意,应遵照办理。

第十六条

近日商情涣散,遂至工业物产、人心风俗无不竞趋于薄,甚有借外人以为压抑,有假官力以为垄断。自立会后,均当伸明大义,变其浇风,洽以厚谊。若两不相下,定将实情禀官核夺,如再不就范围定,即集众公议,斥其出会,无与交易,以明众恶。

第十七条

商场积弊甚多,应遵《奏定章程》第七条,除有要事特别会议外,每一星期由总协理传单分请各行议员讲求一切,至商中人如有真知灼见,皆准条陈办法,交到商会,以期有利无弊。惟须详列字号、住址,以便面商。匿名投递,概不准理。

第十八条

藤县商场虽简,各行生意仍须每行公举一二谙练之人,集会面商,大行三四人,小行一二人,为该行代表员,庶能详细考察,可以随时面陈总协理商办。

第十九条

本分会议事规条遵照《奏定章程》第十款、十一款、十二款,并《奏定公司条例》第八十六、八十七、八十八、九十、九十一至九十七、九十九各条办理。凡有论断,一以商情利弊为准,不得涉及商界以外之事,商界外人亦不得强涉商界内事。

第二十条

本分会如有兴办事宜,会众议准,即将章程禀报,并即行刊送,以供众览。

第二十一条

本分会除特别会议、星期会议外,分四时会四次,将会中进支数目钞贴门外,俾昭大信。俟年底刊征信录，分送各行查阅。

议事规则

第一条

凡寻常会议及特别会议，以总理为主席，以协理为副主席。

第二条

凡议事，必须各会董有一半到场，方可开议。

第三条

凡议事，各会董如一人建议，更有一人赞成，或复有人起而驳议，不论人数若干，均须令言者毕其词，总以多数取决为断，即由书记注明记事册内，由主席签字作准。

第四条

凡会议之事，有与会总一人之私事牵涉者，该会总亦无庸回避，惟于此事不得有决议权。

第五条

凡议事时，各会董均有言论权、决议权。

第六条

凡会议时，所议之事在场会董有一半以为可行，有一半以为不可行，彼此议决之权相等者，则由主席持平决断。

第七条

凡议事，由书记员将所议各事登记记事册，由主席签字作准，其原未到场之会董，若无异言，即为默许。

第八条

凡会议事件，先由主席草定议案，俟会董齐集，先由宣布员宣布大意，然后各会董次第赞议决议。

第九条

一每星期由总协理传单分请会董会议一次，讲求一切，有利宜兴，有弊宜除，及逐渐推行各要政。

第十条

凡所议之事,既经决议,必须举行。

第十一条

凡有要事,总协理可即传单分请会董议员会议。

第十二条

凡有重大事件,非总协理会董可能决议者,出总理传单,分请本分会全体行商,定期会议。

第十三条

本会所定议事章程,悉遵商律,其有未尽之处,容再增订。

五十二、商业有何会馆?其规则若何?经费如何抽收?

答:商业旧有粤东会馆一间,系咸丰年间毁于兵火,同治间重修,规模粗备,大非前比。现虽立有商会,而新会大资本之油米柴竹丝桂杂货商户十余间,仍用古岗堂名,在会馆办事,无论事之大小,均与商会不相往来。因商会各董事多系小本生意,既无巨资,不过假商会之名为敛钱营私抵制地方之计。其抽收经费已见前条。

五十三、后到之商人是否须报会馆,一例纳捐入会?如有不入会及不遵会馆规章者,有无限制及罚则?

答:后到商人不用纳捐入会,只要遵会馆规章,不遵则会馆有不保护之限制,无罚则。

五十四、买卖货物市价是否须由会中议定?

答:买卖货物市价因各货来路行情临时规定,非由会中议定。

五十五、土著之人经营商业者多否?其出外经商者多往何处?所营多系何业?

答:土著之人经营商业者百中之一二。查城内有四五间,濛江一埠有三十余间,太平有三四间,然无逾一万两以上之资本。在商界,土著不及千人,出外经商者只有八都莫国钧一人,在梧州天和行。

五十六、商家买空卖空之风盛否?

答:无买空卖空之风。

五十七、商家有无以纸币为股本倒骗逃匿之事？

答：无。

五十八、有无贩卖伪物及习于欺诈之风？

答：无。

五十九、有无假冒他人号牌之事？

答：无。

六十、有无专利之商家？

答：无。

六十一、各商业中有无因物情变迁、时势交通不同致形亏耗情事？

答：无。

六十二、开设绸缎洋货等铺者多否？其行销若何？

答：开设绸缎洋货等店，县街共十家，行销附城；濛江七家，行销中部；太平九家，行销藤北。洋杂货均不畅销，业此者均以售卖洋纱、洋布、洋油及收卖蚕丝为大宗。

六十三、洋布绸缎通行，贩卖土布之商家歇业者多否？

答：洋布绸缎通行后，土布之家亦有销场，未见歇业。

六十四、何种洋货销行最畅？能仿造以代用否？

答：洋货销行以粗细洋布、印花洋布、洋纱、咪哩布、芝麻呢、洋毡、羽纱线、仔绢线、仔绒为最畅，均未能仿造代用。

六十五、最巨之商号，资本有多至若干数者？

答：最巨之商号，饷押资本值银一二万两，杂货铺、苏杭铺多则一万两，普通在四五千两、一二千两上下。

六十六、有无开设最久之商号？约计若干年月？

答：地方商号均同治初年开设，有四十年者，有一二十年者。

六十七、一切商业资本家自营与佣人代营二者孰多？资本家与佣人有无红利分润之法？

答：商业资本家自营与傭人代营各半，□有紧要职任，均有红利分润，约每百两分银一两之谱。

六十八、各种商业一人独营与二人以上合资共营者孰多？共营之规约若何？

答：商业一人独营与二人合资共营者各占半数，所获照本分利，并无别项规约。

六十九、各行商业，其生计程度渐高，常年利率可获若干？

答：各行商业生计程度渐高，常年利率如资本银一两通盘核计仅获利一分、八厘不等。

七十、转运货物以何种为大宗？其水陆之转运若何？

答：转运货物，入口以土布为大宗，洋纱、洋布、火柴次之，苏杭广东绸缎、四川湖南药材又次之。其出口以米柴猪为大宗，丝桂次之。出入皆由大江。

七十一、行商转运，沿途水路常被抢劫者以何地为多？有无保护之法？

答：行商转运，沿途水路常被抢劫者藤苍交界之分界、藤容交界之黄金州等处为多。大江有扒船四艘，沿江分扎，北流河有藤勇分扎，尚属安靖。

七十二、境内经营类于赌博之商业者多否？

答：境内经营类于赌博之商业只有代收山票者，共九家，其他无。

七十三、有无妇女经营商业者？

答：无。

七十四、有无未经官许于路旁开设店棚者？

答：路旁开设店棚，向无经官允许。近办清乡，均由团取保。

七十五、有无"赶墟""赶场"之名目？其规则若何？

答：县有土墟，曰濛江、太平、和平、赤水、金鸡、三堡、宝家、象棋、白马等墟，以太平为最，三六九期，可到三千人；濛江次之，二五八期，每墟可到一千七八百余人；{余}均一四七为期，不过七百人。买卖均乡农用品，无大交易，因时议价，并无别项规则。趁墟之人名曰水客。

七十六、业渔猎者是否须官吏许可，抑或个人自营？

答：不由官吏许可。

七十七、业渔猎者有无一定时期之限制？

答：业渔者均由夜至晓，无一定时期之限制；业猎者，则农隙时为多。

七十八、业渔猎者专营，抑兼营？兼营多系何业？

答：业渔者有专营，业猎者系兼营，兼营为农业居多。

七十九、渔猎之器具若干类？通常所用何种为多？有改用新器者否？

答：渔具有罛、罟、钓筒、罩四类，猎具有鸟枪、线、网等类，无改用新器者。

八十、渔猎区域是否皆公有，抑有限制？

答：皆公有，无限制。

八十一、渔猎家药毒河流、焚烧山林，有无厉禁？

答：渔猎家药毒河流、焚烧山林，均由地方官悬示厉禁。

八十二、渔猎所获物类，以何者为大宗？

答：渔家所获以青鱼为大宗，猎家所获以鹧鸪为大宗。

八十三、操船业者有无大资本家连樯累艘者？

答：操船业者多由各商店假贷资本，无大资本家，有三艘以上者甚少。统计全县各江大小船只共有三百五十七只。

八十四、操船业者是否多系土著专营，抑兼营？兼营多系何业？

答：操船业者土著甚少，均系蛋户专营。

八十五、操船业者载人与货，其运费是否与雇主面议，抑另有介绍之人？

答：操船业者载人与货，其运费多系与雇主面议。

八十六、操船业者有无种种不法行为？

答：偷窃什物，甚至私通外匪，抢劫分赃，私匿赃物，假报抢案种种不法行为，各江常有。

八十七、地方绅士有无服官他省者？巨绅显宦多否？

答：现无在京外服官者。

八十八、充当书役或兵勇在本地及往他处以何色人为多？

答：书吏以读书不成改业充当者多，差役皆世其家。本县吏役皆本地人，亦无往他处为吏役者。

八十九、充当书役或兵勇者有室家恒产否？

答：有室家者多，有恒产者少。

九十、凡从事于堪舆、医卜、星相及其他之技术者，以何项人为多？

答：境内少专门堪舆、医卜、星相及他种技术者，其涉猎及之者齐民居多，惟医则有士人兼及之。

九十一、有无娼优？以何种人为多？业此者足以养其身家否？

答：境内无娼优，间有密卖淫者，野田草露之间，为爱情作用，未闻有为养身家者。

九十二、皂隶以何种人为多？

答：以无恒产恒业之穷民为多，皆世其业。

九十三、有无专业产婆者？其技术若何？

答：境内无专业产婆者。

九十四、有无专营介绍男女雇工及介绍贩卖婢妾之业者？

答：无。

九十五、有无专营介绍买卖田产货物之业者？

答：介绍买卖田产者，俗谓之中人，无专营者，不过托亲友说成其事而已。货物则多由两造面议价。

田契式

立契。截卖断田人〇〇〇系〇都〇村居住，今因无钱，情愿将祖手置下经分己份田业，座落〇都〇〇处，田一段共〇〇丘，塘一口，塘面坡地一所，松山地一所，东至〇〇处为界，西至〇〇处为界，南至〇〇处为界，北至〇〇处为界。原系屋头埔，坑水灌溉，约税米〇斗〇升，余在〇〇户装载，要行断卖，先问亲房族内，各称无银不就，后请中人问到

○○处,允肯承诺,即日仝中场临田踏看,点明田丘界址,回家众面言定断田断税价银○百○十两正。是日书契交易,银经中场交与田主,亲手接足交田,受主管理收租,任由另行批耕割税过户,永为己业。自卖之后,弟男子侄不得称言税价不足、索补索赎等情。税足价足,一卖千休。至于头田余地,任由开辟成田,不得抗拒。此系二家情允,明卖明受,并非膳田祀业,重典重卖迫勒加写等情,倘有来历不明,系业主与中场理妥,不干受主之事。今欲有凭,○○的笔写立截卖断田田契一纸,交与受主收执为据。

计开

一、实截卖断田价银丘片界址,契内注明。

一、实税米○斗○升,余在○○户装载。

一、实在场○○○押。

一、实中人○○○押。

年　　月　　日立契截卖断田人○○○押

九十六、有无以唱书谋食之人?城市乡村孰多?

答:境内无此项人,城墟间偶有此项,皆自梧州来,名曰"唱书"。因地无好者,生意不佳,每年间或来数日即去。惟有一种唱八音,专为喜事之用,每日一班,七八人约银三元。此项亦自梧来。

九十七、凡以劳动为业者,其种类有几?何项最多?

答:种田、种山、挑担、抬轿、撑船、放筏、伐石、练瓦、砍木数种,以种田、种山两项为最多,撑船、放筏次之,挑、抬又其次也。

九十八、寻常劳动所得工资,一人能分养几人?

答:寻常劳动所得工资,每人每日多者二毫,少者一毫,如三人同力合作,可能分养一人。

九十九、每日劳动者有无一定时间?通常约自何时起?何时止?

答:日出而作,日入而息。

一百、妇女以劳动为业者多否？所营多系何业？

答：妇女以劳动为业者占全数十分之九，所营多系种田、种山、舂米、趁墟，其他一分为富裕之家，均养蚕为业。

一百零一、近年之劳动者比较往年人数有无增减？其增减之原因何在？

答：增加三倍，其原因无物不捐，百物昂贵，非劳动不能生活，所以老人稚子、大家妇女，均须劳动。

一百零二、有无至他处或外国从事劳动之人？多操何业？每年来往有无定时？

答：有赴南洋群岛作工者，亦有被卖为猪仔者。

一百零三、本境无业之人，城市、乡村孰多？其无业之原因何在？结果若何？以何术自活？有无纠集党类、妨害公安者？地方上有无防御解散之法？

答：县俗重农，乡间无无业之人，城墟间间有之。其无业原因，非官幕之孤儿，即商家之荡子，或父母早故，或昔富今贫，既无教育，性染游惰，嗜赌博、吸鸦片而致，其结果亲友不齿，困厄以殁，若其或乞贷于人，沿街贾糍粑、生果，或请求乡里代人看守庙宇。如谓纠党拜抬，妨害公安，伊无此大胆，又无强力，虽有此心，其如凶匪不收，此所以历年拿办各匪，从无此项。

第五类

一、通常衣料，本地自织与他处输入者孰多？

答：本地自织土布占十分之一，各国粗细洋布占十之四，杂色印花洋布占十之一，各处土布占十之四，均由梧州输入。

二、巾帽鞋袜等物，本地自制与他处输入者孰多？

答：多本地自制。

三、外洋衣料及巾帽鞋袜等物，能销行否？

答：虽销行而不能畅，市间卖品甚少。

四、皮货有出自本地者否？由外输入者以何种为大宗？

答：本境不产皮货，地处温带，棉衣足以御寒，间有士绅藏有官便皮衣，查访均由北京、上海等处输入，统计珠皮银鼠干尖等为多数，地无售者，难定何为大宗。

五、男女衣服有无特别缘饰装束？

答：男女衣服无特别缘饰装束，女人衣服通常缘饰皆用大边一条，大边之外有小边一条，或二、三条不等。大抵老人衣服多宽博，少年衣服多瘦窄。洋装前数年自东初归之学生有之，近时已无此装束。

六、男女衣服有无左衽者？

答：无。

七、男女衣服是否城市喜华丽，乡村尚质朴？近年乡村有无渐趋华丽之势？约比较每年每人各需费若干？

答：男女衣服城市尚华，乡村尚朴，然城市之华，亦不过绅耆夏穿云纱、生纺之长衫，冬穿纺绸之棉袍，此不过十之三四，其余均以苎布、竹布为普通。近日乡村亦有渐趋华丽之势，约每人每年至多者需银二十元，少者二三元足矣。

八、常食品以何种为常？

答：普通以稻米为常，乡村贫家多以玉黍粟、木茹、红茹为常食品。

九、副食品以何种为常？

答：以猪、牛、鸡、鸭、鱼并园蔬中之白菜、韭菜、萝卜、芥蓝、枸杞菜、扁豆、蚕豆、豌豆、苦瓜、丝瓜、冬瓜、南瓜、茄子、葱、蒜、姜、辣艽、苦马菜、苋菜、草菇、香菌、竹笋、绿豆芽、黄豆芽、豆腐等种为常。

十、茶类、酒类有若干种？以何种为通常饮料？

答：茶类有珠兰茶、古劳茶、岑溪细茶、粗茶四种，汽水类有柠檬、桑子、香蕉、蒲桃四种，酒类有三熬酒、双料酒、万寿酒、黑米酒、汾酒、五加皮酒、绍酒、甜酒八种。茶以岑溪粗茶、古劳茶为通常饮料，酒以双料酒、汾酒为通常饮料。

十一、食品、饮料由本地出产者种类若干？除供给消费外，有无输出？输出者以何种为大宗？

答：本地产出饮料、食品列表于后：

藤县食品饮料出产表

谷类	蔬类	果类	禽类	兽类	鳞类	介类	壳类
青粘　白粘	秋菘　芸苔	荔支　元眼	鸡	牛	鲤	龟	蟛其
赤粘　黄粘	菠菜　香菜	佛手　红柚	鸭	羊	鳡	鳖	螺
交止粘　油粘	苦买　萝白	白柚　金桔	鹅	猪	鲢		虾
白银粘　桃花粘	茼蒿　藤菜	秀桔　火焰桔	鹧鸪	狗	鳅		蚬
南宁粘　六白粘	冬葱　芥菜	蜜桔　梅	鸽	兔	鳅鱼		蛤利
四川粘　余粳	芥蓝　大蒜	桃　梨	山鸡	山猪	鲶鱼		天虾
香粳　黄粳	姜　韭	李　枣	竹鸡	家猫	鲩鱼		天蛤
赤粳　白糯	芋　角豆	栗　楂	画眉		鲮鱼		
赤糯　蕉糯	龙爪豆　刀豆	柿　榴	瓦雀		鲇鱼		
黑糯　油糯	鹅眉豆　扁豆	蒲桃　杨梅	鹌鹑		鲂鱼		
荔支糯　斑鸠糯	山药　玉枕茹	枇杷　橄榄	水鸡		鲗鱼		
安南糯　白银糯	手板茹　番茄	木威　人面	橄榄鹊		鲩鱼		
乌牛粳　赤粱	红茹　蕨菜	黄皮　甘蔗	烁风鸟		嘉鱼		
白粱　青粱	木耳　香菰	香蕉　菠罗			沙婆		
黄粱　高粱	草菇　苦笋	洋桃　甘蕉			王桑		
明禾　大麦	金笋　水芹	逃君粮　莲子			金尾		
小麦　荞麦	野芹　狄芹	藕　茨菰			笋壳		
早豆　晚豆	赤芹　蕉儿	子菱　鸡头			竹叶		
豌豆　蚕豆	鹅肠　鸭舌	苡米			白鲭		
绿豆　赤豆	东风菜　豆芽	蓬松子			乌鲭		
白豆　黑麻	王瓜　瓠瓜				玳瑁		
黄麻	冬瓜　西瓜				细鲮		
	南瓜　香瓜				翠黛		

续表

谷类	蔬类	果类	禽类	兽类	鳞类	介类	壳类
	菜瓜　丝瓜				三来		
	木瓜　子瓜				塘虱		
	苦瓜　金瓜				蓝刀		
	蜜角瓜　白茄				棍子		
	紫茄				黄鮎		
					斑鱼		

以上八类共一百九十八种。

藤县物产输出表

类别	产量	输出	年度
稻类	一万零六百九十一万石	五百九十一万二千石	光绪三十四年
杂粱	一百三十六万石	无	
菇类	二万四千七百石	一万七千五百石	
鸡鸭	一十五万余只	六万余只	
猪类	五万一千二百只	三万一千二百只	

十二、食品、饮料由他处输入者种类若干？以何种为大宗？

答：食品由他处输入者四十二种，即洋麦面、火腿、海参、大虾、鱿鱼、海带、鱼翅、鱼肚、鲍鱼、江瑶柱、毛豉、折皮、黄鱼头、咸鱼、大头菜、淡菜、苏芫、杭支、芫菜、咸萄、酱瓜、豆豉、盐、酱油、虾酱、什锦酱、腐乳、麻酱、洋荔枝、洋波罗、蜜枣、菩提、柿饼、莲子、荔枝、元眼、甘草、杭黄、木耳、口茉、冬菰、冬笋。饮料由他处输入者八种，即古劳茶、岑茶、汾酒、五加皮酒、玫瑰露、绍酒、荷兰水、桑子水。以食盐、大头菜、芫菜、杭豉、酱油为大宗。

十三、五味嗜好偏重何味？其偏重之物品有几？

答：五味嗜好偏重咸味、辣味，物品偏重辣芄、盐、豉。

十四、普通每日是否再食？三食？有无定时？约计每人一日需费若干？

答：普通每日早晚三餐，城乡一律，约计每人一日需钱一百文，至奢者每日需钱二百文，至俭者每日需六七十文。

十五、人民住房形势式约若干类？何者为通常所尚？

答：人民住房形势，贫富无异。贫家多系篾壁茅屋。中上之家通常所尚系土壤为墙，以瓦覆之，一座三间，前后二正座，正座之旁或有筑横式者，高度在一丈五尺起至二丈二尺止。窗户均小而暗，空气不甚流通，乡村间四隅建碉楼，二三阶不等，砖墙瓦覆，均在城墟，村庄甚少，虽富绅家，亦多用土壁瓦覆，图绘于后。

十六、建筑住屋有无特别形式？

答：无。

十七、建筑材料多用何种？出自本地，抑由他处输入？

答：建筑材料多用木石、砖瓦、土壤杉及草茅之属。木料如橡栌之属，取材近山，梁栋巨材，均由梧州输入，除富家巨室及公所祠宇外，无用之者。其余如砖瓦石灰，均出自本地。

十八、建筑通常住屋每栋每间约费金若干？

答：建筑通常住屋，砖瓦每间约费银五百两，土垣瓦覆每间一百四五十两、一二十两不等，茅覆土垣约百元、八九十元不等。

十九、住屋之租借及卖买，通常每间各约价若干？

答：城厢租借住屋，通常每间每月约租银八九毫一元左右，乡间五六毫；城乡卖买通常每间约价银一百七八十元不等，乡间每间约一百元上下。乡间无赁屋居住者，因皆土著守先遗产，乏客籍之故。

二十、殷富之家建屋宇有无竞尚金碧雕镂？

答：无。

二十一、有无山居或舟居者？二者多属何色人？

答：境内皆山居民，皆因山架屋；舟居皆系船户渔人，统计县城、濛江、太平三处之舟居者约四百余户,均蛋户。

二十二、金、银、银元、铜元、制钱、纸币等类何种最为通行?常年市面有无受恐慌情事?

答:市面无金币、纸币,通用惟银毫制银,银元中最通行者香港人头洋毫及广东双龙洋毫,若他省单双龙洋毫及广东单龙洋毫,则不通行。

二十三、新铸铜元能否通行境内无滞?

答:新铸铜元市不常见。

二十四、有无伪造纸币、私铸铜元情事?

答:无。

二十五、官商号纸币能通用否?商家纸币有无限制之法?

答:境内向无纸币,故商家亦无纸币限制之法。

二十六、铜铁锡瓷之器具由本境产制者若干类?输出、输入二者孰多?

答:除农器锄、鍘、铫均自造外,其他皆由梧州输入。

第六类

一、居民宗支蕃衍鸠集巨资组织族众会集之所者多否?

答:县城苏氏、霍氏、徐氏、杨岗吴氏、白沙吴氏、白马何氏均建有宗祠,为祀先会集之所。款由各户捐派与提祀产办理。

二、同族中有无预筹公共财产,用备赡给族中庆丧急难之家及孤寡无养赡之人等事?

答:各族祠产每年提子金十分之三,专为此项之用,均以章程规定之。

三、孝子、悌弟、节妇、顺孙,同族中有无优异之待遇?

答:孝悌节顺为宗族光荣,如系极贫,每年由祀款提助。

四、科名显宦,同族中有无特别优待之处?

答:科名显宦,各族中皆有特别优待之典。凡小试及乡会试获售者,祠堂设有奖励金,以科名之等级为差。鼎甲最优,甲乙榜次之,附生为最低级。

五、曾受刑法上之处分及执业卑贱者,尚得入祠附祀否?

答:曾受刑法上之处分者,不准入祠;执业卑贱,为贫所迫,如系安份,均准入祠。

六、有无行成人礼之俗?

答:无。

七、通常若干岁谓之成人?

答:通常十六岁谓之成人。

八、成人以后,父母是否听其独立营生?

答:年虽成人,知识未免幼稚,父母在堂者,多不听其营生。

九、男女结婚之初及嫁娶时,有无特别礼节?其婚书庚帖书式若何?

答:男女结婚之初,或由两家尊属直接或由媒妁间接订议后即送庚帖为定,即择吉纳采迎娶,向不用婚书,亦无特别习俗。

吉书式

男　乾

　　写　造赋于〇〇年〇〇月〇〇日〇时和合大吉

女　坤

十、有无指腹为婚之俗?

答:无。

十一、有无自由结婚之事?

答:无。

十二、有无居丧成婚之俗?

答:乡间或有之,皆因有不得已之事故,或家中无人奉祖母父或母或父之命,于新妇迎入时,在香火前行礼,例俟服满后方同房,然乡愚无文,亦有三月后同房者。

十三、有无招夫赘婿之俗?

答：县俗赘婿与嫁女礼同，不过娶婿较异耳。绅富赘婿多因爱女不忍远离，或婿在远省，送亲不便之故；贫家赘婿则由婿与女合力担任女之父母养生送死之义务，多因无同族，或仅有疏属而继子又因寒苦无产无人愿继者，女之父母死后动产可归婿，有不动产仍归该族之祠。如招夫，仅蛋人有之，其礼寡妇之翁姑与该妇及亲族商同合意后，由媒人通知被招者议定身价，由被招者开具八字送到妇家，即定日将身价或十六两或八两由媒送交招夫之妇，此时妇家即买糯米作酒，定期招入。届期被招者担猪肉二三十斤，酒四瓶，约四五十斤，鸡四支，米二三十斤，至招夫者之家。先闭门以待，叩应门启，由妇之翁姑或尊行向被招者斥其久荡忘家，被招者唯唯，即趋至香火前行三叩礼，即入妇房相见对揖，作久别乍归状，即在房睡歇。次日早请亲族邻老吃酒，被招者担来之酒米鸡猪，招夫者先作之酒即为此会之用。食毕，凭众立契，各执一纸，即封包谢媒，并谢妇之伯叔兄弟，名曰"封包利事"。媒人约一元、二元不等，妇之伯叔兄弟亲则多封，疏则少封，均由媒预定，大约多则四、五元，少则一、二元不等。礼毕，夫妇如初。被招者呼妇之翁姑、妇呼被招者之父母均名曰"偏生父母"。被招者姓名不改，妇仍原夫姓，原排妇之亲属呼被招者仍用故夫之名行及一切尊卑名称，被招者对妇之亲属亦照故夫原称，如生子则不用妇姓，如被招者与妇同意，亦有逃回被招者之家。如妇之翁姑在，多有以妇与招夫偕逃提诉者。如妇之翁姑死，前夫有疏属，所有遗产仍归前夫族人；如无族人，招夫可享有。如前夫有子，招夫又生子，前夫子可与招夫子按名平分。如前夫有子，招夫未生子，招夫死，前夫子将被招者埋于前夫之茔；如招夫生子，由生子埋于本族坟山；如妇先死，仍埋故夫坟。再招夫之父母可在妇家迎养。妇如死而有翁姑在者时，招夫可离，缘招夫之妇亦有招后离婚再招其他者并招至三四次者，身价归妇享有，名曰"领番银子"。招夫之义，即寡妇续弦也。

招夫式契

立人夫字据人○○年○○岁○○村人，今凭媒问到○姓之妇○氏，因翁姑无人助养，子女无人助管，甘愿招夫代劳，两相情愿，议定饮银○○两，酒米猪肉○○斤，于○年○月○日入门代劳。入门之后，甘愿代劳一切，奉养偏头父母百年之后，不得私意同逃，有亏代劳之职。此系两头情愿,亲族亦均同意,各无返悔。恐口无凭,立字为据。

媒人○○○押

中证○○○押

亲族○○○押

邻老○○○押

代字○○○押

年　　月　　日立人夫字据○○○押

代劳契式

立代劳字约人○○○妇之尊属,今因○侄/子/弟○○○之妻○○氏青力独力难守空船,急须请年貌相当、情意投合之人为之代劳,现凭媒○○问到○○名下,情愿代劳,商明本妇合族远近伯叔兄弟,均各情愿,○○○堪胜代劳之任,凭媒议定礼物银○两,于○月吉日进门代劳。此系三家情愿,绝无争竞,恐后无凭,立字为据,各执一纸。

妇人○○○押

族人○○○押

中人○○○押

媒人○○○押

代字○○○押

年　　月　　日请代劳字约人○○○押

十四、男女结婚,有无两家父母直接应允,不需媒妁者?

答:男女结婚,虽两家父母直接应允者,迎娶时亦必于亲友中请二人应媒妁之名。

十五、通常结婚用何礼物?需聘金否?聘金约若干?

答:通常结婚用猪、鸡、鹅、鱼、酒、榔、茗、盐等为礼物。富家不用聘金,贫寒之家需聘金,多者百元,至少三十四元。

十六、女子出嫁有无奢尚妆奁之俗?妆奁通常约费金若干?

答:女子出嫁,量家有无,无奢尚妆奁之俗。但城市则奢,乡间则俭;富室则奢,贫家则俭。至俭亦费钱一、二十串,奢则费三、四百金不等。

十七、通常男女成婚是否年龄在二十岁以后?有无早婚、迟婚之俗?

答:通常男女结婚年龄,男在二十岁以前,女在十八岁以前,间有早婚者,皆因家中无人,或祖父母、父母年高,望孙迫切,约男子十三、四岁,女子十五、六岁。

十八、男女婚嫁收受贺礼者,城市、乡村孰多?轻重若干?

答:男女婚嫁,收受贺礼,城市、乡村均同一律。重者四、五元,轻者二、三毫,各以亲谊为轻重之差别,并视家有无。此项贺礼,均登部记,以为酬赠之准。

十九、有无童养媳之俗?

答:有童养之俗,而不多见。其因有三:或因母家远出,及岁嫁送无力;或因母故,抚育无人;或因贫而多子息,养赡不济,方与人童养。如童养后,或养赡有力,远出归来,或抚育有人,仍可接回,并且夫家相待与生女一体,虽两小无猜,稍知人事,无不自避以待及年。成礼约在十五、六岁。成礼之礼节与自母家迎娶同,不过少纳采等礼,送庚于订约时已送。

二十、有无悔婚、阻婚、抢亲之俗?

答:无。

二十一、有无同姓为婚及妯娌转房为婚之俗?同姓转房为婚以何种人居多?

答:无。

二十二、有无女子嫁后仍反〔返〕母家,必待若干年后始往夫家之俗?

答:地虽东连粤省,向无十姊妹之风,西近猺山,亦无跳月之俗。

二十三、有无离婚之俗?其原因何种居多?

答:间有此俗。查其原因,妻嫌夫贫,居十之三;因妻犯奸,居十之二;因夫处永远监禁者,十之五。如夫处永远监禁,书由夫之尊属代具。

离婚书式

立休书人○○○自幼凭媒说娶○○○之女名○○为妻,于○○年○月迎娶入门,生有子女○○○,或未生子女。今因不孝翁姑,又复与人通奸,屡经教训不改,反敢反颜相抗,实属恩尽义绝。问明女家父母姑舅尊长,均称条犯七出,理当休离。为此当众写立休书。自休之后,永远离异,不得反悔。恐口无凭,立休书为证。

外家父母○○○押
族长○○○押
年　　月　　日立休书○○○押
男掌模
女掌模

二十四、有无终身不嫁之俗?

答:无。

二十五、有无未婚夫死、守贞不字者?守贞多在父母家,抑仍适夫家,适夫家者有无奉夫木主成礼后且承继立嗣之事?在母家者有无守贞至死,母家仍以其樣属之夫家归葬于其先附茔主于其祖庙之俗?

答:有。

二十六、夫死守节与再醮者孰多?每年奏题旌表及地方建坊者约有几人?有无苦节奇行未经表扬者?

答:守节与再醮比例,乡愚贫苦再醮较多,每年奏题请旌及地方建坊者多则七八人,少则一二人,现有苦节奇行何中骥妻一人,因年未及岁,尚待表扬。

二十七、有无翁姑或女家父母及两家亲属图财逼嫁,致孀妇守节不终或自经以全节者?

答:无。

二十八、纳妾之风盛否?有无良家女子卖为人侍妾者?

答:富厚之家多有纳妾者,均有媒证迎娶。妾之身分,亚嫡妻一级,亦有平等者。

二十九、丧葬有无特别礼俗及等级之分?

答:丧礼俱遵定制,无特异之点。

三十、通常吊死唁生用何礼物?约费若干?

答：通常吊死所用礼物凡三类：一曰奠仪；一曰祭品；一曰挽帐、挽联。所费多则五六元，少则二三毫。

三十一、有无丧家收受财物之俗？城市、乡村孰多？

答：丧家收受财物，城市、乡村均同一律。

三十二、丧家延用僧道诵经之俗盛否？

答：丧家诵经之俗甚盛，因县无僧，皆用道士。道士名正一宗。

三十三、通常丧礼约废业若干日？

答：通常丧礼，士绅则废业三年、百日不等，农工商则废业三日、十日不等。

三十四、衣衾棺椁通常奢俭若何？有无用金玉古玩殉葬者？

答：衣衾棺木通常最俭，无用金玉古玩殉葬者，大有禹教。

三十五、除土葬外，有无他种葬法？

答：人死即殓，择吉发引，浅葬田塍，下周年开棺拾骨，盛以瓦罐，穴田头与山脚陈之。俟选得吉壤，方封树焉。此种骸罐，产于粤东，又名曰金罐。梧关向征以重税。

三十六、患疫症死者有无不准葬入祖茔之俗？

答：无。

三十七、有无迷信风水之俗？业堪舆者每葬一坟，须酬金若干？

答：有迷信风水之俗，业堪舆者每葬一坟，酬金多则十余元，少则一二元。自能造葬者甚多。

三十八、有无待卜吉地、停棺不葬，及以金罐拾置骸骨之俗？

答：无停棺不葬之俗，皆金罐拾骸，间有一骸，经子女匀分，各葬一地者。如争分激烈，则将骸焚灰，秤分之。

三十九、有无已葬而遇有吉地，迭次迁葬者？

答：已葬之后，遇吉地多有迁葬者。

四十、各族姓是否各有祖茔？死者一律附葬，抑或择地另葬？

答：各族姓多择吉山，随地埋葬，夫妇亦不必合附。

四十一、他人荒地，是否可以任意埋葬？或须买受？或施与然后可葬？

答：土例向于山间随意埋葬，无须买受。如穴在有税之田内，须受田主认可。

四十二、埋葬于毗邻墓旁者，通常须离若干丈尺？

答：官坟四周各距离一丈二尺，民坟四周各距离八尺，更鼓之地，鱼鳞叠葬。

四十三、有无因择吉地致起争葬、偷葬之事？

答：争葬、偷葬之事，所在多有，恒有因此控讼者。

四十四、通常丧家有无题主之俗？其礼节若何？

答：通常家丧家有题主之俗，俱遵照文公家礼，惟奉主入祠，亲友备花红具贺，丧主治酒答谢。

四十五、祭祀有无特别礼制？

答：无。

四十六、通常祭名凡几？何时用何祭品？祭品约费若干？

答：通常祭名凡三：年节先忌日祭祖，小除祭灶，春秋分祭社是也。四时祭品均用三牲酒醴，约费银一元三四毫不等。

四十七、有无延用僧道追荐祖先之俗？其追荐之佛事道场类名有几？

答：县境无僧所延，均是火居道士，名正一宗者。道场有一日二夜者为最普通。其仪式第一夜名曰"开香观灯"，次日日间曰"请圣度劫"，夜间曰"施食焰口"，约价十一二元。一切酒米曛钱在内，计用道士九名。一日三昼三夜，名曰"慈悲道场"，其仪式则请招魂，有解结、破沙、破湖、破狱、破城、度桥、照亡、施食、往生、送圣，此则铙钹铿锵，鼓音如雷，为最繁闹之道场，约费银二十余元不等。又有一种不用钟鼓，只用十余道士在香案前拜三昧水，忏慈悲忏三日夜，名曰"大悲道场"者，用价最贵，约四五十元，因此种道场仪事最繁，呗唪又多，皆用通文字程度较高之老道士主持，方能不误一切最繁之仪式，故价值最贵也。致所诵经，如施食、观灯、及大悲礼忏，均用僧经，其余方用道士，七字一句，杂科曰玉皇经也。

四十八、追荐之冥具种类有几？约需金若干？

答：追荐之冥具种类有二：一曰冥财，即金锭、银锭、纸钱、纸箱；一曰冥物，即房院、船轿、马车、衣物、器用，每件约需费银一元。

四十九、拜扫坟墓，每年约分几次？

答：拜扫坟墓，每年四次，一清明，二中元，三十月初一日，四腊月小除后。十月朔日，俗名送寒衣。

五十、乡里迎宾饮宴有无特别礼俗？里社燕〔宴〕会有无养老敬长礼节？其礼节若何？

答：无特别礼俗，但逢宴会时必延长老首座，先酌酒敬菜。

五十一、宾客相遇，有无馈赠礼物？馈赠之物约需金若干？

答：宾客相遇，馈赠之物，居山者以山物为礼，居水者以水物为礼，约费钱二百余文。

第七类

一、本境宗教共分几种？各教中有无特别宗派？

答：宗教共分三种，一曰耶教，一曰释教，一曰道教。耶教为浸礼会。道教曰正一派，火居而读佛经，极似礼部之道丁。至如佛教，境内久无和尚，而就经像调查，与净土宗及日本之日莲宗甚近。

二、信教者以何项人为最多？

答：儒教人人信仰；耶教信者最少，全县计十七人；道教则愚夫愚妇最多。

三、为僧道巫尼之人约计共若干？

答：为道者共四百余人；女巫五百余人，专司问米之事；僧尼俱无。

四、有无大势力之宗教聚集，教徒至数千或数万者？

答：宗教势力至为衰弱，无聚众教徒者。

五、有无外国传教之人？

答：耶教在县城西门大街有福音堂一间，梧州牧师每年不常来，或来不过数日即去。

六、有无恃信教为护符欺侮平民之事？

答：无。

七、平民与各项教民有无互相猜忌冲突之事？

答：无。

八、各项宗教有无诱迫平民入教之事？

答：无。

九、各项宗教有无聚坛说法、煽惑平民之事？

答：无。

十、各项宗教有无特别教长订正自治清规以约束其教徒者？方法若何？

答：无。

十一、人民向入宗教时有无一定规则？入教须输金否？

答：除信耶教有入会洗礼之说，其他则无所谓入不入。

十二、有无最著名之庵院寺观？若干年放戒一次？受戒者多否？

答：无。

十三、梵宫古刹有无一定山主及保全管理之方法？

答：无。

十四、信教者婚丧礼节是否与平民有异？其异者若何？

答：与平民无异。

十五、有无奉佛终身不复婚嫁及许愿舍身之习？

答：无。

十六、持斋戒杀之风盛否？以何项人为多？

答：此风有而不盛，以妇女为稍多。

十七、有无特种邪教？其法门情形若何？曾否扰乱治安？

答：无。

第八类

一、本境崇奉之神道有几？所崇奉者何神？是否皆列入祀典者？

答：本境崇奉之神，祀典外有北帝、赤帝、财帛、天后、东狱、华光、药王、观音、灵公、苍颉、沮诵、伍卢、马伏波、李卫公、李白、宋之问、苏轼、黄庭坚、秦少游等。

二、有无特别供奉之神道？其沿习若何？

答：盘古为猺人最古最尊之神，容县盘广文芝寿传为其裔。又，三界桂平人冯姓，世其家如天师。梁山伯、祝英台，唐代人，土著尊为歌仙，少年男女尤尊祀之。

三、供奉神道禋祀有无特别组织之法？

答：无特别组织之法，惟祀款出于公共之题捐，然各庙产无百金以上之资，亦有出于个人捐送者，现均提办学堂。

四、供奉神道之祠宇庙塔，其建筑形势沿革及制度若何？

答：祠庙之制度有三进两旁有廊者，有两进或一进者，均同治年间重修。

全县官立、私立庙坛表列于下，各氏宗祠则制如家屋焉。

藤县庙坛祠塔表

名称	地址	神名	建置
文庙	城南		
武庙	城内	关帝	
苍圣庙	城内		
山川坛	城南		
社稷坛	城南		
厉坛	城西		
文昌阁	对河	文昌	
城隍庙	大街	城隍	
雷庙	禰洲	雷神	
伏波庙	东门外	马援	

续表

名称	地址	神名	建置
盘古庙	分界	盘古	
八贤祠	西门外	李靖 李白 宋之问 李光 苏子由 黄山谷 秦少游 苏轼	
天后宫	北门	天后	
贤宦祠	东门		
山伯庙	西门外江北	梁山伯	
祝英台庙	西门外江南	祝英台	
观光阁	宝家	文昌关帝	
姑苏庙	太平	秦少游	
三界庙	随化	冯三界	
回龙寺	官村	三宝	
北帝庙	濛江	北帝	
北府庙	白沙	李靖	
赤帝庙	十字街	赤帝	以上同治间重建
塔	太平一县城	县城之塔已拆造学堂	无考

五、祠宇庙塔有无遗传古物历数百年以上者？

答：屡遭兵燹，古物无存。

六、有无个人独捐巨资建造祠宇庙塔者？

答：无。

七、朝香礼佛之风盛否？其名目有几？以何者为多？

答：无。

八、迎神赛会之风盛否？每年举行若干次？每次约费若干金？

答：地多达理绩学之士，故迎神赛会之风向来不盛，或庙或社，每届三年，建平安醮，预期集百余人，或数十人。荐平安愿，名曰"放炮"，届期醵钱建醮，一夜或一日两夜，约费钱十余千文。五月五日城外江中商家少年，合资四五千文，借船行长艇撑于中流，溯洄二三里之远,唱歌打鼓,名曰"龙舟"。所集之钱,于撑舟罢时就舟中买酒肉食之。

九、有无特别迷信？其沿习若何？

答:乡愚无知,迷信茅山,如破花关,为小儿免出天花之类语,皆不经,难探其源。

十、有无家内祀狐、路旁祀树之俗？

答:狐之为物,地向不产,故无祀者。社坛老榕,间有祀者。

十一、信奉神道祀禳之类有几？若何？

答:祀禳之类,通常惟建醮、饮福二种,间有茅山法道人为人祈禳,自夜达日,驱鬼降魔,名曰"捉鬼"。

十二、人民各业通常崇祀之神道若何？

答:人民各业通常崇祀之神道,家居则供祖先、灶神、土地、门官,木工、石工供鲁班,酒铺供酒仙,打铜铁店供老君,银匠供大迦叶,名曰"欧西佛",商家供财神,药铺供神农、岐伯。

十三、有无分地段远近、户数若干须建筑庙宇供奉乡神里社之事？

答:无分地段户数须建筑庙宇里社等事。凡各村中有庙者甚少,多村头、村尾建立两社,或建立一社。社坛用砖石筑成,方五六尺、高二三尺不等,上竖一石屏,中刻某某社之神,旁镌七言对联。

十四、居民疾病有无信服神茶、神药之俗？

答:无此俗。间有觅女巫问米者,为预期病者何日可愈。

十五、每年演剧酬神多否？多系何神？演剧一日约费金若干？

答:连年匪患,演剧久为禁止。

第九类

一、一般人民所最推重者为何如人？

答:一般人民所最推重者,绩学宿儒,公正绅耆。

二、人民每日服劳有一定时间否？每年以何时为最忙？何时为最暇？一年中服劳时间通常几月？

答：人民每日作工以日出日入为一定时间，农人以播种作及收获之时为最忙，十一月以后至正月节种树之期亦最忙，妇女自二月至十一月于作农工外为养蚕之期，皆最劳时间。通常服劳十一个半月，其他工业及劳动者，除年节外，服劳约三百四十日。

三、有无畏劳耽逸、狡猾欺诈之习？

答：畏劳耽逸之习，城市多有之；狡猾欺诈之习尚少。

四、富家存有余款，是否通常增置产业或存店生息，抑别有窖藏储积之法？

答：富家余款通常买田买山，间有存店生息者，无窖藏之事。

五、有无习拳勇各种技术者？其风盛否？

答：除学堂习体操外，间有绅商练易筋经工夫者，无习拳勇及各技术。

六、人民休暇时有无围山狩猎、角力竞马、寓尚武之习者？

答：人民狩猎，皆于农闲为游戏之事，无恃为生计者。

七、通常妇女除服家事外，尚有兼营种植及其他生计者？

答：风俗淳朴，啬于用财，通常妇女除服家事外，专以耕田种山，间有担担趁墟为营业，无余暇他营。老年妇女不能力作，在樟树下寻觅天蚕，或放鸭。士绅妇女多于家事外，以养蚕为业。

八、妇女有无缠足之习？其缠足者渐知解放否？

答：城乡向无缠足之习。

九、居家铺设用品有无竞尚西式者？

答：尚西式者甚少。

十、妇女装饰品奢俭若何？每年每人极奢者约需金若干？极俭者的费金若干？

答：妇女装饰品向不奢靡，每人每年极奢约需二十元，或十余元之间，极俭者需银一二元，甚有不用一钱者，除被衫裤外无别物。

十一、中等以上之家衣食住三者通常于必需物品及制作外，有无尚奢之习？

答：朴素成风，故无奢之习，日用物品但可省无不力省。年来物品日贵，捐项日加，生计亦日难故也。

十二、有无定期玩赏游戏之习？

答：每岁元宵有张灯、舞龙、舞狮之习，定期十五开灯，十六完灯，端午间有龙舟之竞。

十三、人民有无烟酒之癖？其烟酒种类有几？染此癖者以何项人为多？

答：人民饮酒多系自蒸，乡村多吸自种之烟，城厢则用汾酒、绍酒及福建之条丝、巴西之卷烟。癖此者客商为多，城市人次之，乡村虽富室用者甚少。

十四、吸食鸦片者以何种人为多？妇女中有无吸食者？近来例应禁止戒除者多否？

答：吸食鸦片者以游闲与挑抬之人为最多。妇女中无吸食者。去冬团学各绅遵设戒烟分会，查禁认真，除老病外，戒除者约十之六七。计前戒除四千余人，本年戒除一千五百六十余人。

十五、演剧之事盛否？有无好演淫戏之俗？其淫戏名称若何？

答：均因匪患不准演戏，乡禁极严。外来花鼓淫戏，入境即经兵团拿送。

十六、有无豢养禽兽斗赌之习？

答：秋九月间有斗画眉、赌猪酒者，名曰"画眉研究会"，虽无多输赢，向出示严禁。

十七、赌博之风盛否？通常所用博具种类有几？

答：乡禁甚严，尚属不盛。计有三种：一番摊，二山票，三骰子。

十八、有无专恃放赌抽头为生计者？

答：现无。

十九、有无因赌倾家流为盗贼者？

答：有。

二十、赌场中能否安靖？有无一定规则？

答：现为厉禁，无设赌场者。查从前承饷开赌之场所，亦未见有规则。

二十一、有无出售淫书画及淫歌淫曲之习？其种类若干？名称若干？

答：无售淫书淫画者。每年中有自北流平南来之一种，名曰"调筛"，又一种名曰"采茶"，专唱淫艳小调。闻入境即令拿办，乡团亦禁之甚严。

二十二、卖淫之风盛否？有无规定管束娼妓之法？入娼寮者属何项人为多？

答：境内无官娼、土娼，故无收缔规则，亦无入娼寮之人。

二十三、奸淫之风盛否？犯奸以何项人为多？有无强奸及因奸毒害之事？

答：奸淫之风，山僻之区较盛。犯奸者多属乡愚，辍耕陇上，两小无猜，语言调戏，手足勾引，顺便成奸。每年有十余起控诉到官。

二十四、有无堕胎、溺子女之俗？其原因若何？

答：私孕堕胎设或有之，溺女则无。

二十五、自杀之风盛否？男女孰多？

答：自杀之风，男子不经见，女子间有之。多因夫妇口角，一时短见，亦有奸情败露，羞愧自缢。自杀之法有三种：一曰鸦片膏和蒸酒，一曰苦蔓藤叶，一曰投水。

二十六、有无以人为买卖抵押物？以人为抵押，其取赎之期限若何？

答：地方虽无巨富，亦无极贫，向无抵押买卖之事。

二十七、有无贩卖人口，终身为人服役者？

答：城乡绅富用婢女者极少，故无贩卖者。

二十八、有无囤拐小男幼女卖作僧尼、奴婢、娼优者？其囤拐售卖之术若何？

答：无。

二十九、有无诈索放赖之习？其诈索放赖之术若何？

答：颇有此习，其术如用刀劈拼闹诈缢之类，一经团甲排解，无不分解，罕到官者。

三十、民情好讼、上控之风盛否？

答：此风颇盛，其故多由讼棍唆主，近年多有用电控及捏写多名者，然其术不精。

三十一、有无豪绅把持衙门、欺压愚民及挑唆词讼、从中渔利之事？

答：无豪绅把持衙门。县绅皆自爱尚气故也。挑唆词讼，从中渔利为惟一之目的，然程度不高，多不过十元、八元，至少有四、五元者，又有仅得被唆者一飧酒肉，饱其馋腹。

三十二、有无聚众械斗之俗？

答：有。

三十三、有无造谣生事之习？

答：有。

三十四、有无蜚语中人、匿名揭帖之习？

答：多属下流社会为之，专道个人家庭秘事，语多鄙秽不文。

三十五、盗贼是否盛行？本地、外来孰多？藏穴何处？

答：本境盗贼外来居多，西北路往来平南、永安，东北路往来昭平交界。从前藏穴于苍藤交界四培凤村一带。

三十六、有无坐地分赃之窝户及统率多人坐食抄掳之事？

答：亦间有之。

三十七、盗贼约分几种？其流为盗贼结果者是何原因？

答：分偷窃、白撞、强盗、会匪四种，其事分挖墙、撬门、杀人、放火、拉生五类。其原因或因嫖赌，或因懒惰，流荡失业及拜会诱引。

三十八、有无秘密结党拜盟之事？其党类有几？各类组织之法若何？

答：常有秘密结党拜会之风，其名目普通只称"三点会"，每人普通约费三元六毫、一元不等为会费，如纳三元六，则由老母、东主封为"老平"，纳一元，封为"三九"。东主为发起人，老母为会首，老平、平等自由兄弟也，三九之义不可解。近年实行清乡，此风渐少。

三十九、会党以何色人为多？会中有无特别口号及标识？

答：多系散勇及无业游民，不通文义，其口号多含三点语意，有朱雀某山、玄武某堂、青龙某香、白虎某水四句为外口号，"五湖结义、交朋友自由、忠义定太平"十四字为内口号，又统名洪家兄弟等语，往来会遇，皆以缠发及领巾三折为标识，并有以白旗及会票为标识者，其口号随地随时变幻无尽。

第十类

一、土音所称名物，较北京官音有无差别？

答：土人语音较北京官音只语尾变化，及发出声浪轻重急徐不同。如"知""支"通，"志""智"通，"王""黄"通，"陈""程"通，"胡""吴"通，"文""民""门"通，"玉""肉"

"褥"通,"营""荣""横""熊""雄"通,"贤""焉""弦"通,"为""维""遗"通,"县""院"通,"仁""人"通,"酒""走""斗"通。凡此之类,皆通一音,无有差别,与长江流域同者甚多。音之不同,实原官音无入音,此间多用入音,化平为入,发音不同,加以展转尾变,故有差别,逾去逾远,乍一听之,绝无相同之点,然细考土音与中州无异,甚至多存中州古字古音。名词用粤名者亦不过如儿曰"仔",新妇曰"新抱",游戏曰"则屡",取曰"逻",持曰"拎",煮曰"折",搬曰"揎",小曰"细"等类四五十名,如看曰"体",实"睇"字;来曰"黎",音转也;邋遢曰"擸撞",吃酒曰"用宴",小女曰"妹仔",小男"细仔"之类,或由音转,或出假借,专门细译变迁之原,井然可考。惟唔咁佢口咩等字音,字俱用东省,因商务输入,非土著原有也。土著所用之各词,细溯其原,皆原境内异种,灭去已久,无外界之混合,所居之人又多由北方迁入。唐宋以来,北方文人学士迁此而又以经术教人者多,所用言文必皆本北音,未曾迁就,故地虽毗近东省,而发音虽似相同,而用词各殊,惟形容词、区别词多囫囵之病,殆或祖先传流,或后来输入时有缺佚不全之故。

二、有无通行歌谣?其种有几?义解若何?

答:以采茶山歌为最多,皆竹枝之曲。

采茶歌

蝴蝶花开蝴蝶飞,鹧鸪草长鹧鸪肥。门前种得相思树,落尽相思佢未归。

山歌

与郎相期月上来,及至月上郎不来。妾在平地见月早,郎在深山见月迟。

三、有无裨说词曲描写风土人情者?其各种义解若何?

答:裨官小说,前无著本。苏孝廉时学《余孝子歌》《蔡贞女诗》《黄懋文妻》《黎司坤妻》《吴斯芟妻》等篇及云泉居士《正月二十四日纪事》诗一章,或为表彰,或为纪事,情真语真,无愧诗史。钞列于后,可备采风之选。

余孝子歌　　　　　　　　　　　苏时学

藤义昌乡有孝子,明天顺间为余全。风流文采未弱冠,已补博士弟子员。父玠作官官顺德,父殁还乡遇流贼。母李陷贼去,追呼莫能得。仰首高天空默默,沿路烽烟惨昏黑。反我田中庐,鬻我旧琴书,倾家赎母当何如?贼曰:"尔宦家子,岂与齐民齿?不辇金如山,尔母终不还!"泣向穹苍还默祷,嗟尔豺狼竟难饱,流涕向贼言:"我生本孤苦,我室有藏金,我母未肯语。不若纵母归,持金当赎儿。"以目视母母会意,贼纵母去子为质。母去矣,久不来,群贼始惊疑。知为孺子绐,转诘孝子。孝子瞋目大骂:"安得有此不义财?吾父作官清白吏,家中未筑黄金台。吾恨不能刃尔手万段,乌能以此累累之物奉尔哉?"嗟哉孝子骂贼死,百世清风播兰芷。我为作歌歌以纪,传述人间备青史。

蔡贞女诗　　　　　苏时学

镡江女,自蔡出。字阿聪,年十七。颇读书,解拈笔。冰雪姿,兰蕙质。近闺阃,住蓬荜。寡笑言,娴礼律。痛慈亲,违两膝。依兄嫂,咸我嫉。罪伊何,劳勿恤。受鞭苔,更呵叱。许杨氏,奉巾栉。忽输盟,绝琴瑟。女无言,唯饮泣。月重圆,恐难必。思古训,敢自逸。女有家,男有室。为女子,贵从一。嗟此生,何抑郁。愿长斋,依绣佛。天高高,远难诘。不如归,父母侧。剑江水,清彻骨。石粼粼,波汩汩。鱼鳖藏,蛟龙窟。女居之,安且吉。笑此生,吾事毕。岁癸卯,月壬戌。庚午朔,越某日。半夜时,贞女卒。湘妃伦,曹娥匹。此邦人,能具述。我为诗,传勿失。

黄懋文妻　　　　　苏时学

黄懋文妻,厥惟陆氏。冰雪其姿,日星其志。猝遇强暴,有死无二。蕙折兰摧,璧完玉碎。夜月伤心,行人堕泪。时维乾隆,庚戌之岁。旌其门闾,以风来世。

黎司坤妻　　　　　苏时学

邑感义乡,乡人能说。曰黎司坤,有妇义烈。生于梁门,早娴礼节。十八于归,逾年夫殁。愍彼何辜,横遭短折。恸哭凭棺,肝肠寸绝。视死如归,何曾永诀。生既同心,死当同穴。唯古丈夫,有此明决。一旦冰消,千秋玉洁。至今冢树,交柯盘结。宿雨鸳鸯,雌雄各别。夜夜悲鸣,泉台凄咽。合表行状,大书于碣。陵谷可迁,斯名不灭。

吴斯芨妻　　　　　苏时学

宛彼鸤鸠,在河之埃。将翱将翔,爰集于李。李既有花,李亦有子。戛然长鸣,弃余逝矣。剩此遗孤,何怙何恃?鞠育唯吾,嗣续唯尔。胡然皇天,降灾不已。凤去巢空,鸱来室毁。雁此百凶,欠余一死。人亦有言,殷殷相慰。妾命如冰,妾心如水。卓哉首阳,绝食而馁。烈女忠臣,古今一轨。伊人维何?陇西姑姊。厥家维何?延陵之士。谷岭峨峨,镡江弥弥。爰作歌诗,以昭彤史。

正月二十四日纪事　　　　云泉居士

天地之大德曰生,天之所诛恶必盈。凶若未穷恶未极,蚩尤未必附一坑。君不见十都八都团练杀大贼,虽协群心与群力,若非彼苍有意除螟蛾,何以禽狝草雉一朝殱。请君听我说其详,桑梓由来近互乡。彼都人士狐裘黄,虎而冠者甘豺狼。黄巾张角来煽惑,尤来大枪集狐骥。阙党童子也绿林,齐人妻妾学义侧。攻先所难击剑门,余同破竹势易吞。猖猖跳梁若猕狗,左冲右突类奔豚。火箭火球夹枪炮,顷刻烟迷杏花村。空中一声飞霹雳,贼奴贼魁合荡析。鸥自投罗丸争弹,豕既入笠任屠剔。杰魁围莘跃登楼,一箭双雕贯其喉。双戟前驱者兴霸,用矛逾沟有冉求。宁季狡猾呼契弟,一声飞丸碎其体。愕讶苞苴不能通,狂喊犬豸武罂咪。轰雷虩,团胆雄,卷雾驱风团力齐。纷纷昏奔鸟兽散,牌甲戈矛委涂炭。四壁又来生力团,沿途堵歼多糜烂。马陵道上截其奔,虞诩书生略不群。兀术计蹙黄天荡,黄巢命殒乌鸦军。此时团勇势如风,此际团长气如虹。倒戈鼪鼠亦逐北,三千组练争向东。旗角影翻杨柳绿,血光洒遍杜鹃红。电掣飙驰到鸿沟,征夫个个勒马头。寇莫追穷志所戒,停鞭且听中权谋。一骑西去传团令,振旅而还暇且整。寇则击之逸待劳,服则绥之宽济猛。彼纵壶浆箪食迎我师,不如使渠条分缕晰各自治。非种必锄凛王法,虽有支蔓从何滋。是可知天子神武威风及海隅,妇孺亦解谈兵靖崔苻。何莫非福善祸淫理不爽,穷凶极恶遭天诛。

四、通常谚语约有若干?其各种义解若何?

答:通常谚语约有十种,其义解照录于后。

一、"烧烛明物,读书明理",劝学也;二、"早起三朝,便当一工",劝勤作也;三、"若要富,险中做""世上无难事,只要苦心人""不受苦中苦,难为人上人",劝冒险也。四、"正月冷牛,二月冷马,三月冷死莳田嫲",悯勤劳也;五、"宁饮山冲泉,不食大江水",安贫也;六、"家庭不和邻里欺,邻里不和起是非",劝团体也;七、"买得好田不如批得好佃,批得好佃不如养得好仔",劝训子也;八、"贫在路旁无人问,富在深山有远亲",伤世态也;九、"求人不如求己",劝独立也;十、"妇教自初来,仔教自婴孩",明慎始也。

五、口音之差别是否因山川之阻隔,抑因土地疆域之远近而异?

答:山川阻隔,语言歧异,为考语学一大公例。藤县地处西江流域,东连五羊,西接峒蛮,人民语言当应现出异常之复杂,然全县语言实无歧异之点。乍听虽似东省,考之实不相同。官音居十之六,兼杂有吴音。推溯语原,人皆内地迁来,异族淘汰。又,最早近东音者,疆域毗连故也。未大变官音者,无高山大川足为障隔故也。

六、有苗、瑶、狪、獞四族杂居者,其种类之言语派别若干?

答:无。

第十一类

一、居民于衣、食、住三者所用物品均洁净否?

答:上流社会人多好洁净,下流一般人则否。

二、本境有无烟瘴?以何时何月为多?居民有防御及解毒之法否?

答:稍有烟瘴。秋冬月为多,然气薄不甚防害,居民相传以吃烟为防御法。

三、家屋沟水有无排泄之法?

答:多挖阴沟排泄之。

四、人家污秽之物有无一定弃置之所?

答:近水居者多弃之河流,两岸陆居者堆积树木根下或空闲之地,积久经热雨蒸蕴后用为肥料,均有划定各户之处所。

五、宰食病畜及贩买陈腐食物,有无禁止之法?

答:从前凡宰牛均曰瘟牛,遵律文也,然瘟牛亦间有之,近年历经禁止,奈愚民贪小利,依然偷卖。贫民贪口腹,辄喜买食,虽禁不止。现遵警宪札,出示禁止贩卖,又订入乡禁。至陈腐之食物,尚无禁止贩卖之法。因普通食品酸姜、酸豆角,均日用品。

六、饮用之水是否清洁？居咸水、浊水之处,有无汲引清水之法？

答:境内河水、井水均属清洁,无咸浊之处。士绅之家学堂均用沙泸,然尚未通行。其法以木桶为之中隔,用淘净煤渣。

七、有无毒水河流？居民如何防御？

答:无。

八、人烟繁盛之区有消除炭气汲引清气之法否？

答:城厢村坊人家多栽有树木,围绕屋庐,故炭气甚少。

九、街衢巷道洁净否？弃置秽物有无禁止之法？

答:通衢大道尚觉洁净,村坊小巷间各户均有厕房,专为堆积秽物粪草之用,故门巷亦俱洁净。乡人视粪为肥料要品,故各户均备有厕房。

十、城市内臭气薰蒸之所有无公共设法清洁者？

答:由总团局派夫三日一清洁。

十一、厕所是否各家自备？街道中有无公共设置以便行人者？

答:城乡厕所皆各家自备,无公共设置者。

十二、公共饮水之河川有洗濯衣物及岸上堆积不洁之物,有无设法禁止者？

答:向无禁止规约。

十三、有白痴、疯癫等病者,其拘管安置之法若何？

答:由其家人锁置空室,无其他拘管安置之法。

十四、传染病之种类有几？有无预防之法？

答:传染症有红白痢、霍乱、痧症等类。近年留学界极重卫生,输入石灰消毒法,日见通行,实效昭著。架波匿酸亦有用者。

十五、患传染病者以何种人为多？计百人平均中约死几人？

答:患传染病者劳力人居多。计百人中约死五、六人。此等传染,数年不一见。

十六、有无子孙之流行传染者？

答:有飞尸、痨病、肺病、血病、痫病、杨梅毒数类。

十七、有无儿童痘症传染者？

答：间有之。

十八、种痘之术，习中法与习西法孰多？

答：中法用轻利小刀，将臂上清冷穴划破，以痘浆点之。

十九、患传染病死者有无火葬，及土葬深埋不得迁葬之制法？

答：无。

二十、家畜患传染症种类有几？

答：有发瘟痧、霉菌等症。

二十一、医家诊病有无一定之报酬？送诊施药多否？

答：酬金一二角不等，送诊间有，施药则无。

二十二、业医者是否须经官吏许可？

答：否。

二十三、诊病者是否开具医案？

答：编查全县无精深医术者，间有方后立案，不过视为点缀，与病与药矛盾者极多。

二十四、医术授受，其方式若何？

答：医有师承，向无此风，所有医生多无志。上进之士，购一二种医书，如《医宗必读》《陈修园二十八种》《笔花医镜》等书，《本草备要》《濒湖脉诀》习之。

二十五、有无精习专门医术者？

答：无。

二十六、有无精外科医者？其技术若何？

答：外科较内科差，优其方药，虽不精深，较内科程度尚高。其方药不内《外科正宗》《金鉴外科》所载，其手法稍有师承，治金创接骨颇多实效，缘匪患连年在在，供伊实地研究，增长学术之资料。

二十七、有无官医及官立医院？

答：无。

二十八、医家错用丹方致人于死,有无拼闹控告及不准行医之限制?

答:庸医杀人,律有专条,向无拼闹控告及不准行医之限制。

二十九、妇女有业医者否?其业医之种类有几?有无女巫代人医病者?

答:妇女业医者有催生、炙急、慢惊风、白带、子宫冷等病。

三十、妇女产难有无经验良方?产难死者,城市、乡村孰多?

答:以传青主、生化汤及佛手散为最良。产难死者甚少,因妇女无娇纵之习。

三十一、关于特种病得有秘方,有无不以示人者?

答:无。

三十二、有无外国医士,及医院请其诊治者多否?

答:无。

三十三、有无专精兽医者否?

答:有兽医而方术不精,不过兼行阉豚骟鸡之业,以资糊口。

三十四、贩卖毒药、假药有无限制禁止之法?

答:贩毒药,无假药,有罗定人挑贩,向无禁止之施行。

三十五、售药之家约有若干?其药品泡制能否齐备精良?

答:城墟药铺大小三十余家,均无多资本。如参术、苓草、芎归、芍地等品,约有三百余种。饮片均皆不善保存,沿用广东法用水泡洗,外观虽洁,其性已失。煎炼泡制均不如法,凡贵重之品,均不备,因用家多赴梧购用。

三十六、有无炼造著名膏丹丸散奏有奇效者?

答:胶丸丹膏均由梧州输入,梧又自广州输入,故无造者。

三十七、有无专卖草药者?

答:有专卖者,于城市乡墟设摊售之,并陈列玻瓶,盛种种酒浸毒蛇,多至百数十种为标帜。

三十八、售卖春方、堕胎等药有无禁止之法?

答:无售卖前项者。

三十九、有无外国人开设药房及自国人贩卖外国药品,或沿途兜卖者?其销行种类有几?

答:无。

第十二类

一、有无组织公共财产以拯灾备荒者?其类有几?办法若何?

答:县有义仓,专备救荒,其办法已于绅士办事类说明。

二、瘟疫盛行时有无公共设立医药局及个人施舍医药者?其组织办法若何?

答:无公立医药局,间有个人施舍辟瘟丹、解毒丸、雷击散、红灵丹、正气丸等药者,任人按症自取药。

三、凡救济火灾、捕围盗贼有无一定之组合团体?其组织办法若何?

答:县有藤勇二百名,专司缉匪救火之用,组织之法列下:

藤县保团总局乡练章程

一、募乡勇二百一十名,专于各团户内挑选年二十岁以上精壮,名曰藤勇,分扎藤南、藤北,补助官兵不及,以卫地方。

一、设哨官七员,由总局禀官派委。

一、哨官每员月支饷十二两正。

一、藤勇什长每名月支口粮四两二钱正。

一、藤勇每名月支口粮三两六钱正。

一、伙夫每名月支口粮三两正。

一、枪弹禀官发给。

一、旗帜、号衣一切应用什物,由总局制办。

一、藤勇分扎各险要口隘,严拿匪徒,补助官力。

一、藤勇拿获有花要匪,除照赏外,如立功多次,禀官详请给奖,以示鼓励。

一、如打仗阵亡,除由由官例赏三十元外,由团保总局再酌给恤金,以安家属。

一、藤勇分扎各防,如遇火警之时,以二分守卡,防匪窃发,其余执持消防器械,由哨官督帅,齐力扑灭。

一、藤勇营规、营制,俱遵防营章程办理。

一、藤勇员弁名册名,按季禀官点验,以昭核实。

一、勇饷由各团按亩派捐,每年以正月、六月,分两次催收。

四、凡遇险灾有无紧急告警之法?

答:以鸣锣、鸣角为告警之法。

五、有无公共组织预防火灾、水灾及厉疫之法?

答:有备置水龙以防御火灾者,他则未有。

六、滩流险急、湖水泛溢之区,有无预备船筏为救生之用者?其组织办法若何?

答:地无险滩急流。

七、凡遇荒年有无移民就食之事?

答:无。

八、荒年平粜放赈等事,其办法若何?

答:平粜放赈或捐资往外江办米,或开义仓发谷,均临时公议办法,无成文法。

九、遇荒歉年岁,有无分约禁止煮酒、熬糖之事?

答:有。

十、遇荒歉年岁,有无谷米出境之禁?

答:有。

十一、遇荒歉年岁,有无公家富商醵集巨款,以工代赈者?

答:有。

十二、荒歉时遇有富民奸商屯谷居奇,有无聚众抢掠之事?

答:有。

十三、荒歉之年,有无他种物可代谷食者?

答:有大麦、薯、芋、木茹、葛根、玉蜀粟等类。

十四、有无官立、公立及私人设立之粥厂?其办法若何?能否于事有济?

答：无。

十五、本境穷民流为乞丐者若干数？其原因有几？老幼男女孰多？

答：无。

十六、有无安置流民乞丐之所？其经费有几？办法若何？收养人数若干？

答：无。

十七、安置流民乞丐有无改良办法使自为生计者？其经费有几？办法若何？

答：无。

十八、有无布施寒衣、米粥之事？

答：无。

十九、穷民乞丐及外来逃荒流民，有无强讨恶索之事？

答：外来逃荒流民间有强讨恶索之事，均由团弹压资遣。

二十、外来逃荒流民，有无赈济安辑之法？

答：由入境处团局验照资遣出境，免生意外，如不遵，禀官派兵押送出境。

二十一、有无安置残废癃病老幼孤贫失养者之所？其创设系官立，抑公立？共计有几？其经费办法若何？收养人数若干？

答：无。

二十二、有无安置孀妇之所？其经费办法若何？安置人数若干？凡就食该所者，是否准其携带子女？

答：无。

二十三、收养婴孩，男、女孰多？抚育之方是否教养兼备？成丁后有无安遣之法？

答：无。

二十四、有无公共组织或以私人财产施舍棺木及他埋葬之具者？其经费有几？办法若何？

答：无。

二十五、有无公共组织或以私人财产修筑道路、搭桥梁者？其经费有几？办法若何？

答：修路搭桥多由公共组织，出自私人财产者较少，通常经费或数千金或数百金不等,由众临时捐题,以为修补之用。

二十六、有无捐置公共墓田者？其办法若何？

答:无。

二十七、河川溺尸、道路骸骨,有无捞收掩埋者？其费奚出？

答:其费由官出,或由团出,无一定经费。

第十三类

一、本境士绅办理地方公务,有无一定约章？

答:士绅办理各项公益,已于士绅办事习惯答案说明。除学务俱遵定章办理外,团局办理约章开列于后:

藤县团局章程

一、吾藤近来会匪猖狂,扰害地方,非有以戢之,则祸患将伊胡底。前于县城设立保团总局,以监督联络各都里团务。

二、本局以县城大街城隍庙为办公之所。

三、由地方公举正绅二员为坐局正办、副办,不支薪水,任无期限。

四、各都里分局设立何处、局员何人并办事事由,均由各局按季缴局,以便查核。

五、各都分局办事人员,由该地方公举,报局禀官扎委。

六、各厢都里在分局外办理之团长,仍由该地方汇报,以便禀官扎委。

七、各局团办事人员均受总局之支配。

八、向有南北各都里之练丁,均造册报局,禀官存案。

九、原有藤勇七哨,员弁勇丁均受总局之监督及临时助官调遣。

十、各都里照粮加收之勇饷,每年按二季缴局,以便支发。

十一、各团内须将该区域内之地方时常留心查考,如有会匪聚众拜抬,即刻报局,以便禀官派勇查拿。如扶,同隐匿议罚。

十二、正办之权责为总理本局一切事务,及核稽各分局、各团办事认真与否,若团务废弛,缉匪不力,皆正办之责。

　　十三、副办之权责,勷助正办办理一切。

　　十四、公举法用无记名之投票法。

　　十五、当选权,凡县内绅界、学界公正有声、公益成效昭著,皆有被选权。

　　十六、凡县民二十五以上有家资者,均有选举权。

　　十七、如职员因循废职,或藉权舞弊,或侵吞公款,除禀撤外,公同议罚。

　　十八、此章系遵王铁山大公祖批改各条,谨遵改定,其余未尽事宜,随时议改。

二、乡约之成立,是否必禀官存案,抑仅凭众承认?

答:乡约各团,均大致相同,系凭众承认,向不备案。

三、公共财产之保存、增长,有无一定规则?

答:县内有公款者为书院、宾兴二处。书院公田向由苏霍等二十户子孙世管,未曾订有章程。宾兴管款章程,抄列于下:

　　　　　　宾兴管款章程

　　一议每年公举在馆人员所有租谷,听其按照时价沽银收存,每届春秋二祭前数日,将应年中所入若干、作何开支,逐一备列清单,贴于馆内,并注明部内,以便接收核对,不得糊涂,假公济私,私吞公款。如有此弊,小则追回公款,另行议罚,永不准干预宾兴公事;大则集众禀究。

　　一议各都里凡有所交馆内银钱,务要交到值年坐馆管理银钱者亲手接收、注部方准,否则恐无着落,与馆中无涉。

　　一议各都里中无论充公产业、续置产业,均系核实,酌中批耕,每年额纳租谷原以丰啬两不增减,以免纷更。如遇造期派人收租,自应照部定额如数催足交收。如果年岁凶荒,各耕报明,由坐馆着人前往看明回报,定议看视,催收人不得擅行议减,以杜通同作弊。至递年应纳之钱粮,须照宾兴户装载数目,及早完纳,不可延欠。

四、乡约有无下列各项之事?其组织办法若何?

答:各项组织办法分别于后:

义塾	现改为小学堂
积谷	县有义仓一间,详《绅士办事答案》。
塘坝	归有田亩者公共修筑。
沟渠	按地段公共修治。
道路	由绅耆乐捐修筑。
桥梁	城乡绅耆乐捐修建,详《绅士办事答案》。
森林	人民私有,无组织办法,现正派员调查。
水产	有鱼鳖蛤虾之属,无组织办法。
矿产	太平河产砂金,每年输出约二千两。
农会	三十都有桂山会,系蒙经农富寿发起,专为保护该都桂山而立。随化里因连年匪乱,立有耕牛保险会,均由各入会耆老公议办理,无成文之章程。
堤防	无。
保甲	详《绅士办事习惯答案》。
备灾	临时捐赈。
除盗	详《绅士办事习惯答案》。
驱娼	无娼。
禁赌	官绅公同禁止。
戒游荡	向列乡禁,现太平圩团学诸绅耆创戒子会规约,已议决施行。
禁奢侈	父兄戒勉。

五、上列各项所规定办事之人,是否乡民公举,抑请官谕派?

答:由乡民公举,后请官谕派。

六、违反乡约者,有无一定之处分?

答:处分之轻重,以公议定之。

(国家图书馆藏,封面:次京署,内题:调查民情风俗习惯问题——藤县第一次报告书,辽阳陈思述,江苏省立印刷厂代印。 一说民初调查,1920年以《广西藤县民情》为题收入国立北京大学、中国民俗学会民俗丛书第107种影印。 据笔者考证,应为清末调查。)

直隶调查局法制科调查书

调查局法制科调查书序

吴兴让自序

岁己酉直隶设调查局，以兴让承乏法制科。时科长为唐秀峰太史，专门法政家也，不以鄙陋见弃，将科中一切筹拟办法及一切笔墨之劳，悉委任焉。让恐议论多而成功少，无以副科长之雅意，乃不敢推诿。先取馆章所分三股陈述意见，谓第一股之疑义，不过民情风俗，为民事习惯，未易区别，然馆章或别有用意，尚可臆解；惟第二股与第三股所分，乃法理上之分别，实则同一行政，势难分掌，惟事关变通章程，不便率改，须请示方可。局中遂命让为质疑书，并拟办法，函请解决，蒙馆覆然之，而第二、三股之办法乃定。其馆章所开第一股民情风俗与民事习惯，议论尤多，界限范围，群莫能定，或谓风气之强弱，民情之奢俭，习惯之勤惰，以及程度之文野，教育之深浅，皆法律所当有事，即在应行调查之列。余曰：否否，不然。此种议论，皆政治上之作用，而于法律无涉，且所谓强弱、勤惰、奢俭、文野、深浅者，皆属于主观，不属于客观，皆以我之意见而加之以评论，实则非彼所固有也。夫既属于评论，则无一定之标准，何从而调查之，法律又何从而订定之。此皆昔日志书上所有事而于调查局法制之本意绝不相蒙。或曰：如子说，则国民程度，法律所不问，何日可以进步，且法律所当有事者何事？余应之曰：此当分为二途，一曰政治上之作用，一曰法律上之标准。三代以上，政教不分，而政与法亦不分，故君即师也，政即教也。读《尚书》《戴记》，观其政刑教化互相为用之说，而知其同条共贯，故日本某法学家称之为礼治主义,盖无一不包括于礼者也(引证太繁,不赘)。自周末以来,政教、法律渐渐分离,故刑法之学至此始成家数,而儒家者流则兼政与教,然至秦汉以降,则政与教亦分而二矣,此我国历史之大较也。若夫欧洲各国,太古之时宗教与政治合而为一,法律亦仅属于政治之一部,中古以降,宗教与政治相离,而后王权确立,虽政与法有相关之理,而学术进步遂各树一帜,迄今政学与法学之所由分也。若欲让历举何者为法律所当有事,则更仆不能毕。让可抉其最精要之学说以明之。曰人事之有直接利害关系者,法律所有事,其无直接之利害关系而逆料将来者,法律所不问也。有人与人之关系而可以兴争讼者,法律上所有事;仅一己之私德而无争讼之机者,法律上所不问也。形诸实事者,法律上所有事,而尚在心理者,法律上所不问也。某闻让说,茫然不知其所言之云何,于是又久之,解仍不能定。科长唐太史非常谦抑,未下断语,屡承下问,许以不拘形迹,尽抒意见,并命让独任其劳,辞不获已,乃先将部章所开,分为四类,以定其范围,附述如左:

甲　民情风俗

此民民情风俗所应调查者,非为编州县志风土记之用,必与法律、政治有关系者方可入之。惟既别有民事习惯一类,则在民法范围者,又不应列入。兹就礼制、教化、宗教、生计、财政等问题属之,其有可兴争讼者,入民事习惯。此最不可不区别之点也。

乙　绅士办事习惯

此指绅士办理地方公事而言,实即地方自治之滥觞。尝见某法学博士著《中国古代地方自治考》一书,引证繁富,而尤推有明一代为我国地方自治制度最完备之时代,其所指称,大半朱子社仓及团练、书院等事,可见地方自治,我国无其名而有其实,今日绅士办事习惯亦自明代以来之沿习耳,故调查应以地方公益为范围,如昔日之义仓善举,近日之学堂警务,皆属之。其近乎迷信,而与自治性质不符者,虽属绅办,无须调查。

丙　民事习惯

各国言法律者,首论人格。人格二字,本不易明,然而民法之开宗明义,实不可少,如年龄、籍贯,皆与人格最有关系者也。其次大纲应分为财产、亲族二大类,皆须有人与人之关系者,方为民法范围,余则入甲类。

丁　商事习惯

商亦民之一也，商法亦民法之一也。欧洲古代只有民法而无商法，自沿海贸易发达，商业团体各自订为规则，并裁判权亦自主之，其后商务日进，国家乃承认之，而订为法律。此商法之来源，实始于商人所自订而亦即为从民法中分出之一证也。今我国商业不甚进步，故欲于民法卖买以外，别寻商事习惯，实为难事。因民事与商事，非性质上之区别，乃方法上之区别也。又设我国素有民法，则民法以外归入商事可耳，今但有习惯而无法典，而商业又不发达，将以何者为标准耶？不得已借外国商法之目次，而以上海通用之办法为资料，其明知我国所无者缺之，其余商人资格及各种公司业已于《大清商律》颁布明文，故亦无须调查。其所以用上海通用办法者，因其多采外国商习惯，与商法性质相近也。天津为五口之一，风气早开，谅多相类。名称虽有异同，无妨也。若内地习惯有可备商法资料者，依类报告可也。

戊　诉讼事习惯

法学家分法律为实体法与手续法二类。此二者相依为用，不可偏废。诉讼法为手续法之一，于司法上有重要之关系，我国全无成文可据，无怪司法多流弊而民生日困也。今裁判改良、司法独立之议，久已喧播，新刑律亦告成，则诉讼法为急不可缓之举。然此事习惯最难调查，一因内部半属于书吏差役之职务，他人不得而知，外部惟曾经诉讼及曾经犯罪者方知之，欲向各处士人调查，势必不确。此一难也；二因我国司法不独立，与行政制度碍难画分，既不能援外国诉讼法之体裁，又不能将行政体裁强为界限，不得已分为民事、刑事，而有上级关系者，按照向例次序定之，不今不古、不中不外之消，知不免也。

右之四类，多当时所建议，蒙同人许可，乃据之下笔，三阅而脱稿，又蒙总办汪向叔观察细加察核，去其与我国习惯不甚关系者若干条，去其专属江苏习惯者若干条，又阅月而商订始定，乃缮呈科长唐太史，大蒙嘉许，称为详备。遂由局中印成四册，计凡五类，其中诉讼一类，为同事吴君侣伊手订，余则兴让所独任者也。各属学自治法律者，咸来函索，局中印本不敷，爰刊入法政学报，以备有志报告者，就近取阅云尔。吴县吴兴让识

民情风俗调查书

吴县吴兴让编

第一款　住民

第一项　住民总问题

一、本籍、客籍区别之习惯？

二、普通民籍之外有无特别籍贯？

（注）如商籍、军籍、乐籍、卫籍、灶户之类。

三、土地区画向用何种名称？

城　厢　里　坊　街　弄　胡同　里　乡　村　镇　集　堡　图　庄　团　都　圩

（注）凡居民所住地方名称不一，以上所开略举通行之名以为例。答者务须分为城乡有若干名称，有无字号编别，有无一定分配之法，及其里数若干，兹约举分配之法以为式。

右式以一县分为若干都，一都分为若干图，一图分为若干字圩，其字圩者以千字文编号也，其公文契券上即称某县第几都（上下）几图某字圩，此南省之例也，直隶省各厅州县向来如何区画，务须仿照右式，列为图系，加以说明。

四、执公务之住民向有几种？

图董乡董

村正村副

（注）以上所开系各举普通名称，向用何名，或有或无，答者务须举各地方向来所用名

称报告,如有以外名称,亦须报告。

五、前问执公务之住民向用何种方法充当?有无任期?或由官衙谕充,或由住民公禀?

六、执公务之住民习惯上可管理何种事体?

七、执公务之住民习惯上有无薪水公费?普通住民有无供给规费名目,及其均派之方法若何?

八、住民中有无种族分别?

(注)如苗、猺、番、獞之类。

第二项　旗籍

一、有无驻防旗籍人民?大约有若干人?

二、驻防旗籍人民现住于该州县境内何处为多?是否聚居,抑系城乡散居?

三、驻防旗籍子弟是否入本县小学堂读书?

四、凡地方上公共担任费用,驻防旗籍是否一律担任?

(注)如祭祀、赛会、迎神以及救火善举,及乡董、村正副礼节规费,地保、甲长之供给之类。

第三项　太监

一、有无充当太监之习惯?是否一姓中有世传习惯视为职业者?

二、充当太监,该县中何村镇居多?

三、充当太监是否由亲族互相荐保?

四、太监之家居境况若何?

第二款　生活

第一项　生活程度

一、城市贫民生活程度之最低率,约须若干银或钱?

二、乡间贫民生活程度之最低率,约须若干银或钱?

（注）生活程度其高度无界限,惟低度可依其衣、食、住三者之市价为标准。最低率者,指其必不可省之数而言,因劳力人之进款,半按日计算,适合于各该处地方之最低率,此为政治财力上最关紧要之问题,答者须分城乡言其大约,或再分某乡约若干。富家之生活程度等级不齐,难于置答,故不及之。又,贫民指劳力为生,毫无自然之利者而言,答者须比较多人,专指全然食力毫无自然之利者,约举其数,因劳力之人亦有嗜好奢俭之不同,故生活最低率以衣、食、住三项为准,稍有依赖,即不在全然食力之列矣。

第二项　衣

一、普通衣服之用布者,土布与洋布者孰多?

二、贫民普通御寒服饰多用何种物品制造?大宗由何处运来,抑系土产?

三、行旱路御寒服饰惯用何品物?

四、缠足之风能否改变?

第三项　食

一、普通居民常食何种粮食,抑每日早晚有别?

（注）普通居民指中下人户而言,须分为极贫者约食何种,中下人约食何种?

二、吸水用河水,抑用井水?

三、粮食是否全恃本地所产,或恃何处来源?

四、通常饮酒多用何种?是否土产,抑何处运来?

第四项　居住

一、沿河工地方之居室有无防护之法？

二、冰坚之时，是否有筑室于冰上及作为人马道路者？

三、有无穴居、舟居习惯？在各该州县何处？

四、普通住居建筑惯用何种材料？是否土产，抑多由何处运来？

五、乡村居住是否连结多户？有无公共防护之制？

（注）公共防护如筑土为围墙，包围数家以防盗贼之类。

六、城中租赁寻常房屋，最廉之价，每间约须若干银钱？

七、乡间租赁寻常房屋，最廉之价，每间约须若干银钱？

第三款　职业

第一项　士

一、科举既废，中年寒士多以何为职业？

二、中小学堂毕业不能再入学堂之寒士，多以何为职业？

第二项　农

一、一夫之农，壮年者约可耕若干亩（除有驴、马、牛及他人之助力者）？

二、农家种植以何者为大宗？约计出产每亩可得若干？如有多种品类，即分别开报。

三、乡间耕自有田地者，至富约有若干亩（指自耕者言，不指收租者）？

四、雇人耕种，每年或每月约须若干工资？

五、妇女有能助耕种者否？女工向有几种？

六、农家除耕种外，畜牧、渔猎各业何处以何种为多？

七、除前问外，有无纺织布带、编草帽、造砖瓦及一切农家所兼营之业？

八、一亩之田，上等收熟、中等收熟、下等收熟，约可收若干？（分所种品类做答）

九、肥料粪壅多以何种物品？每亩约须若干？约值价若干？

十、各种农产，耕种在何时候？收获在何时候？最忙在何时候？

十一、租田有无"田底""田面"名目？租而转租有无名目？

（注）南省有以业主所有称为田底者，耕户所有称为田面者。直隶各州县有无此种名目？租而转租者，谓租人之田自不耕种而又转租他人者。

十二、各种农产品收熟之时，是否积存于农家，抑即时出卖？

十三、农产品收成之时，向系送往何处出售，抑届时向有商人来乡收买？

十四、该县有无旗地及王公府租地？是否聚在一处，抑系零星四散？

十五、旗地之出产品是否由耕户收获而缴租于庄头，抑系庄头收获而给耕户工食？

十六、各旗地之耕户是否世传其业？

十七、除收租外，庄头有无与耕户交涉之事？

十八、农家有无互相遵守之公约，及青苗会办理之方法？

（注）乡间往往有相传公约，如水闸不许私开，不许在他人山上樵采之类。直隶看护青苗，各有公约，其办法若何？其他与此相似者均宜逐一列之。

十九、农家有无公共修理建筑之工程？其办法若何？

（注）如道路、桥梁、沟洫、水堰、水闸、堤防之类，皆关于公共利害者。

第三项　工

一、旧有工业约有若干种？城内以何种工业为多？乡间以何种工业为多？

二、新兴工业约有若干种？出产能否获利？除本处有何销路？

三、有无销售外洋之工艺品？

四、有无用机器之工业？

五、有无该地著名之工业？

六、各种技艺优劣有等级，其至优者须每日或每月工资若干？至劣者须工资若干？

七、有无仿造洋货之大工厂？有无入厂学习者？

第四项　商

一、各该地方有何种商业？有无昔盛今衰及昔无今有？

二、各该地方之商业居商与行商孰多？并居商多系何种商业？行商多系何种商业？

（注）居商，在本地经商；行商，从他处运货来，或从本地运货出售者。

三、行商惯向何处往来贩运？

四、有无出洋经商之人？

五、各该处市面利率，近日大约若干？如各业不等，即分别举答。大略分下列三类，其商人中若尚有区别，可再分之。

（甲）商家用银号钱铺之资本，其利息约须若干？

（乙）商家以资本存放于银号钱铺，其利息若干？

（丙）商人与商人互相存放，其利息若干（除去银号钱铺）？

（注）利率者，利息之比例率也。答者以每两或每元为准，分为按月或按年若干作答。

六、该处市面通用之银钱货币及代替品有若干种，并其比例率若何？

（注）通用银钱货币，如银之有平色，银元之有行、有不行，钱之有某钱、某钱各名目是也。代替品如中外钞票，或竹筹之类，惟期票、汇兑票不在代替品之列。另拟表式如左，望依式造表分别报告。

银平比例表式，库平无须列入，各平皆以之为比例率。

各种银平　比例率　每两合库平若干　每两约合通用银元若干　每两约合制钱若干　每两约合铜元若干　每两成色比足纹差若干（如向来不用足，故此来习惯所用者比较之。）

某平银

某平银（银平名目甚多，务须各就该地通用者详细列入。）

银元铜钱名目比例表式

（铜钱名目中惟制钱无庸列入，各钱皆以之为比例率）

通用银元名目 \ 比例率	值银约数	值制钱约数	通用铜钱名目 \ 比例率	折实制钱数
某省龙元	每元约值库平银若干	每元值足制钱若干	铜元	每枚约折制钱若干文
某国银元	同上	同上	某钱	每千折实制钱若干文
某小银元	同上	同上	某钱	同上
凡市面通用者皆须详列			不但异名者须详列，即同名而有折扣名目者亦须详列。如九六津钱、九几京钱之类。凡该处所有悉数列入，以详为贵。	直隶各处之所谓一吊者，如东钱、津钱、京钱之类，数目不一，而均以一吊名，故以一吊为起数之标准。

各种代替品惯用数目表式

代替品名目	惯用数目	每张惯用数目	凡称官造、商造者皆用印板刷印，通用认票不认人、失去不挂号者而言，其他临时用笔书写者，无一定数目，不在造字之列惯用数目，如银元通行每张，但有一元、五元、十元、百元之数，而无他种数目，取其便于计数，故成习惯。钱票想必亦有此种习惯。通用有若干种，以详列为贵。
官造银两票		若干	
官造银元票		若干	
官造钱票		若干	
商造银两票		若干	
商造银元票		若干	
商造钱票		若干	
其他一切代替品		若干	

七、各该处通用之权、衡、度量,凡若干种?其比例率若何?列表如左,望依式造表一一详答。

(注)度量、权、衡各处不一,兹悉遵农工商部奏定画一章程,以营造尺为度之比例率,以仓场衙门铁斗为量之比例率,以部库天平为权衡之比例率。

各种权衡表式

各种天平 \ 比例率	比部库天平大小若干	各种戥秤 \ 比例	比部库天平大小若干
粮柜所用天平		粮柜所用戥秤	
各行买卖所用天平		各行买卖所用戥秤	
金店所用天平		金店所用戥秤	
钱铺所用天平		钱铺所用戥秤	
民间通用天平		民间通用戥秤	
其他一切天平名目		其他一切戥秤名目	

右表所开系略举普通名称,如尚不止此数种,或虽同名而有折扣习惯者,如部平之有二八、三六之类,亦须详列,并附说明。

各种度式			各种量式		
各种度名 \ 比例率	比营造尺度长短若干		各种量名 \ 比例率	比仓场衙门颁定铁斗多少若干	
步弓尺			仓库所用斗斛		
木尺			民租所用斗斛		
市面买卖用尺			粮行籴进所用斗斛	市面如有某所零几零几名目,开列于此。	
成衣裁尺			粮行粜出所用斗斛		
其他一切尺度			其他一切量器		

右表所开如尚未备,或彼乡与此乡不同,均须详列。

八、有无公估局？系何人经理？

（注）公估局者估计银两之成色平之大小者也。此种局大半由商人开设,而官为立案者其所批之分两成色归其负担责任。

九、何种商业没有公所？何种事由公所管理？①

第四款　礼俗

第一项　家法

七、与外人有争论,其族长、房长可否出面劝解？

八、宗祠制度若何？有无义庄义产、祭产之类,以备同姓孤寡贫困周恤及祭祀之用者？

（注）南方有所谓义庄者,创始于范文正,其法以祖宗所遗之产或族中有力者捐助资产,名为义产。旧时习惯,立义庄必奏明,并在县署立案。凡属于义产者,永不许子孙出卖,每年租息以备族中孤寡及寒士之应试,与婚姻丧葬周恤之用。祭产之息专司祭祀、修墓之用,亦立案不准出卖,他人亦不肯买也。

九、有无联族之风？其方法若何？

（注）此指两同姓本非一族而联为一族也。

十、有无出族之风？必犯何种不韪,方可出族？其惯例若何？

（注）出族者,不认其为一姓也。

十一、父兄无力教养子弟,有无同姓代为教养之事？

十二、父兄不能约束其子弟,有无请族长约束之事？

---

① 缺《北洋法政学报》第115期,《民情风俗调查书》第17—22页部分从阙。

第二项　婚嫁

一、婚嫁年岁至早者约在几岁？至迟者约在几岁？城乡风俗是否相同？

二、中资人婚娶，约须费若干？极贫人婚娶，约需费若干？（一切费用均计在内，举其至省俭者。）

三、中资人嫁女，约须费若干？极贫人嫁女，约需费若干？（一切费用均计在内，举其至省俭者。）

四、贫乏不能婚嫁者，有无特别风俗？

（注）特别风俗，例如俗所谓就亲者，由男宅送男子入女宅，而一切费用全省，此由两方合意办法；有所谓抢亲者，则以多人往妇家强令其女至夫家，然后为之装饰行礼，此由于妇家坚索厚礼，以至聘而不能娶者；又有当男子丁艰而行婚礼者，南方谓之百日亲，谓父母死百日以内从权吉服而行婚礼也，此或由于家贫，年长藉图省俭，或由于乏人支持家事，亦皆两方合意办法。如有与此种类相似者，望列举名目，并详其原因用意之所在。

五、有无退婚之风俗？其方法若何？

（注）既聘之后，或男子游荡失业、生事犯罪，妇家愿退婚，或女子有丑行，夫家愿退婚，有无此等风俗，其方法亦须详列。

六、有无出妻离婚之风（离婚指已嫁而分者而言，日本法律上有此名目，且为国法所许，但其离婚二字，指男女两方而言；出妻则专指一方者）？

七、有无再醮之风？或夫死不嫁而招人为夫之风？有子女，惯用何法安置？

八、有无既死后行婚嫁礼者？向称何名？俗礼若何（兼夫死而仍嫁，妇死而仍娶者言）？

九、有无童养媳之风？大致在几岁？

十、有无数妻皆为正室者（习惯多因兼祧而成）？

十一、有无新近改良婚姻之礼节？

第三项　丧葬

一、丧服风俗,城乡有无异同?

二、中资之家关于丧礼须费若干?极贫之家关于丧礼须费若干?

三、中资之家关于葬礼须费若干?极贫之家关于葬礼须费若干?

四、普通守制若干日?

(注)各处俗例,仕宦之家百日不酬,应不祭祀、不执业;普通居民则四十九日,谓之终七云。

五、丧家诵经焚纸之风盛否?其名目种类情形若何?有无焚化真绸缎、布帛、衣服之风?贫富是否一律?城乡是否相同?

六、通常几日而殓?几日而殡?几日而葬?有无迷信风水停柩不葬之风?

七、葬法之式样有几?其用意若何(如浮厝为风水改葬起见)?

八、习惯上之丧葬礼节形式何种可以从省变通,而不为不孝?何种为万不可废者?

第四项　祭祀

一、祀神之最普通者为何神?在何时候祭祀?

二、祖先普通祭几代而祧?其祭祀除节日外,有无冥诞、冥寿名目?是否须讽经礼佛?

三、普通祀神用何礼制?

四、祭祖先用何礼制?

五、祭宗祠用何礼制?祭坟墓用何礼制?是否春秋两祭?是否子孙皆到?

第五款　信奉

一、通行宗教有几种?在教者以何教为多?或某乡、某村惯信某教?

二、佛教、道教盛衰若何？是否仅以讽经为生活之业？

三、类似于僧道者有几种？

四、有无为人祈病禳灾，如巫觋、卜筮、礼斗、拜忏、打醮之事？

五、迎神赛会之风，城乡何处为盛？每年必有几项？由何种人经理？款从何出？

六、有无放生戒杀之风？

七、捐资信奉之事盛否？

八、回教之人多否？其盛衰若何？

九、有无回教礼拜寺？其规模形式若何？经典尚有存否？

十、有无在礼教？其教派创于何时何人？源流沿革尚可考否？现在人数多否？

十一、在礼教除忌烟酒外有何宗旨？有无书籍可考？

十二、有无大学教？其教派创于何时何人？源流沿革尚可考否？现在人数多否？

十三、大学教是否在儒教以外别立一派？其宗旨何在？有无书籍可考？

十四、除尽人皆知以外，有无特别教派（如在礼之类）？

十五、有无秘密教派？

十六、有无特别灵应，为一地方多数人信服之事迹或庙宇（如漕运之有龙王、沿海之有天后之类，就各该处所有举之）？

十七、有无以人事决于神佛之风？

（注）如质信则对神矢誓，报仇则告阴状，婚姻、卖买、疾病则求签之类。

第六款　教育

一、普通居民大约几岁必须上学？

二、普通居民不能以读书为业，必须学他业者，大约至几岁出学？

三、普通居民志不在读书，必须习他业谋生者，惯读何种书籍？

四、城市中读书识字者多少若何？乡间读书识字者多少若何？

五、向来女子读书者多否？现在有无女学堂？

六、向来家塾蒙师是否必在庠者？

七、现在蒙小学堂以外有无家塾蒙师？能否改良？其教法若何？多用何种课本教授？

八、现在官立、私立学堂有几种？每种几处？乡间有无学堂？其经费从何处筹措？其程度若何？所学科目有几？系用何种课本？望分别名目详答之，或用表式亦可。

九、劝学所之人员是否即学董？其所办者何事？

十、学董之选举向用何法？

十一、教育分会之所办者何事？

十二、有无各种学会及研究所之类？其办法若何（如算学会、农学会之类）？

十三、有无宣讲所？其宗旨或属于劝人为善，抑属于开通民智？其所讲均系何种书籍？

十四、有无出洋游学之人？

十五、高等小学堂及中学毕业以后不能入省学堂之人，大半以何为职业？

十六、本地学务经费能否充足？有的款者若干处？

十七、教习是否俱本地人？

第七款　交际

一、有无拜为门生之风？

二、有无结为盟兄弟之风？

三、学问职业之师徒，习惯上重视若何？

四、争斗口角有无请人劝解之风？习惯上用何种服礼体裁？

第八款　游戏休息

一、向来休息游戏之日期,每岁或每月几次?

二、除学堂外,有无七日一休息之事?

三、游戏之旧习有几种?

四、有无演戏及戏术之类?

五、有无以拳勇技术尚武之事为游戏者?

六、有无以名胜游览为游戏休息之风?

七、有无新学界游戏之风(如体操、抛球、唱歌、音乐之类)?

八、有无蹴鞠、踺跶之古风留遗?

九、有无伤风败俗之游戏?

十、有无妇女幼童游戏之事无伤风化者?

第九款　善举

按:我国善举大半由绅士办理,与地方自治性质相近,观其所办之事,亦足见民情风俗之一斑。惟宪政编查馆奏章别立地方绅士办事习惯,故于民情风俗一部但调查其大略,章程办法则归入绅士办事习惯。

第一项　救助境遇之事

一、有无官立、民立育婴局所?其收养方法若何?男子年长有无教育及习业之法?女子年长有无教育及择配之法?

二、有无恤嫠局所?收养贫民寡妇之法,其有孤儿者是否随带收养?年长后教育谋生之计有何良法?

三、不能谋生之男女，老年有无收养之事？

四、乞丐及无业贫民，有无收养或教以工艺生计之事？

五、有无施米、施粥、施衣之事？

六、有无义塾教育贫民子弟之事？

七、有无病院施医、施药之事？

八、有无施送棺柩及义地代为埋葬之事？

九、除官办绅办善举外，个人行善之风盛否？所谓善举者属何种类为多？其方法若何？

十、以上所问大半属于城市，乡间有无此类善举？

第二项　救助灾变之事

一、有无救火会？救火器具良否？平时有无防患之法？临时由何种人往救？由何种人经理？

二、滨水之处有无救生义渡船及防险设备之事？

三、沿河工处有无预防决口水患等方法？

四、有无备荒之积谷、义仓等事？

五、岁歉时之平粜、岁荒时之放赈，平时有无预备？

第十款　应行改良之风俗

一、有无嗜烟之风？能否渐知戒除？

二、有无不事正业、横行乡里之游民？其俗名为何？其平日是否以赌博及种种不法行为为事？

三、前问之游民分为几种？其横行不法之程度情形若何？并何种于何处为多？

四、有无约期械斗之风？并在该县之何处为多？

五、有无掳人勒赎之风？并在该县之何处为多？

六、有无干预诉讼及好行诉讼之风？

七、有无贩卖人口之风？

八、有无似娼非娼专事引诱淫荡之风？

九、有无扰累城乡居民而居民不敢告官酿成习惯之事？

地方绅士办事习惯调查书附

第一款　属于公务类者

一、城绅经办事件属于公务性质者，如管理仓廒、管理学田、宾兴书院经费，及管理地方清丈土地之类有几？就各该地方所有者答之。

二、以上各绅董办事习惯如何？（办事习惯列问如左：）

（子）由何官委任？

（丑）办事有无章程（各抄一份原章报告，无庸删节）？

（寅）何种事应禀承于官？何种事由绅士自主？

（卯）每年有无报销？除对官报销之外，本地人是否向不顾问？

（辰）绅士薪水若干？

三、第一问所开各项土地财产源流沿革，现在有无案卷或载入志书可备稽考者？

四、以上各种公务，地方官有无督率稽核之权？

五、乡间之村正副是否由官委任，抑由乡民公举？其公举之法若何？

六、村正副是否定须一村中有一正一副二人？

七、村正副之权限如何？公事是否会衔列名？

八、村正副所应管之事有几？分为有定、无定二种答之。

（子）有一定者（如每年于某时应办某事之类，望详列之）

（丑）无一定者（乡村随时发生之事，必由村正副管理者，或官吏城绅委托办理者，就曾有之事列举之）

九、村正、村副有无公费？在地方上如何摊派？

十、村正、村副于何种事件必须常报告于地方官？

十一、村正、村副有无年限（如几年一换之类）？

十二、村正、村副不孚众望之时，居民有何方法？

第二款　属于善举类者

一、该处城乡善举有几？其办法有无章程？

二、善举绅董是否由官委任，抑由公举？

三、善举绅士有无薪水？其数若干？

四、善举之经费何种有的款？是否即由绅士经理？何种须捐募筹措？

五、绅士所办之善举应否报告于官？其经费有无报销？他人能否顾问？

六、各该处善堂所有创立情形及财产经费，其沿革源流有无案卷或载入志书及他种书籍可资稽考者？

七、绅士经办之善举，地方官有无督率稽查之权？

第三款　属于新政类者

第一项　学务

一、办理学务之绅董，如劝学所、教育分会及一切学董，其职务名目有几？每事约几人？

二、各学董是否公举，抑由提学司委任？有无任期？

三、劝学所专办何事？教育会专办何事？其经费从何处开支？

四、各学董之薪水有若干？从何处开支？

五、各该处官办学堂是否由绅士为监督？

六、劝学所、教育会各绅董所办之事，是否径报告于提学司？于地方官有何关系？

七、除学堂外，各董事所办之事，其经费是否对于提学司报销？

第二项　警务

一、警务上办事之绅董有几事？每事有几人（除警务局职员以外）？

二、警务上属于绅董之职务权限若何？

三、警务绅董是否由本地选举？其选举用何方法？有无任期？

四、警务绅董所管各该地警务经费是否专管收入之事？收入以后是否解交地方官应用？其报销方法若何？有无公告于众人之方法？

五、警务绅董办事之成绩是否报告于警务处，抑兼报告于地方官？

六、地方官对于警务绅董，其督率稽核之权若何？

第三部　民事习惯调查书

第一款　民事总问题

第一项　人民

第一目　人民之籍贯

一、本国人除普通籍贯以外，其余军籍、乐籍、灶籍之类，各该处有几种？并各略述其沿革。

二、按照《大清律》所载，良贱之贱者，除买奴以外，有无别种可称为贱者？现在旗人家中所有人口，除本族及佣人外，有几等级？其名称籍贯若何？

三、按照《大清会典》，编发罪人中有艺业能自谋生者，交地保收管，仍于月朔按名点验。所谓收管者，是否听其在各该地方营生，与各该处人民一律相待？编发是否即编入该处籍贯？

　　第二目　民事上之能力

　　一、男子以几岁为成年？凡未成年之男子，是否不许独立为契券卖买，及一切有关系他人之事？

　　二、未成年之男子，若无男尊长，仅有女尊长，凡财产契券及关系他人之事，是否必由女尊长做主？

　　三、未成年之男子，若其母或祖母等请人经理其家产，是否可由其母或祖母自由请人？应否由亲族中公认？

　　四、他人若与未成年之男子订立契券合同或卖买先付定洋，未成年之男子能否许其反悔？

　　（注）各国法律最重成人年龄，谓之成年。有以二十岁为成年者；有以二十一岁、二十三岁、二十四岁为成年者。因成年与未成年之区别，于法律上大有关系。盖成年以后，则财产有自主之权，所作之事，由自己担责任。一言出口，一字作据，皆不能反悔。未成年，则法律上尚以幼孩相待，所作之契券合同，可以不算。虽在刑法尚得原宥，故必订有明文。南方旧日有称十六岁为成人，十六岁以下为幼孩者即是此意。各处风俗不同，必皆有一年岁之限制也。

　　五、疯癫及不知世事之人，若无父母伯叔兄弟，其财产事件请人代为作主，应否告知外人或禀官存案？

　　六、疯癫及不知世事之人，若他人与之订立合同契券，卖买先付定钱，可否不算？

　　七、聋者、盲者、哑者，其家产出入之事，请他人代作主者，应否告外人或禀官存案？若他人与订立合同契券或卖买先付定钱，可否不算？

　　八、遗腹子若有家产分得，是否由其母收管？若其母请人经理，是否听其自由？

　　九、凡有夫之妇人，所有家产经理及与人订立合同契券之大事，半必由其夫作主列名，有无不必其夫作主列名之事（如母家财产之类）？

　　十、妇人与人有合同契券之事，其夫能否追悔？

十一、妇人当其夫有重大疾病，或因犯罪入狱离家，或疯癫及不明世事时，己子尚未成立，所有财产出入及与人契券合同之事，是否即由妇人做主列名？

十二、不识字之人（无论男女），其与人订立契券合同必以文字为凭之事，惯用何种方法？

（注）各国法律于何种人有能力可以独立办事，何种人无能力不许独立办事，皆有明文，其普通者为幼年及女子以及疯颠、白痴、盲者、聋者、哑者数项，我国民人不识字者甚多，普通习惯大多由中间人代写代读，一通令本人听过认许，即令画一十字为凭，然往往有通同作弊，所读之文，非其所写之意，后来追悔已无及矣，甚至官堂具结，近来亦有此弊，关系甚大，流弊甚多，故问及之。

第三目　主体名称

一、以堂名或某记为主体名称用于民事上者有几处？

（注）我国有讳富讳贫之习惯，故财产主体往往以堂名出面。如卖买契券合同之类，有买主可用堂名而卖主不得用堂名者，有彼此均用堂名者，有地界用堂名者，有完纳粮赋亦用堂名者，种种区别，各详答之。

二、堂名是否随时可取，抑必有凭据？

三、城市中契券等事有用堂名者，婚姻事必用人名，乡村中是否相同？

四、有无以官阶、郡名为主体名称者？大约用于何种事件？

第四目　住所

按：住所二字，解释本难，而又为法律上所不可少，究应以何处为住所，种种问题皆当由立法者订明之，习惯上所可调查者寥寥而已，兹故略问数条。

一、籍贯向来以县为主，住居是否称为某巷某胡同？若在乡间者，是否称某村？

二、住所应指其家族所在而言，若家族不在本人执业之处，是否即以其执业之处称其住所？若一人有数处执业者，以何处为其住所？若在公署、局所、学堂、关卡执业，而即住宿其中者，是否即以住宿处为住所？

三、旅客暂寓客店或寄寓他人住家或铺户者，是否即以客寓之处为住所？

第五目　失踪

按：失踪亦必由立法者规定，习惯上颇难调查，然亦必不得免之事实，而为民法上不可不规定者，故略问及之。

一、久不归家杳无音信之人，至几年后，其后嗣可分其家产？

二、久不归家杳无音信之人，若曾托人经理其家产，则受托者应否交与其后人？若本人无后，应如何办理？

三、久不归家杳无音信之人，若曾托人经理其家产，受托者能否处分其家产或代还债务之事？

四、久不归家杳无音信之人，所有债务应如何办理？各债主能否向其经理人或家族后人索偿？

五、久不归家杳无音信之人日后归家，若委托经理人死亡，可否向经理人之后嗣清理？

六、已字未嫁之女子若杳无音信，其聘而未娶之夫何时可以另聘另娶？

七、已聘未娶之男子若杳无音信，其字而未嫁之女何时可以另字另嫁？

八、妇人久不归家杳无音信，其夫何时可以另娶？

九、男子久不归家杳无音信，其妻何时可以改嫁？

第二项　民事行为

按：我国习惯，信用浅薄，实际交易居多，而信用交易较少。一言出口，一纸之书，凡属一面者，几皆不视为法律行为。而民事上之契券，与各国所谓契约者，性质大异。各国之契约，用于未成交之时，故专属于债权。我国于未成交之时，则名为草契、草合同，而正契、正合同则在成交之时。凡土地房屋之卖买，草契为债权性质，而正契则已在成交之时作为买定之凭据，似近于物权性质矣。其余借贷之契，必已借到手而后由借入者立契交于借出者收执，以为债权之凭据，从未有尚未借到手而先由出借者立一允许借与若干之契，反使欲借者成为债主之事，此皆与各国大为相异之处。今就我国习惯调查，不能不改他人之性质而就我国之风俗，故以契券合同等件列入民事行为，而不入债权，因其不专属于债权也。又如时效等事，虽系良法，我国习惯所无，皆不问及焉。

第一目　契券合同文书之属

一、何种契券但由一面书写，一面收执？何种契券由两面书写，各执一据？列问如下：

（甲）不动产卖买之草契、正契多由卖主书写，交买主手执。若草契中订明两面皆不得悔议之事，及于草契成立时，卖主先将他物作为担保，买主应否亦出一据交卖主收执？

（乙）动产卖买，于未交货之时，由卖主付以字据。若订明两面不得悔议之事，应否订立合同，卖主、买主一同列名签字？

（丙）借券由借主书写，交债主收执。若有物品抵押，则债主收到抵押品，应否出一凭据，列名签字，交押主收执？

（丁）租赁土地、房屋及寻常物品各种契据，是否多由租主书写，交物主收执存据？有无物主亦书写契据交租主收执之处？

（戊）典房、典产及租地造屋，有无用合同式者，抑仅由典主、租主书写契券交物主收执？其官契应存何处？

（己）承揽工程货物之合同，是否中分其半，各执一据？是否两纸同式书写，均各列名签字？

（庚）分割财产物品合同，是否中分其半，各执一据（兼祖传家产分割）？

（辛）聘请关书由聘请人书写，应聘人收执向不签字，有无订立合同条款两面列名签字者？

（壬）聘请外国人之合同，是否兼用两国文字，并书两国年月，各须列各签字？

（癸）委托伙友办事，有无订立合同签字者？

（子）请人代理自己职务或代管财产，有无订立合同字据者？

（丑）徒弟学习工艺，有称关书者，其式若何？有无订立合同之事？

（寅）雇用力役之人有无契据？其式若何？

（卯）立同姓为后者，是否必由其两房之父兄尊长全行列名签字？应否加入外亲姓名签字？若一房已无成年男子，是否由其主妇列名签字？

（辰）立异姓为后者，是否必由两姓之尊长父兄列名签字？应否加入外亲列名签字？

（巳）凡婚姻之婚帖，女家由女子之父兄尊长列名、男家由男子之父兄尊长列名为其主婚，若男子家中除本人外无他男子者，是否由其母或女尊长列名？若全无者，能否即由本人列名？女子家若无男子，是否由其母或女尊长列名？若俱无人，能否由其四亲代为列名主婚？

二、契券之要件若有错误遗漏，事后检出，能否请书写者更正？

（注）所谓要件者，如契券之事由事主之姓名、签押年月日之类。

三、契券之要件有错误，致局外人误信另生枝节，误写者应否担其责任？

四、凡家有男子之妇女及未成年之人，与人订立契券合同，是否作废？

五、凡于事毕，契券之应还原人者，若契券遗失，应否作一遗失之凭据？或登报广告，或在官署存案？

六、凡出一字据，对于一定之人为财产上之交涉，若限期索复，是否必过期方可另招？

七、凡得他人一字据为财产上之交涉，若有答复期限，是否属于期内复之？若已过期，是否作为询问而不能作为答复？

八、异地通信为财产上之交涉，是否以信到之日为始？设发信之人逆知此信未到，另发电报追废此信，是否此信即可作废？

九、出字据之人若死亡或疾病是否仍作为有用？

第二目　中间人及保人

一、中保是否必在若干岁以上者？

二、妇女作中保，可向其家之男子问责任否？

三、有无以堂名作中保人之名称者？签字之人既不列名，将来谁担责任？

四、以店铺作保者，是否书写店铺牌号？应由何人签字担其责任？

五、若以店铺作保,而由掌柜签字,应否先由其业主允许?若将来掌柜辞歇离去,该店铺后来掌柜不任其责,如何办理?

六、若店铺作保,而该店铺有倒闭歇业之事,应否另请保人?

七、习惯上分中间人与保人为二,凡民事上中间人除介绍两方说合事体以外,其余有何责任?是否有保人者中间人但有介绍之责,无保人者中间人兼有担保之责?

八、中保人若仅一人,是否须两面信任者?若中间人不止一人,是否必两方各请自己所信任者?

九、中保人若两面各自所请,是否各保其一方?若有错误违约争执等事,是否必由此方之中保人通告使之传述?抑可由此方中保人径向彼方传述?

十、中保人所担责任,俗例多写"向中保人理论"字样,此"理论"二字,是否但有代催及调处之责?能否责令赔偿?有无在契券上写明"赔偿"字样者?

十一、中保人有数人,能否分别其大小部分担其责任,抑凡列名者,须平均负担?

十二、中保人若因他人之事,自出抵押品或代还其债,应否另招中保人作保,另立新契券?

十三、中保人酬劳费大约按该事原价之几成?两方所出有无参差?抑系平均?抑有由一方担任者?

十四、中保人有数人时,其中保之酬劳费何种应平均?何种应参差?抑以责任之大小为列?

十五、中保人若有远行之事,能否告知两方另换中保人?若由中保人自招替人,是否视为代理而本人仍负其责任?

十六、若另换中保人而契券上未即注明,则已更换之后,原中保人能否不负责任?

十七、中保人若有倒闭歇业或死亡、犯罪者,应否另换中保人?能否以其后嗣担其责任?

十八、期限已到,而两方之人各顾接续中保人,若欲辞退,可否请其另请中保?

第三目　委任及代理

按：委任者，以事委托他人也；代理者，自己有须与人交涉之事，而委托他人代为之也。是则委任为二人之关系，而代理为三人之间关系。盖委任二字但指甲委任于乙而言，至委任以后，若有与第三人交涉之事，而委任者以非己事告之，于是自第三人目中视委任者为本人，而受委任者为代理人矣。按诸法律性质，则委任为契约之一种，与请聘雇用相类，代理专为区别本人自为法律行为中一问题。我国本无此种区别之习惯，因其事属相连，故并为一目，而分二类，其但有两人关系者，于第一类委任中问之，其有三人关系者，则于第二类代理中问之。

第一类　委任

一、以事物委任他人，应否订明其权限？若为重要之事，应否订立合同，如因委任而交付之物件，应否由受任者立一收到之字据？

按：我国此种委任大半毫无凭据，全赖受任者之天良道德，故干没财产、贻误事件者不一而足。

二、受委任者若不从委任人之本意，或越其委任之权限，如有利益，应归何人？如有损害，是否赔偿？

三、委任者若随时查问或通信征其报告，受委任者是否应立时报告？

四、为经理其委任事件，若代垫费用，可否请其照认利息？

五、委任事件若有错误、损害，应否赔偿？

六、委任事件有代收之银钱，应否即时交付于委任人？若以自己主意存放他处，或另办一事所得利益，应否交还本人？抑与之分润？若有损失，应否赔偿？

七、委任者若有死亡及犯罪，或得疯癫残废之病，受任者应否将受委任事件交付其后嗣？若其后嗣仍令接续办理，应否由其后嗣另订委任合同？

八、受委任者若有事故须告退者，应否预行告知，待其事件交算清楚，然后可以不负责任？若有急速不能待之事，或须远行者，应否仍负责任？

九、受委任者死亡，或有疯癫残废之病时，应否由其后嗣还委任人？若有错误损害，委任人能否使其后嗣负责任？

十、委任事件既毕，若委任人有应付之酬劳，或应还之垫款不即交付，可否自行扣除，或扣留其物件？

十一、委任既毕，受任者有应交还之物件，若有遗失损坏，应否赔偿？若有字据契券等件之遗失，应否令其负将来之责任？

第二类　代理

一、为人代理事件，应否以所代某人之事件告知他人？若不告知，是否由代理人自任其责？

二、代理人所为有错误过失将累及第三人者，本人是否不能以他人所为藉口，不任其责？

三、代理人于受委任时，若未订明权限，是否对于代理事件可以全行作主，抑习惯上向有限制？

四、代理人若有不得已之事故，能否再请代理人？此再代理人（即代理人之代理人）所为之事，原代理人应否同负其代理之责任？

五、代理人所为之事有越其权限者（即委任时订明之权限），若对手人不得而知，本人是否不得以代理人越其权限为辞？

六、本人死亡，代理人有所代之事未了，而必由本人负责任者，应否即时交还其后嗣？

七、代理人死亡或犯罪或得残废及疯病时，与该事件有交涉之人，是否径向本人直接办理？

第四目　不作凭及追废

（注）不作凭者，其字据习惯上本视为无用之物，不待申明作废而自然无用者也；追废者，于事后追溯其事而废之，则其原来之字据本可作为凭，必须废去字据，而后此事可以消灭也。

一、幼孩所作之字据是否概不作凭？

二、未经本人签字之字据是否概不作凭？

三、因强迫及诈欺所作之字据是否可以追废？

四、疾病时所作之字据是否病愈后可以追废？

第二款 财产

第一项 物权

第一目 所有权

（注）寻常物品可以储藏收管者无甚问题，故但就不动产之所有权调查之。

一、土地分界之记号向有几种（如界石、竹篱、水沟之类）？

二、于相连之土地中划分数份，则分界之费及将来修理之费，是否划分之人共任之？有无多少之别？如竹篱、土垣之类，普通必须若干尺高？

三、土地之亩数有无宽窄不同之处？其宽窄不同之土地有无名目？以何为凭据？

四、凡土地属于某人之物，向有注明四址邻姓之例，是否有一总图分划疆界，注明各地所有者之姓氏？此种总图是否存于官署或乡董处？苟经管人通同作弊，有何法以防之？

五、土地必注四址邻地之姓，然邻地时有出卖变姓之事，是否将图册随时更改？若永远须追溯四邻之姓，日久必不能清晰。土地之疆界，向来有何方法证明之？

六、土地所有，向以执有印契为凭，惟同在一区域、同一地名，印契有何区别？土地既许分割，则地形亦可变更，若执甲之印契以认乙之土地，则地与契本属两物，无以证明。此固由行政法律之不备，然所有权时有危险矣，民间习惯有无证明某地属于某契之方法？

按：我国土地以印契为凭，实则印契可以移交，土地不可移交。注册税契毫无良法，此种所有权细思甚为危险，虽属于行政上问题，而于所有权大有关系，乡间田地势不能多人看守，又不能筑墙围之，除去印契粮票以外，习惯上或有良法，故问及之。

七、在于自己之土地房屋有工作，若必须借用邻人之土地房屋，应否商诸邻人得其允许？应否给以担任损坏赔偿之据？

八、在于自己之土地房屋，若加工作而有碍他人之光线、空气、卫生等事者，应否在自己土地上多留隙地？大致须留若干丈尺？

（注）碍光线、空气，如临他人之院落窗户筑一高墙之类；碍卫生，如隔墙为邻家之井，

于此相近积污水、染物水，作厕所之类。

九、在于自己土地房屋之工作，有可及危险于邻家之土地房屋者，应否自留隙地，以为保护他人之计？其所留约须若干丈尺？

（注）如靠邻墙房屋种树，或开井开窖之类，皆有危邻人者也。

十、土地房屋之四周，设皆系他人所有之土地房屋，则其被围之土地房屋欲通至官道，必假道他人之土地房屋，其假道应否给以租赁之费？若假道他人之土地使成道路，则不能耕种，应否按照其所收之价偿给之？

十一、向来假道之土地，欲改建房屋，能否请其留一道路或出价购之？

十二、高地泄水，若必经过低地，则低地所有者至少让给若干尺以供其用？高地所有者是否按照租赁例议价？

十三、自己之土地上设有他人流水之沟渠、水闸、堤防等物件，若将有损坏危险之虑，必请享此水利之人修理，若请其预防修理，能否限期催促？

十四、凡引水灌溉之沟渠，若数地共享此水利，则数地主分担其经费，是否以地之大小多寡分任之？

十五、凡水道、沟渠，若于他人之土地有利害关系者，其工作是否必先公共允许？

第二目　共有权

按：财产之共有或由祖父传于子孙，或由数人合资购置，皆共有之由来也。惟合资开设店铺之类，则称公司，不在共有范围之内。若两人合著一书而得著作权，亦可谓之共有著作权，所谓无形财产权也。

共有为二人以上公共之所有权，其中不论何人，均称为各共有者，其物即称为共有物。

一、共有物若以官契或他人所与之契券文字为凭者，只有一纸，势不能分，应由何人收执？

二、凡一物而为数人所共有，其各人应有之份数，是否以合同、契纸、书券之类为凭据？若系平均之份，可否不立凭据？

三、凡共有之物欲出卖，或变更其用处，或改造形式，是否必由共有者全体允许？

四、房屋之共有者若分为数份，各共有者或自居或出租，而尚留数份为公共房屋，则其各人已分得者之房屋，是否由各自修理？其留为公用之房屋，是否公担修理之责任？

五、凡共有之物应归何人管理？是否分年轮值，抑或随时公推？其管理之权应否订明？大致有几种办法？

六、共有物之修理、管理及一切费用言明公摊，若有人不担任此项费用，是否在该共有物所应得之利息上扣除？若不敷扣除或无利息之时，当如何办理？

七、共有物中有最大之份数，或同祖传下之尊长，有无特别之权？

八、共有者中有以自己所有份数抵押债务，应否由全体共有者之允许，抑可由出押者自为？

九、凡数人合出资本抵押而来之共有物，当赎还之时，是否必由全体到场而后可赎？

十、若共有者之全体以共有物之全部分抵债务，将来债主索取利息、催令赎还等事，应向何人索催？若其中有出门久远杳无音信之人，能否向其余共有者责令担任？

十一、共有者之中有欲以自己所有之一份归并于他共有者，应否告知全体承认？若其一份为全体共有者均欲购买，应否均分，抑可由出卖者自择？

十二、共有者中能否以自己所有份数出卖于局外人？其所招买主应否由他共有者承认？

十三、共有者中有身死无后，或不欲领取此共有物之一份时，此一份应作如何办理？

十四、凡共有物之各共有者，是否可以随时请分割？若他共有者多数不愿分割，可否请不愿分割之人出价归并？

十五、共有者曾以其共有物上自己份数抵押债务，则当分割之际，债主能否加入分割之列？

十六、共有物不便分割，或分割则有贬损价值者，是否用出卖分钱之法？

十七、此共有者对于他共有者，有应以其共有物之一份为债权，当分割之际，是否即在所分得之份数内扣除？

十八、因共有物所生之债务，若出卖分钱之时，自应在卖价内扣除再分，若将此物分割并不出卖,应否先行摊还债务然后分割?设有无力摊还债务之人,能否由他共有者代还而归并其份数?

十九、共有物分割以后,其有粮税之类如何分任?

二十、共有之田土、房屋契券不能分割,应否将契券向官署分为数纸?若不能分割契券,只有一纸之凭据,应归何人收执?

第三目　地面权

按:日本民法有所谓永小作权者,为租人土地耕种牧畜之权,至长五十年为期,期满另订,又不得过五十年。我国租地稍有区别,大致可分为二:一为订明期限者,与普通租赁无异;一为不订期限者,与普通租赁不同,故不订期限者,俗有田底、田面之说。田底指业主所有而言,田面指佃户耕种之出产而言,此其理因乡农多食力之人,田地以一岁一熟为常,设业主可随时不与耕种,则一时无从觅地,即使觅得,几费时日,一过春耕而一年坐食矣,故乡间习惯往往有以田面传诸子孙者,且有转租于他人者,业主出卖其田,则佃户随而纳租于新业主者居多。官文书上虽无明文,而习惯则默认之矣,此与定期租赁之性质迥异者也。至租地造屋,以土地所有权与房屋所有权分属二人,而两物又为不可分离之物,此又与租赁物件之性质迥异者也。二者性质既与普通租赁迥异,则各处办法谅有区别,故附于所有共有之后问及之。

第一类　租地耕种

一、租地耕种若不订立年限,业主能否不租,抑必须耕户自愿不种之时始可别招耕户?

二、租地耕种应纳之租有无定额,抑须业主与耕户议定?

(注)所以分佃户与租地为两种者,因田租有一定之额,只有荒歉减免而永不能加,地租则须由两方议定,故地租以承揽契券为凭,而田租则应纳之租注明于田契,如是则田租、地租截然二事,他省有此区别,直隶如何望详答之。

三、不订立年限而租息有定额之土地,业主若出卖此土地,是否仍由原租户耕种而纳租于新业主,抑必与新业主另立契券?

四、订立年限之土地，租息由业主与耕户议定者，若于年限未满之时，业主欲出卖其土地，能否以耕户转荐于新业主？若新业主将自耕或另有耕人，则未满年限之耕户能否向出卖之业主要求贴补？

五、耕户不自种，能否转租于他人耕种？其转租应否先由业主允许？其缴纳之租息是否由转租者直接交付，抑须由原耕户转交？其对于原耕户应否以利息？

（注）南省之田有转租办法，业主不问，仍向原耕户收耕，转租人所纳分为两种：一则纳于原耕户者，谓之小租；一则纳于业主者，谓之大租。此小租之利息，即所谓田面之利息也，惟其中原耕户在租册列名，故得有田底，可以不自耕而转租，转租之人则不能为第二层转租，即以田面非其所有也。

六、租地耕种，所种物品有无限制（如不准种鸦片及伤害土性之品之类）？

七、关于土地之高下及形状，有无不准变动之限制？若有变动，于年满后应否以原有形状交还？

八、为改良土地之计须改变其土性地形者，应否由业主承允，抑可自主？

九、若遇荒歉之岁，租息有无减免之例？可否由耕户请减请免？

十、若遇天灾地变，损失其土地或减小其丈尺，是否耕户不担责任？

十一、凡租地之契券，及收租催租之凭据、契券、册籍式若何（各照画一份）？

第二类　租地造屋

一、租地造屋之年限普通订几年者居多？若不写明年限，以若干年为折衷〔中〕？

二、租地造屋已满年限之时，若房屋完固而地主须令退租，租地人能否以其房屋请地主购买？若地主不愿购买而坚索土地，有何办法？

三、租地造屋者若租息积欠多年，地主能否以其所造之屋抵偿？

四、租地造屋者以其所造之屋抵押债务，若租期已满而债务未了，地主亦无用此房屋，债主能否拆取其房屋之材料？

五、租地造屋之屋主以其所造之屋出卖，应否由地主允许？若由地主允许出卖，另订租地新契券，其年限及租息仍旧者，年满后是否与原屋主无涉？

六、租地造屋，设被火灾烧尽房屋，若欲再造，应否另订契券合同，抑不必另订，仍以其年限为满？

七、租地造屋被火灾烧尽房屋后，房主不复再造，愿退租地，地主能否仍执年限之说，强迫以若干年租息？

八、租地造屋之地契应归地主收执，造成房屋，应否另请房屋之官契？若既不能以地契换领房契，是否房屋一契，土地又一契？其请领之方法若何？

九、租地造屋之官契式若何（照画一份）？

十、租地造房，地主与屋主之契券合同及收租凭据式若何（各照画一份）？

第二项　抵押质当

按：以物为抵押质当，故属于物权，然我国习惯，抵押质当之名目随便用之，无所区别。以日本民法言之，则移交此物者谓之质，不移交者谓之抵当，故抵当以不动产为限，质权虽亦有不动产，然不动产质者即以其不动产上出息作利息，或自己使用之。各处有所谓典房者，或自居，或放租，年满赎还，不复付利，此正与不动产质相近。日本之所谓抵当者，以登记为凭，不能收取其出息，此其异也。我国习惯实际上亦各有异同，而名称则无所区别，兹故不复分列，而就其性质方法相似者类聚开列问题，至当押铺应有特别规定，故不复详及。

第一目　不动产之抵押质当

一、以土地房屋抵押债务者，各处用何名称？其种类方法有几？应订契券之格式若何（各照画一份）？

二、以土地房屋抵押，其官契应否交付于押主？业主自己所持何种凭据？抑由押主给付收到若干抵押品之字据以为凭？

三、以土地房屋抵押，有无不付利息而以其土地房屋之出息为利息者？其名称为何？

四、以土地房屋抵押，言明利息若干，有无由押主经收其出息，而更与业主核算者？

其名目为何？其方法若何？

五、以土地出押，而押主自耕不取利息者，其名为何？以房屋出押，而押主自居不取利息者，其名为何？

六、以土地之出息为债务之利息，若遇荒歉无出息可收，应否向业主算取其所少之利息？

七、以房屋之租息为债务之利息，若其房屋于半途空闲无人租赁，可否向业主补取所少之利息？

八、以土地房屋之租息为债务之利息，若其租户延欠不付租息，应否由业主追索？若因此追索租息而须入讼，应否由业主出面？

九、以房屋抵押债务，其修理费应由何人担任？若房屋有倾危之虑，非大修不可，应由何人担任？

十、以房屋抵押债务，由押主放租作利息，设被火灾，押主能否向业主另索抵押？

十一、以土地房屋抵押债务，其丁粮国课由何人缴纳？

十二、押主能否以抵押所得之土地房屋转行抵押于人？其转行抵押之时，应否告知原业主得其允许？其期限是否只可凑足第一次抵押之年限？

（注）设甲以土地房屋抵押于乙，以二十年为期，过了十年，乙复以之抵押于丙，只可以十年为期，则取赎方无窒碍。

十三、以抵押所得之土地房屋转行抵押，其抵押债务之数目应否以不得过原债务之数目为限，以防其不能取赎？

十四、若抵押之土地房屋，在年限内许押主转行抵押，则推之第三次第四次转辗抵押，是否皆无限制，抑必由原业主允许，其余中间押主均不得作主？

十五、转辗抵押，能否由其原押主引荐新押主于业主作为新抵押，而脱去原押主之关系，其原押主立于中间人之地位，作为另行一次抵押而了结其中间抵押之债务？

十六、业主因倒账闭歇，须将所有产业出售均摊于各债主，则有抵押权者能否先尽自己抵押之数提取，抑与各债主均摊折扣？

十七、土地房屋若转辗抵押,及届期满之时,业主能否径向现押主取赎?

十八、土地房屋之抵押须按时付利者,若转辗抵押,则其利息是否转辗相递交付?若系转辗相递交付,则取赎之时倘有利息未清之纠葛,业主是否可以不问,径向现押主取赎?

十九、土地房屋在抵押期中,若押主欲为土地改良,或增添房屋,或加以装饰,是否先由业主允许,另订契券?若不告知业主而押主径自为之,届取赎之期,押主能否请业主贴补其费用?

二十、抵押逾期,久催不赎,押主能否请找价作绝?若无期限之抵押,押主能否催赎或请找价作绝?

二十一、土地房屋之抵押,大约以若干年为期限?

二十二、土地房屋写明期限之抵押,未满期时,押主能否催赎?业主能否请赎?此两种未满之赎还,应否减让利息?

二十三、土地房屋之抵押,若不写明期限,是否可以随时取赎?若以其出产作利息,而取赎之时房租未收,地产未熟,应否另付利息?

二十四、土地房屋之抵押,其中间人之费用是否以押款数目为比例率?普通以几份之几为率?是否业主与押主均分出之?

二十五、土地房屋之抵押,其一切杂费由何人担任?是否两面均摊?

二十六、中间人由何人邀请?若两方自行议妥,能否不列中间人?

第二目　动产之抵押质当

一、以普通物品抵押债务,其种类方法有几?

二、普通物品抵押债务,物主既以物品交付于押主之手,又书契券为凭,押主应付以何种凭据(各照作一格式)?

三、普通物品抵押债务,大率以若干年为期限?有无满年不赎即作为绝之例?或逾期不赎,可由押主出卖之例?出卖之时,应如何作价?

四、以物品抵押债务,押主能否以其物转辗相押?若欲转辗相押,应否告知物主?

五、有不能作记号之物品于抵押之时,以何法防其调换?按:如珠玉之类,既不能刻字为识,而同一物品可以高下万倍,各处习惯上有何保证之良法?

六、物品之不易损坏者,押主能否使用?

七、物品有不易防止之损坏,其责任由何人担之(如皮衣出虫蛀坏、钟表生锈及牛马病死之类)?

八、物品之可以使用生利者,是否由押主使用作为利息(如车船马牛之类)?

九、抵押之利息是否按时交付?能否于取赎之时一并交付?

十、抵押物有必须修理、保管之费用,应由何人任之?

十一、抵押物若有遗失毁灭之时,是否照同样之物归还?若其物为无从购觅之品,能否公估价值作价归还?

十二、以物品为抵押之后,物主能否更于其物品上又抵一债?其方法若何?

十三、若以一物抵数债,而此物在一人之手,其出卖了债之时,是否尽第一抵押收执此物品者之债务悉数先还,抑须均摊?

十四、以物品抵押之中间人,是否必由两面公邀?其中间人费用,以押款之几成为比例率?

第三项 卖买

第一目 不动产卖买

一、不动产卖买之草契成立,是否必先付定钱?应以正价几成为比例率?

二、不动产卖买之草契成立后,应否先给以别项抵当物?

三、不动产卖买之草契成立后,中途若有一人悔议,是否应罚?其罚数以何为标准?

四、不动产卖买草契上是否写明交割期限?

五、不动产卖买之草契成立后,若房屋被火灾烧灭、田地被水冲灭,卖主应否将定钱付还买主,彼此不罚?

六、不动产卖买之草契成立后,若有局外之纠缠,届期不能交付,如何办理?

七、不动产卖买之中间人费用,是否以物价为比例?约须几成之几?卖主例出若干?买主例出若干?

八、不动产卖买之中间人是否分卖主一边,买主一边,各任其担保之责?

九、不动产卖买草契成立后,如有短少不符,是否从原价照减?

(注)短少不符,如田地不足丈尺,房屋缺少装饰之类。

十、不动产卖买,其税契等事是否由买主办理?

十一、不动产卖买之时,若适在完纳国课丁粮之时,是否归买主纳一年之丁粮国课?

十二、不动产卖买,若其官契遗失,如何办理?

十三、不动产卖买之正契式若何?其余应交出者若干件?

十四、不动产卖买时,其对于租户等有何关系?

第二目　动产卖买

一、定期付货之卖买,是否先付定洋?卖主应否给付货样以为凭据?

二、定期付货之卖买,若先付定钱,中途有一人悔议,应如何议罚?

三、定期付货之卖买,若未付定钱,中途有一人悔议,应如何办理?

四、交付货物如有短少不足,或货与约不符,应否赔偿?

五、定卖之物若寄存货栈,卖主与栈主有栈费及抵押之事临时不能起货,其延误应否由卖主赔偿?

六、若未付定钱之卖买,届期不来起货,可否即作为买主悔议,别招买主?若起货仅迟一日,适已招第二买主,草契亦成,能否尽第二买主成交?

七、若以不能出卖之物与人订立合同,至不能成交,应否照卖主悔议之例?

八、买主到期不能付款起货,卖主能否向买主认加利息并其寄存之费用?

九、卖买已立定约,或由局外人耽误时期,卖、买二主能否向此误期者索赔偿?

十、定货过期运到,若货价腾涨,卖主愿遵约赔罚,买主能否不认误期之罚,仍照原议成交?

十一、定货卖买若遇不测之灾,因而届期不能付货,能否免卖主赔罚?

十二、定货卖买已付定价,而卖主倒闭破产,则此定货作何办理?

十三、定货卖买已订合同,尚未交货,而买主死亡,可否由其后嗣成交?若其后嗣无力,是否与本人悔议一律办理?

十四、定货卖买已订合同,尚未交货,而卖主死亡,应否由其后嗣交货?若其后嗣不能交货,是否与本人悔议一律办理?

十五、何种物品卖买有中间人,或须经在官人之手者(在官人如经纪、乡董、地保之类)?

十六、付款交货清讫之时,是否无用契券,抑仍须订立契券?

(注)我国不动产卖买至付款交物之时而成正契,则此契作为卖买已成之凭据,与日本以成交为契约解除者性质相异。日本之契约,正我国之草契性质也,不动产于成交时立正契,动产成交之时,亦或有两讫之凭据也。

十七、卖买上运送、估计及一切费用由何人任之?

十八、如以一物定于两卖主,应由何人得物,由何人得赔罚?如在物价腾贵之际,应否按照市价以应多之利为赔偿?

第三目　欠账卖买

按:欠账本属债务之一,与借贷之欠款无异,而我国习惯"债"字多指借贷,而卖买欠项仅曰"账",故另立一目于此。

一、凡欠账卖买,若届期不付或付而不清,可否议加利息?

二、按节付账之卖买,有无临时折扣之习惯?

三、被欠人若有倒闭歇业,可否将欠出账款移抵自己欠人之款?其移抵之方法若何?

四、原欠人若有死亡,能否向其后嗣索欠?

五、被欠人若死亡,其后嗣能否立时索欠?

六、原欠人若有倒闭歇业,能否在其所余财产中均分?

第四项　借贷

第一目　普通借贷

第一类　借贷者之责任及其方法

一、允许借贷之后，能否反悔不借？有无责任？

二、借贷是否有中间人？若无中间人，是否但由借主一人作契券？

三、有无分期交款之借贷？其契券是否逐期书写，抑先写于一纸，逐加注明？

四、分期交款之借贷，有无均分交款与参差交款之分别？其方法若何？

五、若订立分期交款之借贷，中途违约不借有无责任？

六、有无折扣借贷之习惯（如以九作十之类）？

七、有无分期拨本之借贷，或均分按本，或参差按本之方法？

八、借贷之中间人费用大约照借款几分之几为比例率？由何人所出，抑两面有参差之例？

九、以不动产抵押之借贷若有丈量等费，以寻常物品抵押若有估计等费，由何人担任？

第二类　借贷之期限

一、普通借{贷}至多以若干年为期限？

二、分期交款之借贷，其还债期限是否以借款收全之日为起？

三、分期拨本之期限，有无按月、按季、按年之别？

四、有一定期限之借贷，未届期限，债主能否索偿？

五、未满期限，借主能否偿还，别向债主索取利益？

六、不定期限之借贷，债主能否随时索债？若久不偿还，至多以若干年作为折衷〔中〕之期？

七、期限未满而借主破产，能否即时索偿，加入破产均分之列？

第三类　借贷之利息

一、普通借贷之利息至少若干？至多若干？

二、有无先在借款上扣除若干期利息之习惯？

三、何种借贷之利息按月？何种借贷之利息按季？何种借贷之利息按年？

四、有无按日计利之借贷？

五、无利息借贷，届期不还，可否加算利息？

六、利息积久不付，可否加入原本作为借款一并起利？

七、分期借贷之利息，是否每期应付之利息在应交借款上扣除，抑俟借款交清之后并算利息，另于一时付利？

八、分期拨本之利息，是否分期还本若干，还利若干？若届期付本不付利，能否另索利息？

九、有无因年久不还，由债主情让准用拨本止利之方法？

十、借贷之付利息，是否别立折据？由何人收执？俗例凭折付利，由债主收执，借主付过利息，是否由借主在折上注明？

第四类　借贷之担保

（注）以物担保即为抵押，故不复及。

一、借贷之担保人是否即中间人？若中间人之外另有担保人，是否全由担保人负责任？

二、担保人有无由两面各举数人，而各担保其一面之法？

三、担保若有数人，有无分别轻重，各担保其若干之法？或由担保人保其若干，余由借主自负责任之例？

四、担保人习惯上是否担任代为催索之责？有无写明应代偿还者？

五、担保人若于期内有他往之事，能否告退，请另招担保？若此外无可信之担保人，能否由担保人主张，催两面于期前偿还？

（注）我国交通不便，不能无此问题。

六、担保人若死亡，应否由其后人接续作担保？若无后人，或其后人不能担保，或不愿担保，或债主不信，能否即时索偿？

七、担保人设有倒闭破产之事,债主能否即时向借主索偿?

八、通例铺保是否由其铺东出面签字,抑铺中执事人可代表之?若执事人代铺保签字,此执事人离开店铺,能仍向该店铺请其任担保之责否?

第五类　借贷之偿还

一、钱财之债当偿还时,是否按照契券所书之货币?若当借贷之时契券所书之货币与实际交付之货币为二物,及偿还时,应以何种偿还?

二、借债时以代替品按照市价交付,若偿还时市价与官价有异,应按照何价计算?

（注）习惯上借贷有写大钱若干者,实则仍以银洋准市价交付,现在银洋每元名为一千余文,然皆铜元,而并无大钱,欲真换大钱,则每元不过七百余文,若以银元准市价还昔日大钱之债,不公实甚,若以铜元还大钱之债,则同一不公,能否自行议价,亦一问题也。

三、借贷物品若订明以原物偿还,如有失灭,能否别购相同之物价偿还?若系难觅之物,能否估价偿还?其价由何人估定?

四、偿还之时若债主遗失借券,能否由债主出一还清作废凭据,交借主收执?

五、钱财之债能否以自己出借之债权凭据作为偿还?应否将自己之欠主引荐于自己之债主,经两面允许,作为偿清?

第二目　共同借贷

按:日本民法有共同债务,问题甚多,惟日本所用债务二字所指甚广,不但借款一事也,其余若卖买之应付货物或不动产,凡属应交之事,皆称债务,甚至许借钱与人而尚未交付借款之时,亦为债务,许人借而不借,则欲借人之人反为债主,许借之人反为欠主,此则与我国所大异者,故银钱之共同债务惟数人同为一借主,事所恒有,大约以共有之物为抵押,或因公共用项而借债皆是也。至一人借数人之银钱而数人共为一债主,则事所仅见,因银钱本可分割也,故不问及。

一、数人同借一债,若有参差之成数,是否由数借主自订合同,不在借券上写明?

二、数人同借一债,是否皆担全数之责任,抑各分担自己成数之责任?

三、数人同借一债,其债主应向何人索偿?其对于各借主中之一人能否索偿全数,抑只可就该借主应有成数索偿？

四、数人同借之债，若一人先偿其自己之成数，债主能否收受？又，一人已偿其自己之成数之后，其余债务能否不问？

五、数人同借之债，内有一人死亡而无后嗣，是否由其余诸人分任其责？

第五项　租赁

按：日本民法，凡不以原物归还者，如借金钱米谷之类，谓之销费借贷；其以原物偿还而出租赁费者，谓之赁贷借；其不出租费者，谓之使用贷借。我国习惯，借贷与租赁截然，视为两事，故前列借贷专指金银米谷，或使用借贷之类，此项则专指以租价租赁物品而言，故分为不动产租赁、动产租赁两类，惟不动产租赁中有租地耕种与租地造屋两事，习惯上有特别性质，已附于物权中；动产如米谷之类，不以原物偿还，故属借贷，不属租赁也。

第一目　不动产租赁

第一类　不动产租赁之期限

一、房屋租赁有无订立期限与不订立期限之别？

二、若订立期限，租主能否半途退租，业主能否半途不租？

三、若不订立期限，业主能否随时请租主退租？

四、租赁之土地并无地面权者，是否于租赁时必订明期限？若不订明期限，是否即视为世传之业？

五、转租人土地者，是否应合算原租之期限为期限？

六、租人土地订立期限者，租主能否半途自退，业主能否半途不租？

七、未满期限之租房，业主能否改造，请加租息？

八、租期未满之土地房屋，业主若有出卖之事，如何办理？

第二类　不动产之租息

一、房屋之租息有无先付后用与先用后付之别？是否有押租者先用后付、无押租者先付后用？

二、租息届期不付，业主能否自应付之日起算，请加利息？

三、有无言明若干时候不加租息之约？若无此约，业主能否随时请加租息？

四、房屋租息普通之分期若何？

五、土地租息是否按年计算者居多？有无按季、按月计算者？

六、租赁土地有无以银钱为押租者？其租息短欠是否即在押租上扣除？

七、土地房屋之无押租者，是否保租人有代缴租息之责任？

八、何种土地租息应缴本色？有无原章应用本色而现在办法改用折色者？其折价是否按照市价？

九、租地耕种若遇荒歉，有无减成与豁免之例？

第三类　不动产租赁之修理

一、租赁之土地房屋，有必不可少之修理，其费用由何人任之？

二、有无大修、小修分归租主修理、业主修理之事？

三、租主自修理者，能否向业主索偿费用？

四、业主修理后能否增加租息？

第四类　不动产租赁之担保

一、凡租赁土地房屋者，是否必以现银钱为押租？

二、租息若有短欠，是否在押租上扣算？

三、押租之多寡，是否以几期租价为比例？

四、租息若延欠不付，在押租上扣除已尽而租期未满，能否再向租主索取押租？

五、有押租之租赁，则保人是否只保欠租以外之事？

六、若租主有不法事情，被官封没其房屋，保人应否赔偿？

七、若无押租而积欠既多，租主死亡或逃走时，保人应否赔偿？

第五类　不动产之退租

一、租主将退租,应否先期通知于业主?

二、退租之时,业主应将押租之款如数缴还。若业主力不能缴,或缴不足数,能否取其房屋上之可动品以抵其数?

三、退租之时,若于其租物上有改样变更之处,租主应否改成原式?

四、租主在房屋土地上增添有益物品而不能携带者,能否向业主索取价值?

五、当退租之时,土地若有出息尚未收获,应归何人所得?能否索取价值?

第二目　动产租赁

一、凡专以物件出赁于他人为业者,其赁物人应否给以收到某物若干之凭据?

二、出赁物件有必须保管饲养者,其一切费用是否由赁物人担任之?

三、出赁物件若有期限,半途能否索还?若言明租赁若干年月日,设半途无用,赁物人欲不满期而归还者,能否按所用之时日计算?

四、赁物如有损坏,是否可以修理偿还?若修理之后不免破损者,能否折价偿还?

五、赁物若花木之自萎、牲畜之病死,应否全行赔偿?

六、赁物若因灾变或被盗窃致不能以原物归还者,能否折价偿还?

七、租赁物件是否言明仅供自己使用?若有转租赁于他人或抵押者,能否不允?若已将物交与第三人,物主能否径向索还?

八、赁物人若私将赁物出卖,不能索还原物,可否向赁物人于物价外另议赔偿?

第六项　聘请雇佣

按:凡为人服劳而受其薪资者,日本民法皆谓之雇佣,而我国习惯视雇佣二字为对于下贱之名,其上等者谓之聘请,兹故用聘请、雇佣为两类,然有介乎其间者,亦不易分别。至仆婢劳力之雇佣,向不以文字契约为凭,大半多由介绍人之担保而已。

第一目　聘请

一、凡聘请学问技艺服劳者,是否必用聘书? 其式若何? 有无用合同式者?

二、凡聘请学问技艺服劳者,是否订明期限及所任之事务? 若不胜任,能否即时辞退?

三、凡聘请学问技艺服劳者,其应聘人能否于期限未满请退? 聘请人能否于其限未满辞退? 此种请退辞退若有损害于人,应否赔偿? 若其中有不得已事故者,能否免其赔偿?

四、凡聘请学问技艺服劳者,除薪资外,若有川资伙食等类,是否必预先订明?

五、凡聘请外国人为学问技艺服劳者,是否订立合同条款,各执一纸以为凭? 其文字应否兼用两国文字,写两国年月日?

六、凡聘请学问技艺服劳者,若有不得已之事故须旷废多时者,应否由本人请人代理? 其代理之薪资等项,是否即以本人所应得者给付?

七、凡聘请远道之人,有无若干时应请假若干日,不扣薪俸之例?

八、聘请学问技艺服劳者未订期限,若彼此欲辞退,有无应行先期知照之例? 有无未有接手人不得遽退之例?

九、未订期限者,若彼此合意分离,其远道之人应否给以川资?

十、期限将满,若欲继聘,应否先期知照? 倘于期满之时尚无接手之人,应否由应聘人催招接替,抑期满可以自退?

十一、凡聘请书,有无担保人? 其有误职及钱财亏空,能否请担保人清理赔偿?

第二目　寻常伙友

一、寻常伙友既无聘书合同,是否全凭荐主说合? 荐主是否即作保人?

二、寻常伙友若旷误及不胜任,是否可以随时辞退? 此种辞退应否按日照给薪资? 其远道之人应否给以川资?

三、寻常伙友其辞退时,若有经手未了事件,能否令其俟交接清楚后始去?

四、寻常伙友有银钱亏空及遗误职务,能否向保人追赔及清理其职务?

五、寻常伙友若其保人死亡,应否另行招保?

六、寻常伙友死亡,若有银钱亏空及遗误职务,能否向保人理论追赔?

七、寻常伙友有无自以银钱财产作为担保之方法?

第三目　劳力雇佣

一、专司男女仆人雇佣荐保之铺,各处系何名目?其开设之时应否报告地方官?

二、专司仆人雇佣之铺,所荐之人是否均有来历之人?是否均知其家族住居之所在?

三、有人投铺求荐,应否由其家族允许?

四、保荐仆人应否由保荐铺交一凭据于雇主?

五、被雇人有不法行为及窃逃等事,保荐之铺是否担其责任?

六、被雇人若有疾病等事,雇主能否送交于保荐铺?

七、被雇人若有死亡,雇主能否交保荐铺料理一切?

八、期限未满之时,若有不服雇主及不堪使用情事,雇主能否辞退?此种由雇主辞退而薪工已付者,能否向保荐铺索还?

九、期限未满,被雇人能否自行告退?

十、雇主不按期给付薪工,被雇人能否向雇主索取利息?

十一、期限未满之时,能否请加薪工?

十二、凡劳力小工之须用多数人者,有无专司其事之业?其名目是否称为工头?

十三、凡雇佣多数小工之事,其工价是否交由工头发给?

十四、凡多数小工之雇佣,是否按日发给工价?

十五、凡小工有短少人数之事,是否向工头扣算?

十六、工头专司管理,是否另给工资?抑不给工资,专在小工工资上抽费?

十七、工头包雇小工,是否由工头订写承揽契券?其所担责任有几?

十八、农人雇工耕种,是否有短工、长工之别?

十九、农人长工按年计算,中有疾病等事,能否不扣工资?抑农忙时须请人代者当扣算,不必请代者可不扣算?

二十、农忙短工是否必待收获之时付给工资？若有歉收，是否亦须照给？

二十一、凡雇佣因服劳成疾或致伤者，雇主应否给以医药之费？若因而致死者，应否赡养其家族？

第七项　承揽

按：包工之事，有谓之承揽者，即由承揽人写契据，此契据书即名之曰承揽，其书之封面即开"承揽"二字，或写"揽单"；又有定制物品，亦称为承揽者，兹故分为包工、定货二目。惟承种已另见于前，故不复及。

第一目　包工

一、包做各项工程，若于未开工时先付价者，承揽人应否有所担保？

二、包工未毕，承揽人逃走，是否向担保人责赔？

三、包工逾期如何办理？

四、包工工程与合同不符，及工程不坚固，能否责令重造？

五、若未至保固年限已有倾坏，是否但令包工人修理，抑可责令重造或加以赔罚？

六、包工未成，若因物价骤贵，能否请加工价？

七、包工未成，招揽人若因其工程不佳，能否改招他人？

八、包工未成，承揽人或死亡，若其后嗣不作此工，如何办理？

九、包工未成，因天灾事变致前工尽弃，而承揽人无力，能否将承揽作废？其预付之工价如何办理？

第二目　定货

一、凡定造货物，于订立合同之时，是否必有货样雏形等件以为交货之准则？

（证〔注〕）雏形，凡物之大者作成一小形之谓。如定造轮船，或定造机器巨大之件，先用木质作成一小者，较准后作造物样本之用者也。

二、定造货物，其先付定钱者，普通约付物价之几成？其已付定钱，应否有人担保？

三、定造货物逾期不成,应否惩罚赔偿? 有无将逾期之赔罚订明于合同契券者?

四、定造货物若与货样雏形不符,是否令其改造,抑尚有赔罚之例?

五、定造未成,招揽人若因此物无用,能否令停造罢议而偿承揽人已经用去之费用?

六、定造未成,承揽人若因物价骤涨,能否请增价?

七、定造未成,承揽人逃走,是否保人应全赔?

八、定造未成,承揽人死亡,若其后嗣不作此王,或无后人,是否由保人担任?

九、定造货物未交或未成,承揽人破产,其未交或未成之货,是否作为承揽人之财产,归入破产均分? 招揽人是否但得在破产上作一债权? 若货、价尚未交清,能否将货、价交清,取其已成之物品?

十、定货未成或未交,遇天灾事故而失灭物品,承揽人无力担任,是否作废? 其预付之定钱如何办理?

第三款　亲族嗣续

第一项　户主及家族

(注)户主,一户之主也;家族,户主以外一家之人皆是。按户主及家族,皆日本法律上名词,我国户籍法、民法尚未颁布,则本无户主与家族一定之身分〔份〕,亦无一定之名目,惟此种习惯于法律上有重要之关系,既不能不加调查,又不便杜造名目,故仍借用日本名词。至族制习惯已开列风俗问题,故不复出。

第一目　户主及家族习惯上之分别

一、凡一户一姓同居之人,是否以辈行最尊最长之男子为户主? 若辈行尊而年尚幼,是否推年长者为户主?

二、凡同居异炊者,是否仍作一户? 向来填写保甲门牌,是否填入一纸,抑分炊者各自为一户?

三、分居分炊而系一户主之家人者,其数处分宅填写保甲门牌,是否均填其户主之姓名?

四、一户中尊长若有疯癫疾病及愚顽不识字,或不知世事,或无品行,不堪为一家之主者,能否别推一人为户主?

五、一家之中无男子,或有男子而年老年幼,是否即以妇人为户主?

六、一家之中如有寄养之人,别无他处家室,亦不能成立一家者,习惯上是否视同一家?向例保甲门牌是否即填一纸?

七、一家无男子而招入赘婿,是否改从妇家之姓,即作为妇家之主?若为赘婿之男子,其本宗除该男子外无他男子,能否归并为一家?

八、赘婿离婚归宗,则所生子应从何姓?又或已孕未生之子,将来应从何姓?

九、女子出嫁,其家中之人不能成立一户者,能否归入其婿家?

十、出妻归家,是否仍为其父母家之人?若生有子女,有无随母大归之例?

十一、已有妻子而为人后者,其妻子是否从之,抑有留有从者?

十二、再醮之妇已有子女者,是否可以携从?若夫家有老年舅姑不能成立一户者,能否归并于婿家?

十三、为人后者复归本宗,其妻子是否同归?

第二目 户主及家族之义务

一、户主对于家族人等是否有赡养之义务?

二、除共有财产以外,户主与家族所有财产,是否均以本人自己名字置之?

三、家族所居之处,是否必由户主所指定?若家族自定居宅,未经户主允许者,户主能否令其迁居?

四、家族之婚姻及出为人后,或招人为后者,是否必由户主允许?

五、家族若不服从户主,能否招集四亲人等公议之?

第二项 婚姻

一、男子成婚至少必满若干岁?女子成婚至少必满若干岁?

二、男女婚姻是否必各由其尊长主婚?若上无尊长之人,是否可由本人自行结婚?

三、已嫁之女业已被出者可否别嫁？

四、寡居再醮，是否必待前夫三年服满之后？

五、寡居之妇能否招入赘婿？

六、寡妇之再醮，是否由自己结婚？

七、通例不得结婚者有几种（如有服之中表及尊卑亲戚不得结婚之类）？

八、婚姻之成立是否必有媒妁？必行何种礼节，始作为婚姻结定之日？

九、已结婚而未成婚时，若夫妇有一人犯罪者，能否解去其婚姻？

十、已结婚而未成婚时，若夫妇中有一人生终身之疾病者，能否解去其婚姻？

十一、已结婚而未成婚时，若女子有奸事者，其夫家能否解去其婚姻？

十二、已结婚而未成婚时，若男子游荡不事生业，不能成立家室者，其妇家能否解去其婚烟？

十三、除《大清律》出妻之外，妇人有无可以离婚之俗例？

第三项　夫妇财产

一、夫所有之财产，是否认为夫妇共有之财产？

二、妇人有父母家之奁赠品，是否认为夫妇共有之财产？

三、妇人有土地房屋之奁赠，妇人能否作为自己所有，不与夫共之？

四、夫妇间能否将家产分而有之，各养其自己？

第四项　嗣续

第一目　所生子

一、嫡出子年幼，庶出子年长，应以何人为后？我国有长房为后之例，故长子早死则长子之子为承重孙；若长子而系庶出，应否长子之子为承重？若庶出之长子早死无子，应否为之立后作为承重孙？

二、子为人后，若无承继之父兄尊长堪胜教养之任者，其本生父是否仍应任教养之义务？

三、本人认私生子为己子，其家中之人能否拒绝？

四、本人认私生子为己子，而其母未嫁于其父者，可否作为庶子？

五、前问无母之子，若欲认其母，归为母子，家中之人，能否拒绝？

第二目　同姓承继子

一、以他人之子为子，是否必自己无子者？大约年逾若干无子，始可承继？

二、承继是否不限于一人，有无应嗣、爱嗣之俗？

（注）应嗣者，谓以亲疏论而应承继也；爱嗣者，不论亲疏远近，惟父母爱之即可承继也。

三、所谓应嗣者，其承继之次序若何？

四、兼祧之人无子，是否应承继二子，各为一房之后？

五、有无大宗不继小宗之例？

六、次序应承继者，其承继子及其本生父母能否拒绝不允？

七、次序应承继为子者，能否请求承继？若承继父母有所不爱，能否拒绝，或别承继他人？

八、承继之时，是否由承继之父或母与其本生之父或母先行允许，然后邀集亲族人等会议？

九、承继父母俱不在者，可否由亲族提议承继？

十、本生父母俱殁之子，其承继于他人，是否由亲族公议允许之？

十一、次序应承继为子者，若早死而有子，可否以既死之人承继为子，而即以其子为承继孙？

十二、为人后者，其妻子应同为人后，其本生父母能否择留其子（即孙也）？

十三、承继之成立，从承继文书写成签字之日为始，其文书是否两方父母各执一份（录一格式）？

十四、承继成立之后,是否应从其承继父母同居?若年幼之子,能否暂由其本生父母抚养?

十五、本生父母对于出继子,应否仍有管理教养之责?

十六、承继父母能否于承继后追废承继文书,将承继子退还其本生父母,抑或限定有不安本分之事方可退还?

十七、出继子因不安本分而退还者,其本生父母是否不能拒绝?

十八、本生父母能否于承继后追废承继文书,将出继子索还,抑或限定承继父母有不堪父母之责任及虐待者方可索还?

十九、本生父母因前问之故而索还其出继子者,承继父母是否不能拒绝?

二十、为承继子之本人能否于承继后不愿承继,自请归其本枝?

第三目　异姓承继子

第一类　抚养子

一、抚养人为子者,是否必须自己无子方可抚养?若自己有子,能否抚养人为子?

二、凡以异姓人为承继子者,是否必同姓无人始可抚养?若同姓有次序应承继之人,或素不安分,或有仇意嫌隙者,能否舍其同姓应承继者而承继异姓?

三、异姓承继有无远近亲疏之次序?

四、抚养人为子者,大多几岁无子始可抚养人为子?既抚养后而自己生子者,应否视抚养子为嫡长?

五、为抚养子者,大多在几岁以内可以被抚养,抑无限定?

六、抚养子者是否养父母与其本生父母订立文书为凭?若其人无父母,或不知其父母,以何者为凭?

七、若将抚养子为他人后,应否告知其本生父母,得其允许?

八、本生父母对于出养之子有无管理之责?

九、既为抚养子后,是否应与养父母同居?若子过年幼,可否仍由其本生父母暂为抚养?

十、抚养之后,养父母可否追废文书,将其子退还于本生父母,抑或限定有不安本分之事方可退还？

十一、抚养子因不安本分而退还者，本生父母是否不能拒绝？

十二、本生父母能否于出养以后追废文书，索还其出养子，抑或限定于养父母有不堪父母之责任及虐待者始可索还？

十三、本生父母因前问之故而索还其出养子，养父母是否不能拒绝？

十四、为养子之本人能否不愿出养，自请归宗？

第二类　赘婿为子

一、以赘婿为子者，是否必自己无子？若本宗有可以承继之人，能否以赘婿为子？

二、无男子而有数女子皆赘婿为子，是否以女子之长幼为其赘婿之长幼？

三、以赘婿为子而自己又生子者，是否应视所生之子为次子？

四、既以赘婿为子而改其姓，应否列入家谱？

五、以赘婿为子之文书契券，与寻常之婚姻帖式有无特别之处？

六、本生父母对于出赘之子是否仍有管理之权？

七、赘婿为子，其妻家之财产是否即为夫妇共有财产，抑应有区别？

八、赘婿有自己财产携入妻家者，是否亦为夫妻共有财产？

九、为赘婿者若不安本分，妻及其父母能否主张离婚，令其归宗？

十、赘婿有不安本分而离婚者，能否更招赘婿？

十一、为赘婿者若因其妻有不安本分，及妻之父母有虐待行为，能否主张离婚，自请归宗？

十二、赘婿既离婚后，是否可以别娶？

第四目　亲权

一、父母有教养其子之义务，若学习、职业，可否由子请求？

二、子有应得之财产，父母应代为管理否（如祖传特别长孙产之类）？

三、子为他人后，得有承继遗产，其本生父母应否代为管理？

四、父母惩戒其子至若何程度？若其子不受管束，除告官外，能否请亲族代为惩戒？

五、子已成人,能营独立生活之后,父母是否不复管理?

第五目　子职

一、子已成年后,是否必养其父母?

二、父母之财产是否必经传付而后其子得以作主,抑家产传付之后关于重大出入仍须禀命于父母?

三、父母之债务,是否必由其子偿还?若有数子,是否应均分担任?

四、父母之疾病丧葬,若有数子,是否均分担任?

第六目　分家产

一、父母以其家产分付其子,是否由父母定其份数之大小多寡?

二、父母有无与长孙特别分付家产之例?

三、分家产于已嫁之女及其婿者,若系不动产,应否交出契券,另行税契过户?

四、有无分家产时留若干分为嫁女及养老之费者?

五、分家产中若为不动产,其契券为一纸者,应否分税数纸?

六、家产之分割,是否由父母邀同亲族书写分割家产书,各人签字,各执一份?

七、分割家产之字据账本,是否各人照抄一份?

八、父母已死之后分割家产,是否必须均分?有无嫡庶长幼之别?

九、父母家产不足偿债,是否由其子均分担任?

十、父母以遗嘱分定家产,应否有亲族人为证?

十一、家产分割之时,若有未分割以前之利息,是否均分?

十二、父母既死之后,其分割家产是否以本枝为限?若有争论,应用何法?是否一律均分?

十三、若有不能分割之家产,应否援照共有之法,或卖出而分其价?

第七目　遗嘱

一、遗嘱有何一定之成式?

二、满几岁以上始得为遗嘱,抑未成婚者不得为遗嘱?

三、何种人不得为遗嘱（如素有疯病之类）？

四、为遗嘱者若病势至精神昏乱，是否其遗嘱不能作准？

五、若有谬妄不情之遗嘱，是否不能作准？

六、为遗嘱之方法，有本人预书者，有病时自书者，有病时口说令人笔记者，有仅由家庭亲戚听受者。若仅系一人所闻之遗嘱，是否不能作准？

商事习惯调查书

吴兴让编

第一款　商事总问题

第一项　商人

一、须以姓名出面之商人有几种？试详举之。

二、须以姓名出面之商是否子孙即承袭其名？若有他姓代顶其营业者，能否亦袭用其姓名？

三、农工商部所颁《大清商律》规定商人通例九条，有无应行增加变通之处？

第二项　商业

一、商业之必经官存案者有几种？试详举之。

二、商业之必领牙帖者有几种？试详举之。

三、行帖是否以商业字号为主体？若业主更换而仍用其牌号者，是否可仍用其牙帖？

四、商业之有牙行经纪者有几种？试详举之。

五、牙行经纪如何充当？是否由地方官谕充？有无期限？

六、牙行经纪是否不自营商业而专取行用者，抑有自营商业者？

七、牙行经纪之利益是否即名行用？其提用方法是否就卖买价值为比例，即向商人提取？

八、牙行经纪之职务对于商人者有几事？对于官衙者有几事？分各行详答之。

九、何种商业有会馆、公所？试详列之。

十、同业会馆、公所之组织若何？经理人若何？公举有无董事等名目？

十一、同业会馆、公所之宗旨有几？所办之事有几？望分各业答之，能各抄录章程一份尤善。

第三项　牌号及商标

一、凡店铺行栈之牌号，或无店铺而经商之记号，若同一商业，是否在后商人所用之字样不得与在前商人所用之字样相同？其虽非同一字模〔样〕，而笔画声音相类似者，是否亦不得用？

二、商业牌号俗例可以出租、出售，其出租、出售之时，是否必在该商业未停之时可以接续营商者，抑已经停止之牌号亦可出租、出售？

三、牌号之上另加一二某记字样者，其用意所在，是否专以区别债务账目之用？出租、出售者，何种应加字为记？何种不必加字为记？

四、牌号之出租方法，是否按期付租息？若不付租息，能否令其停业？其租券式若何？

五、牌号出租之后，能否半途索还，自行营业，抑有期限？

六、牌号记号之出售，是否出售以后不得用相似之字样以为牌号？

七、牌号记号出售，有无言明若干年不得同在一地营该业之事？

八、以同一之营业用同一之牌号，往往有多至数十百家毫无区别者，究系何故？是否系同祖所传，抑别有分利之法？

九、从前商货上所绘各种画图为记者，即现行《大清商律》之商标，在商律未颁以前，是否亦不得冒用他人图画为记？

十、商标、图画、记号，除可以在货物上制造其标识外，大半用于货物之装载器上，其有将其已用之装载器另装货物出售者，实亦冒牌冒记之意，有无防止之法？

十一、现行《商标注册章程》有无脱漏应再加订之处？有无窒碍应行变通之处？

十二、除商标注册外，有无就近在地方官署存案，出示严禁冒用之办法？

第四项　分号坐庄

一、分号坐庄之经理人是否由商业主人选用，抑有由本号总经理选用者？

二、分号坐庄之盈亏是否与本号合并计算？

三、分号坐庄若有停歇之时，其人欠、欠人之账目，是否均由本号清理？

四、所有商业上之责任，分号坐庄与本号是否一律负担？

第四[五]项　商业账簿

一、凡店铺、行栈所必备之账簿有几种？各业情形不同，格式亦异，试分营业种类，就关系紧要者详举其式。

二、现款卖买与欠账卖买记账之方法若何？

三、每年总结之账，有无另记其总数之簿册？

四、商业上人欠与欠人之账，是否各为一簿，抑以往来之户分列，试举一二格式。

五、凡出支付银钱货物票者，是否另有存根簿，抑专立一簿，临时盖骑缝图章？望各举一二式。

六、紧要账本，其边缝有无页数字样？

七、账簿是否永远保存？有无另誊副本以备意外之事？

第六项　商业用人

第一目　商业用人

一、商业上之总理人，有称经理者，有称管事者，有称经手者，有称当手者，有称掌柜者。是否货物之出进、款项之出入，皆归一人经理，抑有各以门类分任数人者？

二、总理人以下商业中人有几种名目？用人之权是否由总理选用？

三、为分号之总理人，是否有分号中之全权，与本店经理人相同？

四、商业上经理人若有总有副，其权限是否由商业主人分配？若总经理有事故不能经理时，是否定由副经理代办，抑须由总理委托或由主人之嘱托，而后可以代理？

五、副经理若有事故不能经理时，是否由总经理代办，或由总经理择人代之？

六、为总理人者，往往有自己兼管该业，或兼代他人营该业者，若系一人经理之两店铺而有交涉事件，有无特别郑重办法？或经理人自己之与所经理之店铺交涉之时，有无特别郑重办法？

七、经理人之聘请期限，及其一切应有之权限及薪水若干之类，有无订立关聘合同之事？

八、商业中寻常用人惯由互相介绍推荐，有无必请保人之事？

第二目　学徒附

一、凡店铺、行栈、工场、作坊招收学徒，负有教诲之责，若年满不成一艺，应否负担责任？

二、凡店铺、工场、作坊招收学徒，若不堪教诲或性情不近，应否通知其父兄，俾得另择他业？

三、凡店铺、工场、作坊之学徒，若有不安本分情事，应否送交其父兄自行管束？

四、凡店铺、工场、作坊之学徒，以不令学习事业，专供使唤之用，学徒之父兄可否向之责问？

五、凡店铺、工场、作坊之学徒，若其师过加虐待，学徒之父兄能否向之责备？

六、凡店铺、工场、作坊之学徒，如有应得之利益，其师不付，可否索取？

七、凡店铺、工场、作坊之学徒，有出押柜饭食者，期满应否给还？

八、学徒若以饭食押柜等交付店铺、工场、作坊,而该工场、作坊闭歇,可否照债权例索偿?

九、学徒学业之时,言明几年学成,几年报效其师,其报效期限至长是否不得过学成之年?是否不经报效不得他往?

十、凡店铺、工场、作坊,为师者应否订明所担任之教诲事项?

十一、凡学徒学成之后,在于本店铺、工场、作坊执业者,是否与他人一律?

第二款　商事行为

第一项　商事行为总问题

一、经理商事与人交涉之事,若不告以其所代之人者,是否亦与本人有关系?若对面人不知其人者,是否即可视其经理人为主,一切责任均向经理人问之?

二、代人营商业者,在该商业上应为之事是否不必待商业主人之委托亦得自为之,抑习惯上有限制某种事须由主人自定,其银钱至若干数之出入须由主人自定?

三、代人营商业者,其主人死亡时是否仍旧代营其业?

四、当面询问之商事,若不当面立刻允许约定,是否即作罢论?

五、两地相隔之人以函电询问之商事,若不声明限几日答复者,应否立时作复?若计算道路远近可以复到之日尚未见复者,是否作为罢论?

六、平素向共往来之商人,于其向所营业之商事若有询问,应否立时见覆〔复〕?

七、以数人共营商业,若其中有一人所为,因此共同商业而负债者,是否仍由数人共担其责任?

八、暂时托人办理之商事是否可请报酬?

九、商人间有借贷款项,是否必有利息?其利率是否随时议明,抑各业皆有一定之数?

十、货物交付之地方,除当面立时交付外,其余大宗货物是否必须约定?若未约定,是否应由交付人送交？

十一、凡支取银钱之票，是否必至其店铺、行栈领取，不得向其家居及他处索取？

十二、凡应交付货物款项，若临时不交付者，是否担其迟延之责任而赔偿其损失？

十三、凡因商事交易，以物件抵押款项或贸易品之时，若逾期不赎，能否将其抵押物品作为己有？

十四、凡取货物之票据等件若有遗失，能否于登报广告后由遗失人请人担保，仍行领取货物？

第二项　商事卖买

一、商人间卖买已成、货价已付，而买主或有事故不能领取其货物，应如何办理？若仅付定钱而货价未全付清，将如何办理？

二、商人所定之货，有言明过时即为无用者，若届时卖主不交或买主不取，作何办理？

三、凡卖买之物品，若交付之时不能一一检查细验者，日后发现瑕疵或数目短少，能否向交货者理论？当以若干时日为限？

四、凡卖主交付之物品与原定之物品不符，或有短少者，能否作为罢论？

第三项　抵算

一、凡互相往来贸易之商人，有无互相计算抵除其彼此互欠而找清其余款之法？每年是否按三节计算，抑或按月一结？有无一定之时日？

二、现付之支票可以作为现款者，是否不在欠款之列？

三、期票尚未到期，是否不能与现款相抵？

四、自账目相抵清结以后，应将余款交付而不交者，可否请其照认利息？

五、若未至结算之期，有一人欲立时抵算清结者，应否照算找清？

第四项　共同营业

一、数人共营之商业,在昔日未有《公司律》以前,其办法若何?有无合同一定格式?

二、有无以出力为股份之法?是否照算作若干股?其利益是否照分?在合同上如何写法?

三、共同营业,其办事之权限应否先行议定,订入合同?

四、共同营业而请人经理者,所请之人若系其中一人所荐,应否负担保之责?

五、凡以资本加入他人已成之商业,是否即作为若干份之股东?是否即与原业主订立合同?

六、股份合营之商业是否有利息?每年约分几期?

七、凡以资本加入他人已成之商业者,若欲与闻其营业事务,是否先在合同上订明,抑既有资本即可与闻?

八、共营商业,若至结算之时未能获利,或有亏损,应如何办理?能否互相商议解散,或再续添资本?若有愿解散、有愿添资本者,应如何计算?

九、合营商业者能否提取资本作为出股?

十、合营商业者若订明不能提取资本,能否将自己股份让与他人?应否由共营业各主之许可?

第五项　代卖买（自己不收买,亦无货物出卖者）

按:日本商法,有所谓问屋营业者,专代人出卖与收买者也。但自开店铺则自担其责任,故与寻常中间人不同,其所得之利与中间人费用相类,而对于卖主、买主则均以一己为枢纽,自担其责任,而卖主与买主无关系,故亦独立为一种商业。因商业发达乃有此种便利方法,未知各处有无此种习惯,兹就其意思称曰代卖买,开列问题如左:

（注意）此非分号及跑合之意。

一、有无开设铺户专事代人出售货物及代人收买卖物之商业?

二、开铺户而代人出卖或收买,大约以何种商业为多?是否多在通商口岸及外洋商埠?

三、以货物托其代卖而但以货样寄存其店铺者,是否凭样成交?

四、凭样托卖,若卖主自己与他人订约,出卖之时,是否必先通知代卖者将货样收回,然后自己可以成交?

五、以现货交付代卖店或寄存他处而以提货单交给代卖店,若有寄存照料费用及告白等费,是否归卖主担任?

六、代卖人若有主顾,应否立刻通知于原卖主,俾免一货两卖?

七、代卖物之价是否由原卖主自定?其代卖人之费用是否预先与代卖人订明?代卖人不得过索高价及再加费用?

八、代卖货物之价,若代卖人擅自赊欠,是否代卖人应任垫还之责?

九、代卖货物之价,若代卖人擅自减让,是否代卖人应照数补足原定之价?

十、代卖人应得之费用或有代垫之款,是否于交款时扣清?

十一、代卖人对于买主交付货物之一切责任,是否与自为卖主相同?

十二、代卖人对于买主应取之物价及一切费用,是否与自为卖主相同?

十三、代人出卖尚未成交之时,若托卖主死亡或有别项事故,是否仍可代为出卖,抑须问其后人?

十四、代人收买物件,其物品之等差、数目、价值是否必与托买人一一订明,抑有托买人不预订定而托其临时斟酌者?

十五、代人收买,而托买主不定其物品之等差、数目、价值,而托其临时斟酌,是否定一范围?

十六、代人收买,若托买主言明代买人之费用,是否不得再行抑价?

十七、代人收买货物,若物品有不符,或有瑕疵及数目短少,是否应任其赔偿补足之责?

十八、代人收买货物,若价值过于托买主所定之价,或出乎其所定之范围,是否代买人自负其所过之数,不得向托买人照算?

十九、代人收买货物,若代垫物价,是否从付价日起照算利息?

二十、若代收买者代垫货价,是否以其货物扣留抵押,迟至若干日不归可以拍卖其货物?拍卖之价不敷垫款本利,能否仍向原主照算?

二十一、代买人对于卖主交付物价之责任,是否与自为买主相同?

二十二、代买人对于卖主索取物件及一切费用,是否与自为买主相同?

二十三、代人收买货物,而买主死亡或有别项事故不能收买者,是否将其货物拍卖?

第六项　商事中间人

按:专司货物介绍说合者,或称为捐客,或称为跑合,大约均系大宗货物方有以此为业者,亦商业中紧要机关,与日本所谓仲立人相类。在日本,仲立人之责任及权利义务皆订明于商法,我国商法未定,急待采用各处习惯以资参考,惟名称未能遽定,故用商事中间人之名,以与民事区别。

一、各种商业有无专司介绍说合之人以此为业者,其名目为何?并何种商业有之?

二、介绍说合之人若已代人说合成交,其货物与款项两未交付之时,是否即可介绍两方直接交付?

三、凡须订合同者,介绍说合人应否列名?

四、介绍说合人若卖主或买主有一方不到场者,是否即代为作主并担其责任?

五、所有货价及一切贸易上费用,能否由说合人代领受?

六、说合已成之时,应否立即通知于其两方,并告以姓名商号,或约期相见等事?

七、若凭货样成交而约期付货者,是否以其货样交于买主,抑存于中间人手,抑各留若干以为凭?

八、介绍说合人所办之事应否自行记载?

九、若卖主、买主中有一人不愿以己之姓名商号告知前途者,能否由介绍说合人一律代办、代任其责?

十、说合已成之后，货物若有短少及瑕疵、或不符者，款项若有短少延欠者，应否由介绍说合人担其代催及诉讼之责任？

十一、凡为人介绍说合之费用，是否以货价为比例，即由两方均出？

第七项　报关行

专代商客完纳关税者，谓之报关行。虽非卖买，亦商业上一紧要机关，故附入商事调查。

一、凡开设报关行应否在官署立案，抑可随意自开？

二、开设报关行应否在关署立案？

三、报关行应否将一切税额表示？

四、报关行代客纳税，是否以商人所携提货单为凭？

五、代纳税后，是否将关上所给已纳税之凭据并提货单交付该商人？

六、报关行受人提货单后，应否给以收条？

七、报关行若将他人提货单遗失，凡登报广告及在关上挂号并一切费用，是否由报关行担其责任？

八、报关行因遗失提货单而客商有损失，是否担其赔偿之责？

九、报关行若应遗失提货单而局外人受牵连者，报关行应否任其责？

（注）局外人受牵连者，如拾得此遗货单而抵押款项之类。

十、报关行代客报关，其登记账簿号数格式如何？望各照画一份。

十一、一切报关行所发票据交各处关上所给凭据，及一切提货单式样，均各照画一份。

十二、报关行是否兼代人提货？

十三、代人报税之款，是否可以代垫？其一切经理之费用，有无一定？是否以关税若干为比例？

十四、报关行代人纳税,若于货物上有错误,应否任其赔偿之责?

十五、报关行代纳税,若误多,其纳税额应否自任其误多之数?

第八项　运送事业

按:运送为商业上重要之事,各国商业发达,故运送之方法精细曲折,名目亦多。我国运送之事想必各有习惯,惟名称如何,无从预定。兹略参各国商法之意,定其紧要名目数种,先为解释于左,以备答复者一望而知。

运送包办人　指代客商招人运送而与客商订立合同者而言。

运送人　指专事往来运送之业者而言。

运送人与运送包办人之区别,犹之雇船者有船行与船户之区别。船行代客雇船,由船行写船票于雇客而担其雇到之责任,不自往也。船户自行载客,其对于雇船人之责任,即为对于船行之责任。兹所称运送包办人者,亦不亲自运送,惟担当代招之运送人妥实可靠而已;称为运送人者,以运送为业,乃亲自运送者。此一事相连,分属两业,各处除船户以外,若车行及其余一切运送,未知有无此种分别,今就应有之问题逐一开列,倘无此两层分别者,即运送上一切责任归运送人一面全担之而已。

托运人　即以货物委托运送之人,而与包办人订立字据者,不必其为物主也。

受运人　即运送至某处,应以其物交付于此人者之称也。

运送品　指所运送之物品。

运送约　指包办人所书写交付托运人者。如包运某物若干,运至某处,限几日交某处,以及代招之运送人姓名及"妥实可靠"字样之类,此乃托运人所执以为凭据之要件也。此种凭据各处若别有名称,不妨直写其惯称而注明之。

运送券　此系托运人所开,交付运送人,依照所开以为交付货物之方法也。此券所开大致为某人托运某物品若干,言明限某日送到某地,交付某人之类,犹之凭信面以送信,是运送人带去所用之券也。

发运地

运到地

运费（即脚价）

右列为运送上应有名目。

第一目　物品运送

一、就《招商局运货章程》摘答以下各问：

（甲）凡托招商局包运者，是否先以运送品交招商局栈房存寄？交到后是否即由栈房出提货单为凭？

（乙）装载起运照料之事，是否概由招商局办理？

（丙）凡包裹捆扎装箱之件，招商局应否检点其中有无夹带违禁之件？其出入口税关查验应于何处何时办理？

（丁）运费是否以分量轻重论，抑以容积大小论，抑分别物品之种类论？其数目有无各类定章？

（戊）运费应于何时何处交付？

（己）运送品若有遗失、短少、损坏等事，是否赔偿，抑有保险与不保险之别？是否章程载明不测之灾，概不赔偿？

（庚）运到后是否起卸于招商局栈房，由受运人凭单来提？

（辛）招商局之责任，是否不论已未起运，从交到货物起至提出货物为止？

（壬）若已将货物送至发运地之货栈，托运人欲停止运送，能否但付存寄费？

二、各轮船公司运货章程是否与招商局相同？试按前问之甲乙丙丁戊己庚辛壬各条逐一照答。如有相异之处，亦须详答。

三、日本人在天津所开通运公司，试摘其运货章程，按第一问甲乙丙丁戊己庚辛壬各条逐一照答。若有第一问所未详者，亦须报告。

四、就各处火车公司运货章程摘答以下各问：

（甲）火车公司有无存寄货物之栈房？其法是否与招商局相类？望按本款第一问甲

乙丙丁戊己庚辛壬各条逐一答之。若无栈房存寄,则上车卸车之时如何办理?

(乙)包运货物之写票、过秤、检点等事,是否先一日办理?

(丙)其提货单等件,是否由托运人自带或自寄,抑可由公司代带?

(丁)提货单及一切票据格式,望各照画一份。

五、内河有无小轮船专事运送货物者?其章程若何?如有前问各条相同之处,望逐事详答。

六、除去前五问以外水路之船行、陆路之车行,有无包办运送之事?其运送货物是否必由托运人自往押运,抑有可包办送到不必自往者?若托运人自往押运,其车票、船票若何格式?不必托运人自往押运者,其车票、船票若何格式?望分答之。

七、托运人自往押运者,途中照料责任是否由托运人自担之?

八、包办运送而不自往押运之时,若有毁损、遗失、迟到等事,应否由运送包办人赔偿?若因意外之变,能否免其赔偿?

九、运送包办人不自往运送者,收到托运人所交运送品之后、尚未装载之前,是否归运送包办人照料?其已经装载交付于运送人之手,是否即由运送人照料?

十、运送人自装载后,是否不论已未启程,均归其照料?

十一、运送人装载以后之照料,是否作为代替包办人之照料?若有损害事故,托运人是否仍向运送包办人理论,不得以已经装载辞其责任?

十二、运送包办人所有责任,是否以货物交付清讫为止,不论途中或已到,皆须担当其责任?

十三、运送包办人之酬劳费用,是否名为行用?在运费之外,其行用有无一定数目?或以运费为比例?或应以里数为标准?

十四、运送包办人之行用,是否于装载完结后算付,抑须先付若干?

十五、包办运送托运人既不自往押运,其运费应于何时交付,抑概由运送包办人经手于未起运之先交付,抑有先付若干,至运到后找付者?

十六、运送包办人或运送人有代垫款项(如关税及寄存栈房费用之类)及代办事件之费用及应付之行用、运费等款若有短欠,是否可以扣留其物,不任迟到之责,抑不得全行扣留,但可酌其相当之数扣留之?

十七、有无层递运送之法?

(注)层递运送者,或水、陆路分若干起,或各运送其几里也,他国商法所定之连带责任,情形复杂,学说纷纭,若一一列问,恐反炫目,故略从简要情形设问。如无此习惯,竟答无字可也。如尚不止此情形,则于答办法时,并须详述其情形。

十八、货物须分数次运送者,若由数个运送包办人与托运人各立合同,各包办其运送之一段,是否对于托运人各任其所包之责任?

十九、如前问之层递运送系为分路包办之法,则第一次运送品已交付于第二次运送人之手,即已尽职,是否以取得后一人之收条为凭?

二十、如前二问之方法,则第一次运送人已运到第二次之地段,必须交付运送品,若有行用、运费及垫款之类,不能扣留运送品,将如何办理?

按:日本商法则后运送人有代前运送人扣留物品之义务,或由后运送人代垫付还,至运到地而扣留运送物品以索之,此商法所规定,后之运送人不得不代为出力也。

二十一、若层递运送之法由第一次运送包办人总包办之而自为层递招人运送者,则一切责任是否全由一运送包办人担当之?

二十二、层递运送人应否负连带之责任?

(注)连带责任,谓不分彼此,均作为有责任之人,不论多少,或一人,或数人,均可令其全行赔偿也。

二十三、运送品有短少、毁损、灭失者,其赔偿之数以何价为标准?是否照运到地应交付日之市价为定?

二十四、若有恶意以致短少、毁损、灭失,或私自出卖藏匿等事,其赔偿之数应否仍照前问办法?但当日市价或反贱于原货来路之价者,似应别加赔偿,应否照原价略增其数?

二十五、运送品已交付于包办人,或运送人或在半途中,凡可以停装停运之时,若托运人忽欲停不运送,或欲取还其货物,或作别种办法,是否即可照办?是否但须认其一切费用？其运费是否按路程计算？

二十六、运送已到之后，受运人应否将其应付之一切费用于取货时先行交清？

二十七、托人运送货物者，应给以运送券交运送人照券往运，其运送券所开某物若干、托某人运送至某地、交某人提取，并已付若干、应再找若干、限几日运到，若所开不明，至运到地难于交付或生争议时，能否不任迟延之责（若有此种办法而不名为运送券者，不妨改用惯称而注明之）？

二十八、运送包办人是否出一提货单以备凭单取货？此提货单所应开载共有几事？望详答之。（若有此种办法而不名为提货单，不妨改用惯称而注明之。）

二十九、提货单可否抵押或出售于人？若受运人或托运人以其提货单抵押或出售于他人而令他人来提，是否须由出押、出售之本人一同来提？其有应付费用、运费垫款之类须扣留者，能否向提货人索取？

三十、运送品若性质易于毁损、失灭者，能否不任其责而仍索其费用等项？

三十一、特别贵重物品，若托运时仅与寻常物品一样包扎装箱，不告以种类、数目及价值，则无从特别照料，若有应行赔偿事故，是否不得以特别贵重物品论？

三十二、若有提货单为凭，是否不见此单，无论何人概不交付？

三十三、若提货单有遗失时，能否由遗失人知照停止提取？能否登报广告，另招妥保提取？

三十四、运到后若久不来提，或其人死亡他去及不知踪迹之时，运送人应如何办理？是否速通知托运人请示办法而不担其责任？

三十五、运送品若不能立时细检者，应于几日内检查清楚，抑当时交付后即可不担责任？

三十六、运送品若为可生危险物品，中途将有危险之虞者，能否抛弃之？此种情形应否免赔偿之责而仍请其运费？

三十七、若因一人之运送品有危险而害船舶车马及他人者，应否由托运人任其一切赔偿之责？

三十八、凡包一船全归一人运送货物者,若于应行装载之日托运人尚迟滞不装载者,能否于运费之外按日照加船租?

三十九、凡包定船中若干地步装运货物,言明起程日期,而托运人届期尚迟滞不装载者,能否按期开行?其所留船中地步之运费、租费,是否仍应全数照付?

第二目　旅客运送

一、招商局及轮船各公司搭客章程若何?望照录一份。

二、内河有无小轮专事搭送旅客之事?其章程若何?

三、各路火车搭客章程若何?望各抄录一份。

四、其火车上之行李分头、二、三、四各等车,其每等车每客所带行李以若干为限?各路章程不同,望各列表作答。

五、火车旅客之行李过于准带分量外,应否除去其准带之分量,另加运费,抑一并另付运费?

六、火车有无包车章程?望抄录一份。

七、旅客行李之另出运费、另置一车者,是否由公司发给凭据?一切上车、卸车是否概由公司照料?各路章程不同,望详答之。

八、行李领取是否但认凭据?若有遗失,能否挂号?

九、行李若有遗失,公司是否担其责任?

十、火车行旅有无保险章程?

十一、内河有无以船只往来一定之地专事搭载旅客为业者?其办法若何?

十二、内河搭客之船,有无船票为凭?

十三、内河搭客之船,是否并管火食、茶水之类?

十四、内河搭客之船,凡行李物件是否任其保护之责?若有贵重物件是否应先行交于船主收管,方担责任?

十五、船行、车行代客雇备舟车,其行李及人口是否由该行担保?若有损害,应否任其赔偿之责?

十六、途中若有不测之灾而致损害者,是否该行不任其责?

十七、船行、车行之责任,是否以旅客送到为限?

十八、船行、车行之票式若何?望照抄一份。

十九、以舆车船相类之轿马牲口包送旅客者,是否车行亦可代办?其责任如何?

二十、船行、车行中之行用有无一定?是否于起程时交付?

二十一、以车轿牲口等送客者,其运费是否先付若干?以后沿途给付?

二十二、若旅客有短欠行用、运费情事,是否可以扣留其行李?

二十三、途中旅客若有疾病等事,应如何办理?

二十四、途中旅客若有死亡等事,应如何办理?

第九项　货栈

按:日本商法有仓库营业一事,专备商货存储之用者,与民法上租赁房屋相似而实大异。我国招商局之栈房,其性质相类,惟专存招商局所运之货,非其运送之货则不寄存,此因运送事业而附设者也。闻其办法略与日本之所谓仓库营业相似,其余专以房屋备人存寄货物者,想亦通商大埠所必有。兹参酌商家货栈情形及外国仓库方法,开列问题如左:

一、兼水路运送之栈房,就其章程摘答下列各问:

(甲)招商局之货栈,凡将运出口之货物存寄,是否给以提货单一纸为凭?其提货单之式样是否三联单?望照抄一份。

(乙)招商局存寄货物之价目若何?抑连在运费中并算?应在何时何处交付?

(丙)招商局货栈是否担保无误?若有遗失、短少、错误等事,是否担其责任?

(丁)存寄于招商局栈房之货物,是否可以随时指看?若与他人有纠葛请其扣留不发等事,招商局是否可以照办?

(戊)存寄于运到地之栈房者,其寄费是否由提货人交付?

(己)若提货人久不来提货,或不知踪迹,如何办理?

（庚）招商局是否专存寄进出口货物？以若干日为限？若提货人愿加寄费，可否多寄若干时日？

（辛）各轮船公司所有寄货栈房章程若何？望各按招商局问题答之（抄录原章最善）。

二、火车公司之栈房

（甲）各处铁路公司有无在车站建站货栈，以备客商运货往来存寄者？

（乙）各处铁路公司所存寄将运他处之货，其所发凭据是否即一运货凭据，抑于运货凭据之外另有存寄货物之凭据？其式样若何？

（丙）各铁路公司存寄货物之价目若何？抑即在运费内并算？应于何时何处交付？

（丁）铁路公司之存货栈是否担保无误？若有遗失、短少、错误等事，是否担其责任？

（戊）寄存于铁路栈房之货物，是否可以随时指看？若与人有纠葛请其扣留不发等事，能否照办？

（己）由他处运来存寄之货物，其存寄费是否由提货人交付？若提货人久不来提货，或不知踪迹，应如何办理？

（庚）各铁路公司之栈房是否专备运货往来人之用？其存寄以若干日为限？若提货人愿加寄费，可否多寄若干时日？

以上各问，务须每一公司按条置答。

三、除以上公司之外，商家有无专备存寄货物之栈房，其名目为何？

四、存货栈房应交付存货人几种凭据？

（注）外国存货于栈房者，可请栈房作两种凭据，交存货人收执。一曰证券，用以为存货之凭据；一曰质入证券，用以为辗转抵押之凭据也。其方法非常精妙活动，兹开其紧要问题于左，各处商业中如有与所问方法相似者，虽名称不同或情形略异者，亦详答其方法，说明其理由。

五、存货之凭据格式如何？其不可不写明者何事？如有此种契券纸据，望各照抄一份。

六、存货凭据之作成后，是否于货栈账簿上有号数及骑缝字样并盖图章？

七、存货凭据能否分作几张？若存货人以其所存之货分作数份，有出卖者，有抵押债务者，欲令存货栈分开物件另作存货凭据，或更换存货人姓名，能否照办？

八、凡存货单如可以抵押，是否必向存货栈中关照，抑可于存货单上写字，抑须另作字据？

九、若存货单可以辗转抵押出卖，则将来处置此货物之时必有凭据，是否由原存货人立时知照货栈，抑存货栈一概不问，而专以货单为凭？

十、存货人出卖此货物时，能否不亲自来取，但以此存货单交付，作为交清货物而由买主来提，抑必须向存货栈关照？

十一、存货凭据若有遗失，能否招保另请补给？

十二、若以存货单抵押，款项至期不能赎，能否提取其货物，或拍卖之？遇此种纠葛时，存货栈应如何办理？

十三、拍卖存货应由何人经手？若有存寄费及代垫等款，能否从拍卖价上扣除？

十四、拍卖存货之时，是否先收回存货单？

十五、拍卖之价不足偿其抵押之款时，能否仍向原人请其补足？

十六、存货人或抵押款项而执有存货单者，是否随时可令货栈检点物件，或请略取一二以为货样？

十七、货栈中若有短少、毁损、灭失，是否应任赔偿之责？

十八、若货栈中因意外之变而致短少、毁损、灭失，能否免其赔偿？

十九、存货栈所有寄存费及代垫之款项及一切关于存货上之开支费用，是否于提货出栈之时必须交清？若货物一部分（非全数）出栈之时，是否就其所提货上之费用先行交清？

二十、凡寄存货物，有无订定若干时日者？若不订明，存货栈于几何时日可催原存货人提出？

二十一、存货栈若自己有不得已之时（或改修房屋，或停业之类），能否催令各存货人将未到期之货提出？此时栈费是否按日照算，抑酌减计算？

二十二、所有关于存货之纸券等件,是否于提货之时全行收回?若有不备,是否即可扣留其货?

二十三、若以货物抵押款项,抵押交赎之期未届而原存货人欲提取货物,能否以其应还之款及利息照算交保而提其货物?

二十四、存货人若有死亡而不知其后人,或杳无信音,或犯罪及其他一切事故不能提取货物之时,存货栈将如何办理?

第十项 寄托物件

一、凡因经商事件而受人物品寄托者,应否视同己物一律照管?

二、客栈、客店受客寄托物件,若有毁损、灭失、短少情事,应否赔偿?若因意外之变,是否可以免其赔偿?

三、客栈、客店受客寄托物件,应否给以收到某物若干件之凭据?

四、饮食店、浴塘应归照料之物品,是否不必言明即应照管?若有遗失,应否任其赔偿之责?

五、客栈、客店、饮食店、浴塘并一切随时任客来往游息之所,凡有银洋钞票公文以及贵重物件,是否应交明柜上收管?若不交明及检点其价值数目,是否不任赔偿之责?

六、凡非寄托而受人物品为之修理或加工作者,其物件保管之责任自应与寄托物品相同,若有短少、遗失、毁损,是否按价赔偿?若为无定价之物品,应如何办理(无定价物如古董及古字画之类)?

第十一项 保险

按:保险一事,问题曲折,名目繁多,恐答者无从调查,用特将保险中应用名目注释如左:

保险者　指担当保险之人而言,或称保险行,或称保险公司皆是。

请保人　物品保险不必一定物主,人寿保险不必系被保本人,故概名为请保人,即与保险者订立合同之人也。

被保人　人寿保险之被保人,有时不必自与保险者订合同,故另称为被保人。

保险额受领人　人寿保险身死则得赔补额,期满则得储蓄额,总有一款应由保险者交付之事,惟其此种利益不必定归本人,故必预定其人,既须预定其人,则必有一专名,故即称之为保险额受领人。

保险额分为二种:一、保险赔补额。在物品保险则遭险后,由保险者所担任赔补之款也;在人寿保险则身死后,由保险者担任赔补之款也。二、保险储蓄额。此专系人寿保险有之,期满而被保人无恙,则由保险者以储蓄额与之。

保险费　即请保险人与保险者之酬劳也。

保险物价　即所保险之原价值也。

所保之险　即所保危险之种类也。如物品保险,系保火灾,则地震倒屋,非其所保之险矣。人寿保险,保疾病身死,则自戕与被杀,非其所保之险矣。

右列为保险上应有名目。

第一目　物品保险

第一类　物品保险总问题

一、现在各公司保险章程若何(各抄全份)?

二、保险者对于保险物品应否估价?是否以时价为准?

三、保险合同契券之格式若何(各公司式样各抄一份)?

四、保险物品是否以可估价之物为限?

五、保险额是否先行议定?若保险额过于保险物价者,是否不保?

六、保险额不满保险物价者,若保险物全遭危险,固无争议;若保险物仅有一部遭险,是否依遭险之几成为比例而定保险额应偿之成数?

七、保险物之全部若内有高下等差,应否分别写明于保险合同?

八、有无重复保险者？所保之险若同一种类，是否必须言明而分订其成数？

九、重复保险分订成数之法，是否仍须合计其两家之保险额，总数仍不得过其保险物价之数？

十、重复保险者是否各负其所保之责任？若物之一部遭险，是否仍依其遭险之成数①，各将自己之保险额定其应偿之成数？

十一、重复保险者是否不论先后，总以各自所保之额负其责任？

十二、保险物价若于已保险后市价贬损，能否重议其保险费？

十三、有无不言定保险额者？若不言明而遭险，应否以其物遭险地之时价为定？

十四、若物之损害不系于所保之险者，是否不负其责？

十五、若危险出于恶意，确有实据者，是否不担其责？

十六、保险之期限惯以若干时为一期？

十七、保险期限未满之时，若其物可无须保险，能否随时停止？其保险费应如何算法？

十八、保险费之数目，是否以保险额之数为比例？大约相比几成？

十九、保险费于何时交付？是否分年、分月？其第一次订立合同契券之时，应否先付若干？

二十、保险物出费之时，是否于出卖成立之日停其保险？若期限未满而保险费业已付清，是否并此保险之利益亦归新物主？

第二类　水〔火〕灾保险

一、火灾保险是否不问其火灾之原因如何，一律赔补？

二、因救火及避难而于保险物有所损害，是否亦在赔补之数？

三、房屋保险而附有动产者，是否遭险之时一概不得移带搬运，抑不开入保险合同者可以移带搬运？

四、凡动产价贵而轻便之物，能否附入房屋保险？

---

① 此后商事部分《北洋法政学报》缺，本稿系根据《甘肃官报》1910年第34、35期《商事习惯调查书》补齐。

五、有无但以其物品保险者？

六、火灾保险之合同契券格式若何？

第三类　运送保险

一、招商局及各轮船公司兼办运送保险，其章程若何？

二、各火车公司有无兼办运送保险者？

三、运送事业本有保护之责任者，若另办运送保险，所保者是否专指意外之变？若应由运送人担责任者，是否不在保险之列，抑系不分一律可保？

四、轮船火车等公司之运送保险，其保险费是否在运送费之外？

五、运送保险之期限，是否以运到为止？

六、运送保险之保险额，是否于订立保险合同时言明，抑以遭险地之时价为保险额？

七、运送保险之保险费，其数目是否视货价而定？其交付之方法，是否运到之后由受运人发给，抑须全行先付，或先付若干？

八、运送保险之契券合同格式若何？

九、若停止运送，或改变其道路，是否可停止保险？

第二目　人寿保险

一、人寿保险之订立契券合同者，是否被保人及被保人以外之人皆可订立之？其契券合同格式，望各照录一份。

二、人寿保险之保险额，是否有预定受领人与不预定受领人之区别？其不预定受领人者，是否以被保人及其后嗣家族人等为断？

三、若预定保险额受领人，而其应受领人先死亡，是否由请保人更行指定？

四、请保人死亡或失去踪迹，应否由被保人更立契券合同？

五、保险储蓄额及保险赔补额，是否于订立合同契券时议定？

六、人寿保险之期限大约若干年，抑视被保人而议定之？

七、保险尚未期满而愿停止保险，请领储蓄额者是否可以按照全期成数计算？

八、被保人有疾病将死亡时，应否告知保险者？

九、保险费是否分期交付？订立保险合同之时，应先付若干？

十、人寿保险是否有不负责任之事由可以不付保险赔补额？

十一、凡不负责任之事由可以不付保险赔补额之时，是否按其已过时期仍付以保险储蓄额？其计算之章程若何？

第十二项　银钱票

按：钞票为代替现款之用，与现款一律相视，所谓认票不认人，乃货币上代替品，不在此银钱票之列。此所云银钱票者，乃某人对于某人所出之票，其数目系随时写定者。外国支付银钱之票，可以转辗流通，皆持记名之上下姓名为凭，其方法甚活，故曲折问题甚多。我国无此习惯，故曲折问题亦少。凡外国所有、我国所无者，概不问及，只就票纸应有问题开列如左，惟各处名目不同，可就所问意义详答之。

一、支付银钱之票纸，除银号、钱铺以外，是否无论何种商店皆可出支付银钱票纸，抑习惯上有数种商业可以出票纸？

二、支取银钱之票纸，其种类有几？兹列举普通者如下：

甲、现付票

乙、期票

丙、三联票

丁、汇划票

右列四者望各画一式。四者之外尚有何种名目，逐一详列之。

三、凡支取银钱之票纸，其出票之店铺与兑付之店铺多于票上写明其支取人姓名，是否可写、可不写？有无一定区别？

四、若写明支取人姓名者，是否必由本人自来支取？

五、若写明支取人姓名，是否必与其人熟识？苟在他处支付，不能认识其确系某人，有何方法证明之？

六、有在本店铺支付之票，有在他店铺支付之票，其名目有无区别？其原因何在？

七、何种票失去可以挂号？何种票失去不可以挂号？其区别何在？其方法若何？

八、期票之向他店支付者，是否从支付之日由支付之店铺向出票人算取利息？或在其存款上扣除？

九、期票最长之期，大约离出票日若干时候？

十、未到期之票可否由支取人认付利息，早日支付？其利息是否按照行市？

十一、凡由他店铺支取之票，应否将票根立时送去？

十二、三联票是否不论现付与约期，可随便填写？

十三、用三联票写支付票者，是否必凭票根送到对照，方可照付？

十四、凡用三联票者，是否认明写票人笔迹并其图章？

十五、若三联票之支票数目与票根不符，应否由支付之店询明改正？

十六、异地汇划之票有几种方法并其式样？

十七、异地汇划之票是否认票不认人？若有遗失，有何防弊之法？

十八、异地汇划有无约期与现付之别？

十九、异地汇划有无记名与不记名之别？

二十、市面上有不盖图章、不编字号之字条，其通用在何种事由？何种商人可出此种字条？是否认定笔迹？

二十一、除以上所问外，所有支取兑付银钱之票纸尚有几种？并何方法？及其用意所在，均望一一详答。

第十三项　海上商事

一、除招商局以外，民间有无以轮船经营航海事业者？

二、有无租赁商轮航海者？其租赁之方法若何？

三、凡航海遇险护救，其救险上所生之费用由何人担任？能否由船主及旅客与托运货物之人公同担任？

四、商船碰撞，其赔偿之章程若何？

五、航海商船之保险章程若何？

六、航海商船之凭据式如何？望录写一份。

（注）外国名曰船舶证书，其船舶有国籍，必此船属于何国国籍，可挂何国之旗。其关于战时，则交战国之商船与局外中立国之商船，其国际公法上大有区别，关系甚为紧要，我国商船想亦必有之也。

七、航海商船所必备之帐册簿据各式若何（就最有关系者举答）？

八、航海商船之任用船长水手，其办法若何？各分别言之。

九、航海商船船主之权限若何？

诉讼事习惯调查书

吴兴让编

第一款　诉讼总则

第一项　诉讼当事人

第一目　原告

一、凡民事案件原告有无年龄限制？

二、原告如系疯病者，能否准理？

三、凡原告投呈以后而起心疾或成残废者，如何办理？

四、原告系应审衙门人役，有无回避之处？

五、原告系外国人，诉讼方法是否与民人一律？

第二目　被告

一、民事诉讼之被告系老幼、妇女、残废，能否由他人代为到案？

二、被告系绅衿,有无遣人代到案之习惯?

三、凡钱债及商事案件,被告能否遣经手人代为到案?

四、被告系应审衙门人役,有无特别办法?

五、被告系外国人,有无特别办法?

第三目　抱告

一、凡民事诉讼,何项人得用抱告?

二、凡充当抱告,是否必系亲属或家丁?有无随地雇用者?并有无年龄限制?

三、用抱告之呈纸式。

四、所遣抱告以何为凭据?是否但凭其自称?

五、凡抱告一切行为及供述,是否即视为原告所自为?

六、何种事仍须经原告自己之许可?如经断须赔偿或费财失权之事,抱告能否承认?须具结者,抱告能否代具?

第四目　案中关系人及见证

一、凡为见证者,有无年龄限制?

二、钱债上之中保及婚姻事之媒人,案中牵涉而并非被告者,是否皆为见证?其命盗案之邻佑,是否皆为见证?

三、凡民事、刑事之见证,除与该案事件有关系之人外,其余于事无关系而目睹之人,原被告能否禀请传作见证?

四、凡见证有疾病或不得已之事不能到堂时,是否改期?

五、见证系厅审衙门人役,应否回避?

六、见证供证后,是否听其回家,不得拘留?

七、见证人如有捏造、诬蔑、虚伪者,可否酌加惩处?

八、见证随同原被告到案,原被告应否津贴其费用?

九、传讯见证时是否由原被告先期关照?

第二项　诉讼办事人

第一目　代书

一、代书专司写状、盖戳,能否原告自写,但令盖戳?

二、原告不识字者,代书写状后是否解说于原告,或听读一过?

三、代书写状后,原告以为情节未合,是否有删改之责?如有误写杜造,担何责任?

第二目　地保

一、民事诉讼与地保有关系者,是否仅有土地疆界勘丈等事?其余尚有何种事件与地保有关系?

二、刑事案件是否地保皆有责任?试分案件种类,逐举其职务。

三、地保有正副及伙计名目,讼案上何种事必由正身办理?何种事可委托副役伙计?

四、传集原被告,地保是否有协同之责?

第三目　各项书吏

一、衙署书吏于民刑诉讼上有专司者分为几房?某房掌某种讼案,依类详答之。

二、试就各房分别民刑诉讼,民事自投呈起以至结案止,刑事自报案起以至定案止,其事务之名目,分按各房详答之。

三、诉讼事有始应某房办理,继而牵及某房者(如户婚田土,例由户房,或因此致成斗殴人命之案,又归刑房之类),应由何房办理?

四、凡诉讼案件,原被告应查取案卷、抄录批词,有无一定办法?

第四目　各项差役

一、衙署差役于民刑诉讼上有专司者分为几班?某班掌某种讼案,依类详答之。

二、试就各班分为民刑诉讼,民事自差派起至结案止,刑事自报案起至定案止,其事务之名目,分按各班详答之。

三、各项差役之差头、伙计、散役名目有几?

四、何种案件应派何班,向例界限若何?试举其大略。

五、仵作是否在衙署差役之列？人数有无定额？

第二款　民事诉讼
第一项　原告投呈

一、诉讼呈状共有几种？具禀与用呈有何区别？其格式若何（各照录一份）？

二、绅董遇何种事件可用片送？何等事件仍须按原告式具呈？

三、民事诉讼有无传呈名目？由何房办理？与平常投呈办法有无相异之处？

四、是否人民具禀即为违式，概不准理，抑但加申饬，仍可准理？收呈之人有无查看合式与否之权，抑不准不收？

五、放告期之收呈如何办法？平日之收呈如何办法？二者有无区别？

六、告期收呈有无一定地方时候？收呈之人是否在署轮值？

七、在一事上两造同日起诉，应以何人为原告？

八、投呈时若有呈验契据或文书之类，是否抄黏，抑将原件黏贴于状纸上？其有多不胜钞〔抄〕者，是否随呈并投？收呈之人点交后，有无收条为凭？

九、有不能移动之物可作证据者，能否请官往验？

十、各处有拦舆叫喊之习惯，是否喊控之后补具状纸？有具状喊控而不准者，是否将原呈当时发还？

第二项　被告递诉状

一、诉状有无定式？与告状状式有无异同？应否仍由代书缮写（照录一纸）？

二、被告欲投诉者，是否悉照告状办法交付承发房？如已被传，是否由原差呈递，抑到堂时亲自呈递？

三、呈诉状或有呈验契据文书，是否悉照告状办法？

第三项　挂批

一、自投呈后,约至几日必须挂批?

二、承发房于挂批之时,有无通知原告之件?

三、批示例应悬挂几日?

四、批驳之案,原呈是否挂批后存案?

第四项　传案

一、传案有无饬传出签、出票之区别?是否视原告身分及酌量案情而定?试略举其区别之界限。

二、票与签共分几种?格式若何?并略举其应用之事项。

三、传何种案应派何差,有无分别?

四、原被告有事故或疾病时,能否申请展缓堂期?其申请之法是否由原差回禀,抑须原被告具禀?

五、中证人数过多,传提时是否择要传集?

六、民事、商事案件传提,被告不到,能否传提其家属,抑分别案情,必须至若干次不到方可传提其家属?

七、差役传案,是否必须协同地保?

第五项　到案及待质

一、原被告到案是否由原差带候审讯?

二、凡到案而当日不及审讯者,是否听其归家再候传讯?何种案至何种情节须押人候审?其应押或应听归之处,是否由官区别情形,临时酌定之?

三、押候之处,是否人民则押于待质公所?有职人员则押于教官、佐贰署中?

四、原告及案中关系人是否多不押候?有无斟酌情形亦须押候者?试略举其轻重之别。

五、发待质公所与交差是否以案情区别之?所谓交原差者,是否即在署中班房住宿?其伙食住居是否由原差预备,由被押人付还费用?

六、待质公所之伙食费用有无定例?

七、案悬未结而被押者,能否禀请具保在外候审,或出外料理和息之事?

八、案已断结而押追款项者,能否禀请具保出外料理?

第六项　审讯

一、审案若干起?有无牌示预排先后时刻?

二、两造及关系人、见证人有无分开审问之法?

三、凡例准遣抱告者,如问官以为必须亲到堂者,是否本人与抱告一同到堂?

四、录取口供之格式若何(照录一份)?

五、所录口供,原被告能否索观?如有遗漏不符,能否删改?

六、审毕一堂,是否不论已结、未结,其口供概须誊清送官阅定?本官应否签字或盖图章?

第七项　和息及调处

一、民事案件已经告状两造情愿和息者,是否各将和息办法具禀存案,作为销案?

二、两造自请和息之禀,是否不得批驳?

三、和息之案,署中书差是否不准干与〔预〕?应给书差费用是否照给?

四、和息之呈式若何(照录一份)?

五、由问官批饬亲族或公正人调处之案,是否凭调处人禀覆结案?其两造有无字据存案？

六、批饬调处而两造不遵者，调处人是否据情申覆，仍不销案？

第八项　交保

一、各种保结式若何（各照录一份）？

二、凡钱财涉讼，勒限交保，如不能依限清理者，保人能否申请展限？

三、房产田地及钱财涉讼，问官勒限交保清理者如有逃逸，保人担何责任？

四、原被所招保人，问官以为不妥，能否令其重招保人？若实无妥保可招，如何办理？

五、原被告有房屋、田地或店铺之类不能依限清理者，保人能否申请查封及拍卖？

六、店铺保是否须由经理人到场，抑但凭该店铺戳记？

第九项　结案

一、民事案件之结案，是否必须当堂判断？是否在原呈纸上用朱笔加判，抑有用另纸者，抑有可以不加判断者？试分别情节，答其大略。

二、堂判应给两造阅看？

三、结案后，凡契券文书或物件应发还者，是否当堂发还？

四、原告屡传不到，是否销案？向例传至几次为限？

五、被告屡传不到，又无家属可传，是否不结案？

六、原告或被告有数人时，如一人抗不遵断，可否照多数人供词判定？

第十项　上控

一、上控之阶级凡几？有无可越、不可越之别？

二、凡上控有无期限？

三、上控是否必待断结之后？若久悬不结者，可否上控？

四、凡上控时有原告仍为原告，亦有原告转为被告者，是否仍照初次告状时为准？

五、凡上控之案亦有自请注销者，是否但凭其禀请，即可注销？

六、凡上控判决平反或更改，应否由上控官厅知会原审衙门更改前次判案？

第三款　刑事诉讼

第一项　报案

第一目　报命案

一、命案是否例由地保报案？尸亲能否径自报案，抑应先告村正副或地保？有无由邻佑报案者？

二、报命案是否由地保具状，抑由尸亲具状？应否由代书写状？其状式若何？

三、凶手脱逃，孥获凶器，报案时应否一并呈案？

四、命案孥获凶手，若离城较远者，是否由村正副或地保收管？

五、命案或无尸亲相认，地保是否一面报案，一面招认？

六、报命案是否不论何时，随时可报？

七、命案已成，急切到署叫喊者，是否准其随后补状？

八、报命案由何房经理？

第二目　报盗案

一、盗案是否例由地保报案？事主能否径自报案，抑应先告村正副或地保？有无由邻佑报案者？

二、报盗案是否由地保具状，抑由事主具状？应否由代书写状？其状式及失单如何？

三、事主被盗后开列失单，急切不能查考者，是否可以随后补报？

四、离城较远之处，事主孥获盗犯，先由何人看管？

五、离城较远之处被盗时，能否就近在有缉捕责任之营汛及佐贰署中叫喊及报案？

六、凡报盗案或叫喊者，是否不拘时刻？

七、伙众抢劫之案或有留遗凶器及车辆船只之类，报案时是否由村正副或地保暂时看管？

八、报盗案由何房经理？

第三目　报斗殴案

一、斗殴各案，两造中例准告状，是否不必由地保报案？

二、斗殴告状应否由代书写状？其状式若何？

三、斗殴之案，喊控及抬验者是否准其随后补状？

四、控告斗殴案者如有凶器，应否一并呈案？

五、当斗殴未解之时，邻佑能否喊控？

六、离城较远之处斗殴未解，能否就近向分辖地面之佐贰署中喊控？

七、控告斗殴是否不拘时刻？

八、斗殴案由何房经理？

第四目　报窃案

一、窃案是否不拘地保及事主均可报案？若事主系老幼妇女及疾病之人，能否由邻佑代报？

二、报窃案时，事主用禀或用状，有无分别？用状者应否由代书写状？其式若何？

三、窃案失单是否即黏状后，抑可随后补报？

四、在城窃案是否向州县署中报案，抑应向缉捕专责之佐贰署中报案？其在乡窃案，如就近有缉捕专责之营汛、佐贰衙门，能否径向就近衙门报案？有无定例？抑不拘州县与佐贰署，均可报案。

五、窃案是否不论何时均可报案？

第五目　报奸案

一、奸案何人可以报案？有无定例限制？

二、报奸案是否与寻常告状同一办法？应否由代书写状？

三、报奸案例有限制,试历举之。

四、和奸及卖奸之案,应由何人报案？

五、报奸案是否不拘告期？

第六目　报杂案

一、各种杂案是否由受害人径向官署告状,抑有由村正副或地保报案者？

二、各种杂案由事外人举发者,是否作为原告,应否列名具呈？应否随同到案？

三、各种杂案由公同举发者,其公同举发之人,应否有人到案？

四、各种杂案应否由代书写状？其状纸式若何？

五、各种杂案报案时是否须有证据,依案逐项开列之(如赌案或拿获赌具之类)？

第七目　捕送

一、凡刑事案件例准捕送者共有几种？试历举其案之种类名目。

二、例准捕送者应由何人始得捕送？是否一面具状？应否由代书写状？其状式若何？

三、捕送到署时应由何班接收？

四、凡捕送之案,是否不能不收？

第二项　勘验

第一目　验伤

一、凡有伤人之案,除抬验外,是否皆须临验,抑必待告状人禀请临验？若斗殴等案,当时未觉重伤,事后方觉者,能否再禀请验伤？

二、验伤时是否用医官,抑用忤作？专司验伤之人有无报告书？其名为何？格式若何？

三、凡因伤未死,例有保辜办法,何种伤得以保辜？何种伤不能保辜？有无分别？

四、保辜是否须于问官验定后,由被告申请保辜？有无凭据？

五、保辜有无期限？限满而伤仍未愈者,如何办法？

六、受伤人或其家属自请免验,能否许之?若当时可以免验,设遇致命,如何办理?

第二目　踏勘

一、踏勘是否须由州县官亲往?有无委佐贰官代勘之事?其在缉捕责任佐贰署报案者,是否即由该佐贰官踏看〔勘〕?

二、窃案、盗案之踏勘,州县官与有缉捕专责之佐贰官,及分防之营汛与分辖地面之佐贰官,其责任界限如何分别?

三、踏勘时本官应带何班差役?

四、踏勘时村正副或地保是否随同察看?

五、踏勘应否笔记?其勘得情形其名为何?其式若何?

第三目　验尸

一、凡验尸场一切布置,由何人预备?

二、仵作检验伤痕,所有刀口分寸是否用工部营造尺为准?

三、仵作检验时,问官应否亲加检视?尸格上应否签字?

四、验尸后填入尸格,是否由仵作口述,由书办照写?仵作是否担所验不误之责任?

五、尸格填写格式若何?

六、已填尸格应否与事主阅看?若事主有异言,应否再验?

七、检验妇女,有无女仵作?是否即用稳婆?填写尸格等事,是否与仵作同一办法?

八、致死已确凿者,尸亲呈请免验,能否许之?

第三项　提案

第一目　拘案及传案

一、刑事轻犯是否仍用传票?重犯应用拘票?试略举案情,分述其界限。

二、拘提刑事犯人,有无分别案情,例准用何种防闲之具?

三、提案应派何班,有无定例?

四、拘提刑事犯之票式、签式是否因案而异,抑系一律?其式若何(照录一份)?

五、拘提之时,应否由地保指示其人?应否以票或签出示于被提之人?

六、拘提刑事犯能否央求料理家事及经手事宜?

七、刑事犯在同府邻县者,或在同省他县者,是否协提?有无分别办法?其公文票式如何?

八、会票拘提之办法并票式若何(照录一份)?

九、刑事犯经营汛及巡警协提时,是否仍以该管衙门拘票或签为凭?

十、窃盗犯经营汛或巡警急于协拿时,是否不必定有拘票?

十一、刑事犯或在他县境内,是否先行备文,请由所在衙门派差协提?提到之后,是否径解提案衙门,抑应由协提衙门审问原委,实系来文所拘之人,方可交来差解回?

十二、协提之案亦有不必原差经营汛或邻封州县差役拿获者,应否偿其经费或赏格?

第二目　关提

一、刑事重要人犯逃往他省,是否由该管官详请总督咨行所在省之督抚,由所在省督抚札饬该地方官就近拘拿?若由州县官派差前往,应否由差持咨往督抚衙门转饬地方官办理之?

二、关提时,应否先由所在地方官衙门审问一次,然后起解?

三、他省缉拿人犯,应否偿其经费或赏格?

第三目　搜查

一、刑事重犯除提拿人犯外,若须搜查其物件,应否于拘票上标明,抑另有搜查凭据?

二、是否当时搜查,连人犯同解?

三、搜查时盗犯或已脱逃,能否向其家属搜查?

四、应搜查物件者,是否由地保眼同搜查?其搜查是否以该犯所住房屋为限?

第四目　自首

一、刑事犯罪人遵例自首,应否投状?其状应否由代书缮写?

二、刑事案例准自首者共有几种?试历举之。

三、凡自首到案者,应否提被害人或见证人讯问?

第四项 羁押候审

第一目 未定案之男犯

一、刑事犯提到后不及审讯,及审讯未结应羁押候审者,是否就案情分别其羁押处所?试就各案,略举现行习惯分答之。

二、羁押处所共有几类?其管理方法、名册记数、住宿饮食,想各因案情而异,试详答之。

三、问官每日有无稽查羁所方法?

四、管理防闲,何种案可用何种方法,有无定例?

五、饮食住宿,何种案入监与已定罪犯一律?

第二目 未定案之女犯

一、尚未定案之刑事女犯,应羁押候审者,是否就案情分别其羁押之处所?试就各案,略举现行习惯详答之。

二、未定案之刑事女犯,其羁押处所共有几类?其管理方法、名册记数、住宿饮食,想各因案情而异,试详答之。

三、问官每日有无稽查羁所方法?

四、管理防闲,何种案可用何种方法?

五、饮食住宿,何种案入监与已定罪犯一律?

第三目 差带

一、刑事轻犯尚未定案,是否即交原差?是否名为差带?大约系何种案情可用差带之法?

二、差带各犯能否通融在家候审?该差担何责任?

三、所谓差带者,犯人安置究在何处?抑在署中,抑在该差家中?贩饭食之类是否犯人自给?

四、女犯有无差带之法？

第四目　交保

一、刑事轻犯有无交保候审者？大约系何种案情可用交保之法？

二、交保时是否同于民事诉讼一律办理？

第五项　审讯

第一目　招供

一、录供之方法、式样若何？

二、应由犯人亲自画供者何种案件？不必亲自画供者何种案件？

三、是否定案之供方须犯人亲画？其历审口供是否不必画供？

四、画供何者用指模？能书写者是否仍用笔写？

五、口供是否先由犯人阅过方令画供？如不识字之犯人，其口供是否读过无讹，然后画供？

六、犯罪人或喑哑不能说话，审讯之时如何办理？

第二目　申诉

一、刑事犯罪人能否递申诉之状？其状有无定式？是否必由代书写状？

二、刑事案之诉状如何投递？

三、犯罪人在禁所或在监能否递申诉之状？其状有无定式？

第三目　刑具

一、刑事犯人为新章所许用之刑具若干种？

二、刑事犯何种案得用何种刑具？

第四目　案外牵涉人之审讯

一、刑事案件审讯，见证、邻佑是否随传随到，不得拘留？

二、窃案中如收买赃物之人，审讯时是否与犯罪人无异？

第五目　结案

一、由州县官结案之罪名,试详举之。

二、结案是否当堂判结?

三、结案之时,何种案应具结?

第六目　重罪之判案

一、何种案但由州县官判拟?试详列之。

二、判拟既定,有无审讯当堂发落之事?

第四款　诉讼费

第一项　民事

第一目　状纸费

一、原告所用状纸费,每纸定价若干?试将现行定章及历届加增之案详答之。

二、状纸费由何处经管?作何开销?

三、被告所用诉状之费,是否与原告一律?

第二目　代书费

一、代书写状费有无定额?是否以一纸计算,抑以字数计算,抑随时论定其数若干?是否代书独得,抑应交某处若干?

二、被告递辨诉状时,是否亦经代书?其费若何计算?

第三目　投状费

一、投状费是否以每纸若干论,抑须随时论定?

二、投状费是否当时交纳?

三、传呈费用有无定例?如何交纳?

四、拦舆叫喊之准理者,投状费应何时交纳?

五、被告递诉状有无费用?

第四目　差费

一、传案时之差费是否有饭食茶水费名目？路远者应否酌加路费？

二、传案时之差费是否按照人数？其数目有无定例？

三、传案时之差费是否原被告一律？

四、是否每传一次照给一次？

五、证人于差传到案时有无差费？

六、保人于保出时有无差费？

七、被告若交保后有无差费？

八、被告或待质或差带时，除火食费外，有无别项规费？

九、两造和息时，各项差役有无规费？

十、结案时，差役有无规费？

第五目　堂费

一、民事案件之堂费共有若干种？每种惯例若干？

二、堂费是否每审一堂须缴一次？

三、堂费应交何人？应于何时交付？

四、堂费是否两造各须交纳？

第六目　房费

一、民事案件于各该房费用有无各种名目？数目有无定例？

二、房费应于何时交付？两造是否均须交纳？

三、原被告须查阅案卷或代抄卷宗批词，有无一定费用？

四、结案时各房有无规费？

五、和息之案，各房有何规费？

第七目　上控费

一、在院司道府上控有无状纸费？各须若干？

二、在院司道府上控有无代书？若有之，其费若干？

三、在院司道府上控,投呈费若干？分别各署答之。

四、在院司道府上控时,差费约有几种？数目有无定例？分各署答之。

五、在院司道府上控时,房费约有几种？数目有无定例？分各署答之。

第二项 刑事

第一目 状纸费

一、刑事诉讼所用状纸费每纸若干？试将现行定章及历届增加之案详答之。

二、状纸费由何处经管？作何开销？

第二目 代书费

一、刑事诉讼写状费有无定额？是否以一纸计算,抑以字数计算,抑随时论定其数若干？是否代书独得,抑应交某处若干？

第三目 投状费

一、刑事案件若系地保报案者有无费用？

二、刑事案件之投状费有无定例？是否当时交纳？

三、拦舆叫喊之准理者,投状费应何时交纳？

第四目 验伤及验尸费

一、验伤时,两造对于差役、仵作有无规费？

二、验尸时,两造对于差役、仵作有无规费？

三、验尸时,一切费用有无摊派,或由公款开支之法,抑有由尸亲所出者？

第五目 踏勘费

一、踏勘窃案,事主对于书吏、差役、地保人等有无规费？

二、踏勘盗案,事主对于书吏、差役、地保人等有无规费？

三、本官下乡踏勘,其供应费用是否由事主所出？

第六目　差费

一、刑事犯被拘提时,差役有无规费?

二、协提刑事犯对于协提之营兵差役有无规费?

三、刑事犯交差带及押候时,有何规费?

第七目　房费

一、刑事案件于该房费用有无各种名目?数目有无定例?

二、房费应于何时交付?是否由原告或事主所出,抑分别案情?

三、原告须查阅案卷或抄录批词,有无一定费用?

四、结案时,各房有无规费?

第八目　堂费

一、刑事案件之堂费共分若干种?每种惯例若干?

二、堂费是否每审一堂须交一次?

三、堂费应交何人?于何时交付?

四、刑事案件之堂费是否由原告或事主所出,抑分别案情?

第九目　上控费

一、在院司道府上控有无状纸费?各须若干?

二、在院司道府上控有无代书?若有之,其费若干?

三、在院司道府上控,投呈费若干?分别各署答之。

四、在院司道府上控时差费约有几种?数目有无定例?分各署答之。

五、在院司道府上控房费约有几种?数目有无定例?分各署答之。

(《北洋法政学报》1909年第113、114、116—118、120—133、137—140期。《甘肃官报》1910年第34、35期。)

直隶调查局法制科调查书稿本

第一二部　民情风俗、地方绅事习惯报告调查书稿本

民情风俗报告书

第一款　住民

第一项　住民总问题

一、本籍、客籍区别之习惯？

答：有墓庐田舍为本籍，无则为客籍。前考试时区别最严，此外无区别。

二、普通民籍之外有无特别籍贯？

答：民籍之外有京旗、屯旗。本邑有京旗为之驻防。

三、地土向用何种名称？

答：分若干镇，又分为若干村，现在分区。

四、执公务之住民向有几种？

答：从前有乡长，有青苗会头，有地保，近年乡长改为村正副，又添巡警。

五、前问执公务之住民向用何种方法充当？有无任期？或由官衙谕充，或由住民公禀？

答：除青苗会头由本村公推外，其余执公务者公举官派。无任期。惟地保系官役，与其他略有差等。

六、执公务之住民习惯上可管理何种事体？

答：如创立学堂、挑送巡警、交纳差徭、禀送匪徒，则村正副管理；春秋祈年、报赛、团练、水会、造桥、修路、公地栽柳、荒年报灾请赈、暮夜司更，村正副、青苗会头同管其事；村中出有重要案件，以及协同官役办事，则村正副、巡警、地保因事公管；青苗会规则，青苗会头管理。

七、执公务之住民习惯上有无薪水公费？普通住民有无供给规费名目，及其均派之方法若何？

答：村正副即昔年之乡长，向无薪水公费，富者自费，无力自费者，普通住民按户均摊。均摊方法，按住户自种之地亩计算，村中有公项者，则由公项提支。其他薪水皆如此。各镇则商号津贴。

第二项　旗籍

一、有无驻防旗籍人民？大约有若干人？

答：武清县无驻防旗人。

二、驻防旗籍人民现住于该州县境内何处为多？是否聚居，抑系城乡散居？

答：有屯旗，有京旗，现住本县蔡村镇为多。皆散居乡村。

三、驻防旗籍子弟是否入本县小学堂读书？

答：子弟有入本境小学堂读书者。凡地方上公共担任费用，一律担任，富者且加数担任。

{四、凡地方上公共担任费用，驻防旗籍是否一律担任？}

答：凡地方上公共担任费用，一律担任，富者且加数担任。

第三项　太监

一、有无充当太监之习惯？是否一姓中有世传习惯视为职业者？

答：无。

第二款　生活

第一项　生活程度

一、城市贫民生活程度之最低率,约须若干银或钱?

答:孤身一人,终岁进款,大率制钱二十千文上下。就现在市面,俭者仅足供衣食之费,奢者则不堪设想。若有室家之累,无论奢俭,皆难生活,仍须别谋依赖之资。

二、乡间贫民生活程度之最低率,约须若干银或钱?

答:孤身佣工之人,终岁佣资,或十余千,或十五六千,仅足自食,若有室家,仍须尽力畎亩以为事蓄,其生活程度更难。

第二项　衣

一、普通衣服之用布者,土布与洋布孰多?

答:土布多于洋布。

二、贫民普通御寒服饰多用何种物品制造?大宗由何处运来,抑系土产?

答:贫民普通御寒服饰多用土产棉花。

三、行旱路御寒服饰惯用何物品?

答:用土布棉花,间有用老羊皮衣者。富民则用洋布棉衣及羔裘,间有用狐貉者。

四、缠足之风能否改变?

答:缠足之风一时不能改变。

第三项　食

一、普通居民常食何种粮食,抑每日早晚有别?

答:以黄玉米、红秫米、小米为常食之物,中资人家与极贫者皆然。长年由春至秋,早饭食秫米,午饭食玉米,晚饭或食秫米,或食小米。由秋耕毕至来年春种前,每日三餐皆食玉米,早晚或食小米。收割二麦之时,午饭兼食麦面。

二、吸水用河水,抑用井水?

答:吸井水。

三、粮食是否全恃本地所产,或恃何处来源?

答:顺直向恃商贩河南、关东粮食以资接济。自东省叠遭兵燹,来源甚涨,又加以有名无实之虚数铜元到处充斥,遂致物价腾贵,日甚一日。即以粮食论,近年虽是歉收,较之光绪十六、十九、二十年之大水成灾,犹然优胜,而粮价之贵,较昔其数加倍,不但贫民生计艰难,即富者亦形支绌。

四、通常饮酒多用何种?是否土产,抑由何处运来?

答:土产。多饮白酒。

第四项　居住

一、沿河工地方之居室有无防护之法?

答:沿河居室皆坐落高阜之处,昔年大水成灾时,村无漂没庐舍者。间有一二村沿险工居住,遇盛涨,惟迁徙之一法。

二、冰坚之时,是否有筑室于冰上及作为人马道路者?

答:无筑室者。坚冰时作为人马道路则有之。

三、有无穴居、舟居习惯?在各该州县何处?

答:无。

四、普通住居,习惯用何种材料?是否土产,抑多由何处运来?

答:松、杉、榆三种。榆系土产,松、杉多由湖广及关东运来。

五、乡村居住是否连结多户?有无公共防护之制?

答:皆连多户。遇有火警、盗警,则一户鸣锣,邻村住{户}应声而至,冬夜则雇人支更守夜,村村如此。筑土为围者,间或有之。

六、城中租赁寻常房屋,最廉之价,每间约须若干银钱?

答:自有房屋者居多,间有租赁者。最廉每间一年东钱十余吊,商号及工艺租房每间一年东钱二十余吊。

七、乡间租赁寻常房屋,最廉之价,每间约须若干银钱?

答:皆自有房屋,间有租赁者。每间一年东钱八九吊,修补费每间仍须东钱二三吊。

第三款　职业

第一项　士

一、科举既废,中年寒士多以何为职业?

答:或以充当小学堂教习为职业,或以私塾训蒙为职业。

二、中小学堂毕业不能再入学堂之寒士,多以何为职业?

答:现在尚未毕业。果有不能再入学堂者,只好仍以教习为职业。

第二项　农

一、一夫之农,壮年者约可{耕}若干亩?

答:武清居浑河两淀淤泥之地,人力可种,非若他处无淤泥地非牛马不能耕种。至能种若干,不易约计亩数。

二、农家种植以何者为大宗?约计出产每亩可得若干?如有多种,即分别开报。

答:高源之地,以玉米、秋、豆、谷、棉为大宗,黍、稷、油麻次之,山芋、花生、瓜又次之;下隰之地以二麦为大宗,秋、稗次之,黍、稷、麻又次之。至出产所得,则地质之肥硗、粪质之厚薄、人工之勤惰、年景之丰欠、粮价之高低,悉无一定,彼此悬殊。每亩所得若干,就最优而论,除去牛力、子种、粪料、耕耘、收获纳租、封粮各费,粗粮大约可得东钱十吊上下，细粮及瓜、麻、花生、山芋等类大约可得东钱十四五吊。若浑河淤泥地田质肥美，牛力人工亦省，所得较平原约加一二倍，但水涝时居多耳。

三、乡间耕自有田地者，至富约有若干亩？

答：有至十余顷者，有至二三十顷者。

四、雇人耕种，每年或每月约须若干工资？

答：耕种率以八个月计算，由耕种至收获，就现时工资昂贵平均核算，每亩地约东钱五六吊。

五、妇女有能助耕种者否？女工向有几种？

答：皆能助耕助获。女工除助耕、缝纫、纺绩外，有能织土布者。

六、农家除耕种外，畜牧、渔猎各业何处以何种为多？

答：畜牧仅有牛、马、驴、豕，为造粪也。淀边及沿河之农家有业渔者。无打猎者。

七、除前问外，有无纺织布带、编草帽、造砖瓦及一切农家所兼营之业？

答：用洋线织布，无纺线者。编草帽之业，浑河及沿淀地方麦田较多，妇女皆以麦茎编草帽料。造砖瓦则所在皆有。此外有编柳器者、绩麻绳者、荆条器者、擘秫秸编造器具者。

八、一亩之田，上等收熟、中等收熟、下等收熟，约可收若干？

答：就丰收论，如秋麦，卫斛九七五斗，上等可收一石五六斗，中等约收八九斗至一石不等，下等约收二三斗至五六斗不等。春麦上等约收一石，中等约收七八斗，下等约收二三斗至五六斗不等。米、大麦收熟之数与秋麦相似。大麦上等约收三石，中等约收一石五六斗，下等约收八九斗至一石。春种之玉米，上等收熟约二石，中等约收一石四五斗，下等约收七八斗至一石。晚田收成较春种之田折半。谷子上等约收三石，中等约收一石七八斗，下等约收六七斗至一石。黍、稷，上等约收二石，中等约收一石五斗，下等约收六七斗至一石。红粮等于玉米。春种之黑豆，上等约收一石五六斗，中等约收一石，下等约收七八斗。晚田较春种者折半。绿豆，上等约收一石二三斗，中等约收八九斗，下等约收四五斗。油麻，上等约收八九斗，中等约收六七斗，下等约收三四斗。棉花，上等约收一百斤，中等约收五六十斤，下等约收三四十斤。西瓜皆以个数计算，无论上中下等，个数相同,惟个之大小不同。每田一亩,上等每个约三十斤,中等每个约十五六斤,下等每个约八九斤。苘麻每亩,上等约收一百斤,中等约收六十斤,下等约收四五十斤。山芋每亩,上等约收一千三四百斤,中等约收八九百斤,下等约收六七百斤。落花生每亩,上等约收一百四十斤,中等约收八九十斤,下等约收六七十斤。以上皆就雨水调和而论,近年来水旱不时,收熟竟无上等、中等。

九、肥料粪壅多以何种物品?每亩约须若干?约值价若干?

答:肥料以畜豕及牛马粪{为多}。每亩用粪无定数,多则每亩用四马力半车,少则两马力半车。

十、各种农产,耕种在何时候?收获在何时候?最忙在何时候?

答:种秋麦由白露节,至来年夏至节收获。芒米、两种大麦,雨水、惊蛰节耕种,收获与秋麦同时。谷、稗与大麦同时耕种,至白露节收获。苘麻亦与大麦同时耕种,至立秋前收获。黍、稷在春分、清明节耕种,至处暑节收获。瓜在谷雨节耕种,至大暑节收获。玉米、红白秫、黑豆在清明节耕种,至白露节收获。绿豆由清明至夏至耕种,至白露、秋分节收获。棉花、落花生、油麻在谷雨节耕种,至白露节收获。山芋在立夏节插秧,至白露、秋分节收获。以上耕种时候皆就雨水调和论,若水旱不时,种秋麦可于霜降节,种芒、大麦可于春分时。其余早田可于立夏、小满节种之,晚田可于将入伏时种之,然究不如及时耕种之收数多也。

十一、租田有无"田底""田面"名目?租而转租有无名目?

答:无此名目。转租谓之户例〔倒〕户。

十二、各种农产品收熟之时,是否积存于农家,抑即时出卖?

答:皆积存于家,有余始待价出卖。

十三、农产品收成之时,向系送往何处出售,抑届时向有商人来乡收买?

答:或运往四镇或北京出售,亦有商人来买者。

十四、该县有无旗地及王公府租地?是否聚在一处,抑系零星四散?

答:旗地名类不一,有旗人价买带佃交租之旗地;有自种之旗地;有前明祖{先}自种之地,于国初投充内务府,名为自种官圈地;有王公圈占地。有彼此毗连者,有零星四散者。

十五、旗地之出产品是否由耕户收获而缴租于庄头,抑系庄头收获而给耕户工食?

答:前所答之价买带佃交租之旗地,惟届时缴租于业主,凡旗人皆有之,不必庄头也。投充内务府之自种地与民地情形同,有自种者,有随便招户现租者,有随便招户分收者,有随便招户押租,届时交岁租,缴还押租,则地由业主自便者。庄头自种之地,耕耘收获随意雇人,非责成于耕户而给工食也。至招户分收、现租押租各项,耕耘收获皆耕户任之,届时应分收者,在陇畔平分,或送至场内平分,应交租{者}则此项投充地,惟庄头有之。

十六、各旗地之耕户是否世传其业?

答:价买带佃之旗地不欠租,则耕户世业,然业主亦可变卖,惟须与耕户余利耳。若投充之官圈地,惟庄头世传其业,耕户如租赁他人房屋然,不能世传其业也。

十七、除收租外,庄头有无与耕户交涉之事?

答:业主、地户除分收或收租外,彼此无交涉事。

十八、农家有无互相遵守之公约,及青苗会办理方法?

答:有青苗会办理方法。秋成之先,由青苗会头设酒食,约集同执公务者,如村正副之类,公议青{苗}规则,及犯会规之罚约,告白村人及巡青人役,至收获事毕,散会开青。此外,遇有兵燹之警,操办民团,亦立公约,其办法或筹款雇人守望,或挨户轮流值日守望,警息则止。

十九、农家有无公共修理建筑之工程?其办法若何?

答:公共工程所在皆有,如道路、沟洫、水井,则住户公估工程,集资修之,安置碾磨亦然。若桥梁义渡,则联络多村集资修之。堤防,管河之官修理,农家不任其事。

第三项　工

一、旧有之工业,约有若干种?城内以何种工业为多?乡间以何种工业为多?

答:旧有木匠、瓦匠、裱糊匠、铁匠、石匠、油漆匠、成衣织布、制造砖瓦、制造各种农具、制造草纸、绩麻绳各工业。城乡大略相同。

二、新兴工业约有若干种？出产能否获利？除本处有何销路？

答：无。

三、有无销售外洋之工艺品？

答：无。

四、有无用机器之工业？

答：无。

五、有无该地著名之工业？

答：无。

六、各种技艺优劣有等级，其至优者须每日或每月工资若干？至劣者须工资若干？

答：各种技艺按件给钱，如成一衣若干工食，营房屋若干{工食}，皆量物给资，不计工。有给日者，如瓦匠、木匠、油漆匠之类，每日工钱或东钱六百文，或八百文不等。其饮食之费准此。优劣分等，一律给与工资。

七、有无仿造洋货之大工厂？有无入厂学习者？

答：无。

第四项　商

一、各该地方有何种商业？有无昔盛今衰及昔无今有？

答：前有钱行、粮行、布行、酒行、杂货行、药行、当质行。自庚子后，商业大衰，当质行歇闭者有十分之九，酒行有十分之六七。武清十三镇，安平、河西务、杨村为尤甚。盖自迭经兵燹，元气未复，衰败现象不堪告也。

二、各该地方有何种{商}业？居商与行商孰多？并居商多系何种商业？行商多系何种商业？

答：多居商。

三、行商惯向何处往来贩运？

答：偶有行商，不过往来于京津贩卖粮米。

四、有无出洋经商之人？

答：无。

五、各该处市面利率，近日大约若干？如各业不等，即分别举答。大略分下列三类，[①] 其商人中若尚有区别，可再分之。

答：向无银号，以当质铺为巨商。各商家每有借资，利率每月百分每两之一。虽有钱铺，无放息钱于商家者。近来当质铺闭歇，各商家遂无借资之处，市面利率增至百分每两之一五，仍无放息钱者。至于各商家与钱铺互相存放，谓之浮寄，来往为日无多，彼此皆无利息。

六、该处市面通｛用｝之银钱货币及代替品有若干种，并其比例率若何？

答：蔡村镇及崔黄口镇惟以商造制钱票一种为代替品。各种比例率依式列表如左：

银平比例表

各种银平 \ 比例率	每两合库平	每两约合制钱	每两约合铜元	松江每两成色比足纹成色差数
武清城内平	9813[②]	1542文	199枚	2分
蔡村镇平	979	1542文	199枚	2分
杨村镇平	969	1540文	199枚	2分
河西务镇平	986	1543文	199枚	2分
崔黄口镇平	969	1540文	199枚	2分
宝坻县大口屯镇平	1004	1549文	206枚	2分

---

① 稿本原文如此，未列此三类。

② 按：原数如此，作"九八一三"。疑有误。或当做"九八一"或"九八三"。

银元、铜钱名目比例表

通用银元名目 / 比例率	值银约数	值制钱约数	通用铜钱名目 / 比例率	折实制钱数
北洋龙元	六钱九分	一千零十五文	铜元	每枚折七文半、八文不等,盐店折七文
造币厂龙元	六钱八分五厘	一千零八文	九七五东钱	每吊折一百六十二文半
各南省龙元	六钱八分六厘	一千零十二文	九六东钱	每吊折一百六十文
东三省龙元	六钱五分	一千文		
站人银元	七钱	一千零二十文		
各省小龙元	五分四厘	八十四文		

按银元值银、值制钱,日日市价不同,皆无定数。铜元折制钱亦有市价,亦无定数。右表所列,按照宣统二年二月各镇市价之相同者列数。就各处银元成色比率论,各国极高,站人次之,北洋龙元次于站人,各南省次于北洋,造币厂次于各南省,东三省次于造币厂,各种小银元次于各种大洋元。

代替品惯用数目表

（县城乡镇无银票、洋元票,止有商造东钱票,表列止此）

代替品名目	惯用数目
商造东钱票	三吊、四吊、五吊、六吊、七吊、八吊、九吊、十吊、十二吊、十五吊、二十吊、三十吊、五十吊

七、各该处通用之权、衡、度量，凡若干种？其比例率若何？列表如左，望依式造表一一详答。

答：各处之权、衡、度量参差不一，劳心计算，殊不利用。惟天平为甚，因权衡之定率及部颁之器，民间鲜有目睹者。又无库平几或库平零几之名目，如斗斛之以卫斛为起之定率，天平与戥之或轻或重，皆此镇与彼镇互相比较。官衙虽有库平，向不宣示民间。而出入银两，非假手于司簿，即假手于吏胥，任意赢缩，民间无凭考较。商民通用之秤，则皆以十六两为斤，然民间既不见部颁定律，则斤两之重轻亦无凭考核。现在既颁行划一章程，绅商士庶皆得自行依式仿造。凡交涉之事，无论何人，皆准执权衡互相比较，如时宪书之颁行天下，家置一册，自无欺饰。设仍有意为轻重者，公议罚约。如此实行，则所颁划一章程，自不至徒为具文矣。谨依式造表如左。权衡比例率因乡镇无通行之部库天平，谨据北洋龙元库平数为准则，与各镇天平戥比例。惟商家自用之天平，名为同镇一律，其实仍有赢缩之差，与一律库平之北洋龙元比较，不敢云无稍差谬。

各种权衡表式

（天平、戥，两种一律，向以各镇分种类，不以各商及民间所用分种类，故造表以互市之城镇分别）

各种天平戥	比例 比部库天平每两	各种秤	比例 比部库天平每两
武清县城内	小一分八厘七毫	商民通用秤	小一钱二分
蔡村镇	小二分一厘	鱼秤	相等
杨村镇	小三分一厘	酒秤	各镇不同：有相等者，有大六分至一钱者
河西务镇	小一分四厘	熟棉花秤	大一钱七分
崔黄口镇	小三分一厘	本地女工棉花线秤	大一钱七分
宝坻县大屯口镇	大四厘	洋线秤	小一钱二分

各种度表（以事物所用分种类，不以各镇分种类）
各种量表（以各镇分种类，不以商民所用分种类）

各种度名	比例率 比营造尺	各镇量名	比例率 比仓场衙门颁定铁斗每石
步弓尺	相等	仓库所用斗斛	等于卫斛
木尺	相等	卫斛	大一升五
广尺	大九分	蔡村镇	小一升三七五
成衣裁尺	大四分	杨村镇	小二升五六
市面买卖绸缎洋布尺	大四分	崔黄口镇	大一升六七五
买卖土布尺（俗名布尺，又名大尺）	大七寸六分八厘	宝坻县大屯口镇	大二升六九
星尺（葬埋开穴用）	小一寸		
咪立尺（学堂绘图用）	小四寸四分		

八、有无公估局？系何种人经理？

答：无。

九、何种商业设有公所？何种事由公所管理？

答：无。

十、各公所董事如何充当？有何种责任？

答：无。

十一、各该处有无商会？其所办理者何种事？其经费若何？

答：蔡村于光绪三十四年创立商务会，稽查私贩银两、洋元、铜元，及钱铺钱票荒闭等事。本镇公约，绅商尽义务，无经费。

十二、商人之普通名称若何？

答：业主称东家，管事者称掌柜，童年习学者称徒弟。

十三、何种商有牙行经纪？

答：凡买卖牲畜及鸡鸭者，专有牙行经纪。

十四、何种商须临时当差？

答:大牙行、小牙行、秤行、斗行、杂货行、银行、粮行、鸡鸭行、席行、棉花行、米行、油行、鲜果行、行船行、脚行。

十五、有无临时市场?每年几次?约在何时?大宗多系何种物品?

答:城镇皆每月五日一开市场,其名曰集。此外则三月十八日,旧县地方有庙会,各种物品,农具居多。十月初一日至初十日,武清厢亦开庙会,各种物品,衣服、杂货居多。京津及各城镇之药行每年之春秋赴祁州买药,此一大市场也。

十六、各种市价由何处议定?

答:向来听芦台镇及天津行市,并看市面上买卖多少。

十七、何种商业有同行公议条规?

答:前所答之各行皆有条规。

十八、何种商业有资助贫穷善举之事?其办法若何?

答:无。

十九、有无专司货物卖买说合之中间人?其名为何?

答:市场交易粮米,则斗局说合;棉花则秤行说合;牲畜则牙行说合,皆名经纪。

二十、有无{专}司土地房屋买卖说合之中间人?其名为何?

答:向来说合此项卖买及书契作中,皆平日互相信心之戚友或邻人,名曰中人。新章设有官经纪,不过定议后代写官纸契券、分受中用而已。

第五项 执公务者

一、现充常备军者,其生计是否专恃粮饷?例免差徭若何?

答:粮饷之外别无生计。例特免其差徭。

二、常备军之退伍者是否仍执旧业?应否仍习武备?

答:虽准其谋生,仍须恪守营规,每年大操时,仍随同本营演习操法,操事毕,给饷银一两。

三、各该处衙署书办种类名称有若干？

答：六科之外有旗租科、河科、盐房、仓房、提牢房、库房，通共十三科。

四、各该处衙署差役种类名称有若干？

答：差役共四班，快壮皂三班之外，有外班，亦名捕班。

五、在衙署以外服官役之职业，各该处有几种？略举数类如下，各就本地情形答之。

答：住民服官役者，现时有村正副、乡长、地方买卖田宅之官经纪、代书等类。经承系房书之总办，非经纪之变名。

第六项　劳力者

一、劳力者之种类有几？并各种劳力生计难易之情形若何？

答：农工外，市面有扛运粮米之脚行。除此，或佣工，或以小本经营，或耕种节俭者，或可生活，否则不堪言状。

二、最下之劳力者之工食约须银钱若干？一人所得约能养活几人？就本地情形答之。

答：自食其力者别无依赖，所得不足以养一身，向费力多而得钱无多也。

三、有无出洋当工人者？所住何处？并当何工？其所得工资能否有余？

答：间有赴南非洲劳力者。所得工资，闻有赢余。

四、贫民妇女有无劳力之事可以觅食？

答：妇女最能做苦，其操作之勤过于男子。

五、何种劳力之人有同业团体？

答：工艺之外，脚行最重视同业。

第七项　杂业

一、除以上士、农、工、商、公务、劳力六种，及肩挑负担沿途小业以外，有何别种职业可为生计？

答：医卜星象僧道优伶各种技术。此等人生计颇不艰窘，而僧道优伶且有称富有者。

二、有无土娼流娼？其数多否？

答：无。

三、专司保荐雇男女仆人之业，其名为何？营业以何种方法？

答：无。

四、有无专司卖买婢妾之业者？

答：无。

五、有无专司说合土地房屋买卖之业者？

答：虽有官经纪，但专司税契、分受费用，不能专司说合。

六、僧道及类似僧道之职业有几种？

答：男僧、女僧外，常住有方丈之名，道人则有挟眷不挟眷之别。此外又有所谓一炷香、老君门、天地门等类，亦以道名，其职业略与古之巫等。

七、有无拳勇、技术、游戏之业？其种类若何？

答：拳勇甚少。戏术及弄犬弄猴者，所在多有。

第八项　无业者

一、乞丐多否？城内与乡间情形有无异同？

答：庚子后乞丐略少。城乡情形{相}似。

二、游荡无业之人，其安分者平日作何动作？

答：仅亦自食其力。惟好游荡之人，大多不安本分，并无动作。

三、无业之人不安本分者，有何名称？是否以敲诈取财为事？

答：香河土著有一种，名曰"铁丝帽子"，非无产业，以游荡之故，挥霍无度，遂以敲诈取财为事。又有一种回回，专以贩卖私盐及劫掠为生，害及邻村。

四、有无以救济无业人为善举之事？

答：周急之事，乡间多有，率皆施之于无业而安分者。

五、有无管束无业人之方法？

答：并无管束之法。有犯则扭送官衙惩治之。

第四款　礼俗

第一项　家法

一、巨姓大族大致至几代而分居？

答：有五世不分居者。

二、分居之同姓有无岁时聚会之风俗？

答：有此风俗。

三、分居之同姓是否庆吊必至？

答：庆吊必至。

四、有无族长、房长之名？

答：有此名称。

五、同姓有争斗口角细故，是否先诉于房长、族长，听其判断？

答：有房长则诉于房长，否则诉于族长。然皆素服家，始有此判断之事。

六、同姓有非分之事，其房长、族长有无管理之权？其管理极严者至何方法为止？

答：有管理之权。极严者或威以夏楚，或禀送官衙。

七、与外人有争论，其族长、房长可否出面劝解？

答：可以出面劝解。

八、宗祠制度若何？有无义产、祭产之类，以备同姓孤寡贫困周恤及祭祀之用者？

答：巨族有祭田，轮流值年，以田亩之所出供修理祠墓及祭祀之费。

九、有无联族之风？其方法若何？

答:无。

十、有无出族之风？必犯何种不韪,方可出族？其惯例若何？

答:无。

十一、父兄无力教养子弟,有无同姓代为教养之事？

答:有。

十二、父兄不能约束其子弟,有无请族长约束之事？

答:有。

第二项　婚嫁

一、婚嫁年岁至早者约在几岁？至迟者约在几岁？城乡风俗是否相同？

答:男婚至早在十六岁,女嫁至早在十五岁,此贫富之所同也。贫家坚索财礼,男有迟至三十余岁者;富家择婿求全,女有迟至三十余岁者。

二、中资人婚娶,约须费若干？极贫人婚娶,约须费若干？

答:约费东钱五六百吊。极贫亦约费东钱一百余吊。

三、中资人嫁女,约需费若干？极贫人嫁女,约需费若干？

答:约费东钱五六百吊。极贫嫁女约费东钱一百余吊。

四、贫乏不能婚嫁者,有无特别风俗？

答:有送女于婿家童养者,有招婿入赘者,有居丧从权婚嫁者。

五、有无退婚之风俗？其方法若何？

答:无。

六、有无出妻离婚之风？

答:出妻离婚,《大清律》虽有专条,各处皆以此为耻辱事,向无此风。

七、有无再醮之风？或夫死不嫁而招人为夫之风？有子女,惯用何法安置？

答:夫死再醮,贫民之苦无依赖者有之,间有携带子女,向为乡邻所不齿。至招人为夫,无此风俗。

八、有无既死后行婚嫁礼者?向称何名?俗礼若何?

答:无。

九、有无童养媳之风?大致在几岁?

答:大致在八九岁。

十、有无数妻皆为正室者?

答:为兼祧计,再立正室。然稍重门第者,无此习惯。

十一、有无新近改良婚姻之礼节?

答:婚姻礼节贵沿旧制。

第三项　丧葬

一、丧服风俗,城乡有无异同?

答:城乡无异。

二、中资之家关于丧礼须费若干?极贫之家关于丧礼须费若干?

答:中资约费东钱五六百吊,极贫约费东钱一二百吊。

三、中资之家关于葬礼须费若干?极贫之家关于葬礼须费若干?

答:中资约费东钱六七百吊,极贫约费东钱二三百吊。

四、普通守制若干日?

答:士绅守制百日,商民守制二十余日。

五、丧家诵经焚纸之风盛否?其名目种类情形若何?有无焚化真绸缎、布帛、衣服之风?贫富是否一律?城乡是否相同?

答:僧道诵经,富者有之,焚纸则贫富一律。无焚化真布帛者。城乡相同。

六、通常几日而殓?几日而殡?几日而葬?有无迷信风水停柩不葬之风?

答:二日而殓,一月后而殡,百日后而葬。当溽暑或年终,则临时变通,或于出殡日入穴,或浮厝他处异日入穴,悉遵《钦定协纪辨方书》办理。无迷信风水停柩不葬之风。

七、葬法之式样有几？其用意若何？

答:无。

八、习惯上之丧葬礼节形式何种可以从省变通,而不为不孝？何种为万不可废者？

答:丧葬至要,附身附椁、致哀致敬。如耗财无用之僧道、刍耦等类,大可变通。至中资以下之家,其送终礼节因陋就简者居多,无可再变。

第四项　祭祀

一、祀神之最普通者为何神？在何时候祭祀？

答:关帝、灶君、财神、菩萨。皆于除夕及报赛时祭祀。四月二十八日祀药王,中秋节祀月。

二、祖先普通祭几代而祧？其祭祀除节日外,有无冥寿名目？是否须讽〔诵〕经礼佛？

答:大宗自始迁祖以下之本支祖皆祭之,小宗自分支祖以下皆祭之,皆不祧。无冥诞、冥寿名目,亦无讽〔诵〕经礼佛等事。

三、普通祀神用何礼制？

答:三献一跪三叩。

四、祭祖先用何礼制？

答:三献一跪三叩。

五、祭宗祠用何礼制？祭坟墓用何礼制？是否春秋两祭？是否子孙皆到？

答:皆三献一跪三叩。一年四祭。本支子孙皆到。

第五款　信奉

一、通行宗教有几种？在教者以何教为多？或某乡、某村惯信某教？

答：通行信奉惟孔子教，偶有倡异端之教者，士绅皆不信奉之。

二、佛教、道教盛衰若何？是否仅以讽〔诵〕经为生活之业？

答：佛道二教亦甚衰微，率皆以农为业。

三、类似于僧道者有几？

答：详见第七项杂业第六条答问。

四、有无为人祈病禳灾，如巫觋、卜筮、礼斗、拜忏、打醮之事？

答：巫觋祈禳，所在多有，惟乡村之愚妇信之。礼斗、拜忏、打醮，无此事。

五、迎神赛会之风，城乡何处为盛？每年必有几项？由何种人经理？款从何出？

答：此风以天津为盛。由本地绅商经理筹款。此外则妙峰山、了髻山亦最盛，他处城乡，如四月二十八日药王庙迎神，十月初一日县城隍庙迎神，皆敷衍了事，无足比数。

六、有无放生戒杀之风？

答：无。

七、捐资信奉之事盛否？

答：无。

八、回教之人多否？其盛衰若何？

答：回教人数无多。

九、有无回教礼拜寺？其规模形式若何？经典尚有存否？

答：有礼拜寺。规模形式略与天主教堂相似。经典鲜有存者。

十、有无在礼教？其教派创于何时何人？源流沿革尚可考否？现在人数多否？

答：近年因禁吸鸦片，在礼者较多于前，其教派源流沿革无考。

十一、在礼教除忌烟酒外有何宗旨？有无书籍可考？

答：在礼之宗旨亦以劝人行善为名。无书籍可考。

十二、有无大学教？其教派创于何时何人？源流沿革尚可考否？现在人数多否？

答：无。

十三、大学教是否在儒教以外别立一派？其宗旨何在？有无书籍可考？

答：无。

十四、除尽人皆知以外，有无特别教派？

答：无。

十五、有无秘密教派？

答：无。

十六、有无特别灵应，为一地方多数人信服之事迹或庙宇？

答：无。

十七、有无以人事决于神佛之风？

答：无。

第六款　教育

一、普通居民大约几岁必须上学？

答：大约七岁上学。

二、普通居民多不能以读书为业，必须学他业者，大约至几岁出学？

答：大约十四五岁出学。

三、普通居民志不在读书，必须习他业谋生者，惯读何种书籍？

答：惯读《百家姓》、《千字文》、杂字书、编辑通用物类名词（与小学堂科学类之博物书相似），亦有读经书者。

四、城市中读书识字者多少若何？乡间读书识字者多少若何？

答：中国风俗，四民之中，士之外，工商皆识字，农夫之识字者不过十分之五六，城乡皆然。城市中之识字者较多于乡间。

五、向来女子读书者多否？现在有无女学堂？

答：女子读书，近年士绅之家多有之，此外无一识字者。现在本县乡镇有创立女学堂者，惜无好教习。

六、向来家塾蒙师是否必在庠者？

答：向来延聘塾师，必在庠而又品学兼优者。

七、现在蒙小学堂以外有无家塾蒙师？能否改良？其教法若何？多用何种课本教授？

答：家塾课本多用四子五经、《通鉴辑览》、《大清一统志》、古今文词、古今碑帖居多，间有教习算术者。其教法以专立中学基础为宗旨，似较良于往昔。虽科学种类不如学堂繁多，然专重经史国文，无务广而荒之弊。不限以几年毕业，无求益又速成之弊。为保存中学起见，今之学堂若能如此改良，则中学之基础当更坚于家塾矣。

八、现在官立、私立学堂有几种？每种几处？乡间有无学堂？其经费从何处筹措？其程度若何？所学科目有几？系用何种课本？望分别名目详答之，或用表式亦可。

答：有官立高小学堂、初小学堂各一处。高小以旧有书院款项作为常年的款，初小由户、租两科提抽，每正银一两提四分，每年上下忙入款约在四五百金之谱，程度四五学期不等。乡镇公立高初两等小学堂、初小学堂约有二三十处，经费由各处学董自筹，程度三四学期不等，科目、课本皆遵照《奏定章程》办理。

九、劝学所之人员是否即学董？其所办者何事？

答：劝学所总董一人，筹办自治学社，现改研究所及自治预备会，又拟设宣讲所，筹拟学务改良办法，以立保存国粹基础。

十、学董之选举向用何法？

答：各区学董皆自任义务，无选举。

十一、教育分会之所办者何事？

答：教育会现在筹办，尚未成立。

十二、有无各种学会及研究所之类？其办法若何？

答：无各种学会。

十三、有无宣讲所？其宗旨或属于劝人为善，抑属于开通民智？其所讲均系何种书籍？

答:宣讲所办法专主保存中学,开通民智。用学部审定本。

十四、有无出洋游学之人?

答:有赴日本研究学务及法政自治者。

十五、高等小学堂及中学堂毕业以后不能入省学堂之人,大半以何为职业?

答:无中学堂,有高等小学堂四五处,其学生间有升中学、入师范、入实业者。其无力向学者,大半为农为商。

十六、本地学务经费能否充足?有的款者若干处?

答:除官立各学堂尚称充足,其余各学堂有的款者无多。所有亏欠,多仰给学董筹办。

十七、教习是否俱本地人?

答:无初级师范,只开传习所两班。所幸东路师范毕业者有人,京师第一师范毕业者有人,由外州县聘请者有人,仅足敷用,仍须速设初级师范学堂研究中学,方能立保存国粹之基础。

第七款　交际

一、有无拜为门生之风?

答:无。

二、有无结为盟兄弟之风?

答:无。

三、学问职业之师徒,习惯上重视若何?

答:视师犹父,学问为然。职业之徒,不甚重视。

四、争斗口角有无请人劝解之风?习惯上用何种服礼体裁?

答:排难解纷之风,乡间最盛。服礼体裁,率由居间人公备酒食,约会口角者解和之。

第八款　游戏休息

一、向来休息游戏之日期,每岁或每月几次?

答:正月内随意息游数日,此后则无。

二、除学堂外,有无七日一休息之事?

答:无。

三、游戏之旧习有几种?

答:有正业者皆不好游戏,偶尔或著棋,或游览田园,或弄花鸟,无多种类。

四、有无演戏及戏术之类?

答:城镇有之。

五、有无以拳勇技术尚武之事为游戏者?

答:城镇间或有之。

六、有无以名胜游览为游戏休息之风?

答:无。

七、有无新学界游戏之风?

答:无。

八、有无蹴鞠、秋千之古风留遗?

答:无。

九、有无伤风败俗之游戏?

答:伤风败俗如麻雀赌也,冶游也,女优之混杂演剧。乡间无。

十、有无妇女幼童游戏之事无伤风化者?

答:无伤风化之习。

第九款　善举

第一项　救助境遇之事

答:无。

第二项　救助灾变之事

一、有无救火会？救火器具良否？平时有无防患之法？临时由何种人往救？由何种人经理？

答：救火会城镇乡村皆有。惟救火器具，乡村不如城镇之完善。

二、滨水之处有无救生义渡船及防险设备之事？

答：无。

三、沿河工处有无预防决口水患等方法？

答：河工向归司河衙门领帑修补，率皆虚应故事，择极险之工修筑套堤，以防决口。至伏汛时，沿堤居民到工防险。

四、有无备荒之积谷、义仓等事？

答：义仓年久废弛，其病源在公私无款。

五、岁歉时之平粜，岁荒时之放赈，平时有无预备？

答：义仓废弛，平粜、放赈平时即无法预备，亦惟临事筹画而已。

第十款　应行改良之风俗

一、有无嗜烟之风？能否渐知戒除？

答：现已戒除十分之五六。

二、有无不事正业、横行乡里之游民？其俗名为何？其平日是否以赌博及种种不法行为为事？

答：详见第三款第八项无业者第二条第三条答问。

三、前问之游民分为几种？其横行不法之程度情形若何？并何种于何处为多？

答：详见第三款第八项无业者第二条第三条答问。

四、有无约期械斗之风？并在该县之何处居多？

答：无。

五、有无掳人勒赎之风？并在该县之何处居多？

答：无。

六、有无干预诉讼及好行诉讼之风？

答：无。

七、有无贩卖人口之风？

答：无。

八、有无似娼非娼专事引诱淫荡之风？

答：无。

九、有无扰累城乡居民而居民不敢告官酿成习惯之事？

答：扰累居民而不敢告官，如迭加捐税、虚数之铜元、无限制之讼费、官衙之蠹役、乡村之巡警，酿成习惯，宜思补救。

第一款

第一项　补遗

二、住民中有无种族分别？

答：无。

地方绅士办事习惯报告书

第一款　属于公务类者

一、城绅经办事件属于公务性质者，如管理仓廒，管理学田、宾兴书院经费，及管理地方清丈土地之类有几？就各该地所有者答之。

答：本县公务，庚子世变以前，城绅经办事件无多，如仓廒则县官衙署管理，学田则儒学管{理}，清丈土地则县官管理，无宾兴；此外如防警团练、遇灾筹赈、屡丰积谷，皆县官持权、城绅帮办。火会则绅商经理，书院则绅士经理。

二、以上各绅董办事习惯如何？

答：如前条所答，凡绅董经办公事，皆各尽义务，不由官委任；皆禀承于官，对官报销。本地人向不顾问，绅士向无薪水。

三、第一问所开各项土地财产源流沿革，现在有无案卷或载入志书可备稽考者？

答：如仓谷、学田、书院，悉有案卷可稽。

四、以上各种公务，地方官有无督率稽核之权？

答：地方官有督率稽核之权。

五、乡间之村正副是否由官委任，抑由乡民公举？其公举之法若何？

答：村正副系民公举，官委任之。公举之法，以乡长为村正，与住民选举村副。

六、村正副是否定须一村中有一正一副二人？

答：大村一正一副二人，极小之村惟村正一人。

七、村正副之权限如何？公事是否会衔列名？

答：办理村中公务有决议权，有执行权。公事会衔列名。

八、村正副所应管之事有几？分为有定、无定二种答之。

答：有一定者，青苗、差徭、警务；无一定者，造户口册、创立学堂、公地栽种、官役到村协同办事、荒年报灾请赈、遇警团防。

九、村正副有无公费？在地方上如何摊派？

答：详见第一款第一项第七条。

十、村正副于何种事件必须常报告于地方官？

答：如清查户口、创立学堂、交纳差徭、更换巡警、地方水旱灾荒、住户有不法者各类事，皆报告地方官。

十一、村正副有无年限？

答：无年限。

十二、村正、村副不孚众望之时，居民有何方法？

答：居民公禀州县官别行选举。

第二款　属于善举类者

答：武清地方向称瘠土，户鲜殷富，向无善堂。问题七条皆为本处所无，故未依题分答。

第三款　属于新政类者

第一项　学务

一、办理学务之绅董，如劝学所、教育分会一切学董，其职务名目有几？每事约几人？

答：劝学所总董一人，各堂董四十五名，管理员二十九人，官立高等学堂长二人。

二、各学董是否公举，抑由提学司委任？有无任期？

答：均系愿尽义务，未经公举，亦未由提学司委任。因无薪水，亦无任期。

三、劝学所专办何事？教育会专办何事？其经费从何处开支？

答：劝学所专办学务，兼筹自治事宜，其经费由田房牙纪捐开支。教育会尚未成立，无的款。

四、各学董之薪水有若干？从何处开支？

答：本县各堂董事均义务员，不开薪水。

五、各该处官办学堂是否由绅士为监督？

答：官立高小暨初等小学堂皆地方官监督。

六、劝学所、教育会各绅董所办之事，是否径报告于提学司？于地方官有何关系？

答：劝学所除学期一览表因直接提学司札饬，径报告于学宪外，其余各项无不呈由地方官核办。

七、除学堂外，各董事所办之事，其经费是否对于提学司报销？

答：除学堂外，一切事宜均对于县官报销。

第二项 警务

一、警务上办事之绅董有几？每事有几人？

答：县城内有警董一人，各乡镇皆村正副兼办警务，终年所办之事即村中公务。

二、警务上属于绅董之职务权限若何？

答：即村正副所办之公务，此外警务无事。

三、警务绅董是否由本地选举？其选举用何方法？有无任期？

答：惟县城内有警董一人，系由官派，无任期。

四、警务绅董所管各该地警务经费是否专管收入之事？收入以后是否解交地方官应用？其报销方法若何？有无公告于众人之方法？

答：县城内由官筹费，乡镇除住户摊派薪工外，无警务专费，因村正副所办之公务即警务，不能划分为二。乡村巡警所以无特别之事可办，无特别之警可巡，附从村正副执务，如骈指、如赘疣也。

五、警务绅董办事之成绩是否报告于警务处，抑兼报告于地方官？

答：县城警务报告地方官，乡村警务无事，除寻常公务外，无警务可报。

六、地方官对于警务绅董，其督率稽核之权若何？

答：警务绅董即村正副。县官对于警务绅董即对于村正副，督率稽核村正副即督率稽核警务绅董。

第三部　民事习惯报告调查书稿本

民事习惯报告书

第一款　民事总问题

第一项　人民

第一目　人民之籍贯

一、本国人除普通籍贯以外,其余军籍、乐籍、灶籍之类,各该处有几种?并各略述其沿革。

答:详见第一部第一款第一项第二条。

二、按照《大清律》所载,良贱之贱者,除买奴以外,有无别种可称为贱者?现在旗人家中所有人口,除本族及佣人外,有几等级?其名称、籍贯若何?

答:如官衙门丁、家丁、长班、皂隶,以及优伶、娼妓,皆为贱者。旗人家中亦有,有家丁者,俗名曰家人,又名曰管家,系民籍。

三、按照《大清会典》,编发罪人中有艺业能自谋生者,交地保收管,仍于月朔按名点验。所谓收管者,是否听其在各该地方营生,与各该处人民一律相待?编发是否即编入该处籍贯?

答:律载发配当差者,到配后实行当差一年;如挟有微资、习有手艺,交地保收管,听其自为谋生,照定限编入民户册内,再效力十年,准其回籍;发往为奴者,不在此例。

第二目　民事上之能力

一、男子以几岁为成年?凡未成年之男子,是否不许独立为契券卖买,及一切有关系他人之事?

答:以十六岁为及岁,名曰成人,又曰成丁,无"成年"名词。除应试不以及岁为限制,其余办理公私各事皆以及岁为界限。

二、未成年之男子,若无男尊长,仅有女尊长,凡财产契券及关系他人之事,是否必由女尊长做主？

答：由女尊长作主。

三、未成年之男子，若其母或祖母等请人经理其家产，是否可由其母或祖母自主请人？应否由亲族中公认？

答：由其母或祖母自主请人。亲族中不干预。

四、他人若与未成年之男子订立契券合同或买卖先付定钱，未成年之男子能否许其反悔？

答：凡未及岁之人，皆不与之交涉。设受奸诈欺蒙或两童子妄行交涉，皆许其反悔。

五、疯癫及不知世事之人，若无父母伯叔兄弟，其财产事件请人代为作主，应否告知外人或禀官存案？

答：应告知外人并禀官存案。

六、疯癫及不知世事之人，若他人与之订立合同契券，买卖先付定钱，可否不算？

答：此类更无人与之交涉。有之，非〔必〕奸诈匪徒，万难照准。

七、聋者、盲者、哑者，其家产出入之事，请他人代作主者，应否告外人或禀官存案？若他人与之订立合同契券或买卖先付定钱，可否不算？

答：此等人心自明白，与幼孩及疯癫不同，请人襄办，无庸告知外人或禀官。遇有交涉要事，必有信用人辅助决议签字，不能反悔。

八、遗腹子若有家产分得，是否由其母收管？若其母请人经理，是否听其自由？

答：由其母收管作主。

九、凡有夫之妇人，所有家产经理及与人订立合同契券之事，大半必由其夫作主列名，有无不必其夫作主列名之事？

答：皆由其夫作主列名。

十、妇人与人有合同契券之事，其夫能否追悔？

答：有夫之妇，无人与之交涉要事。

十一、妇人当其夫有重大疾病，或因犯罪入狱离家，或疯癫及不明世事时，己子尚未成立，所有财产出入及与人契券合同之事，是否即由妇人作主列名？

答：若病非垂危、非论死，与其家交涉之人可以从缓，不然妇人作主。惟订立字据，须以未及岁之男子列名。

十二、不识字之人（无论男女），其与人订立契券合同必以文字为凭之事，惯用何种方法？

答：皆就正于识字而又谙练世事之人。

第三目　主体名称

一、以堂名或某记为主体名称用于民事上者有几处？

答：凡须盖图章之字据，皆用堂名戳记；若不盖图章之字据，如卖买田宅之契券，或封纳州县钱粮，堂名人名皆无限制。

二、堂名是否随时可取，抑必有凭据？

答：堂名以刻有戳记为凭，否则不能取信。

三、城市中契券等事有用堂名者，婚姻事必用人名，乡村中是否相同？

答：城乡相同。

四、有无以官阶、郡名为主体名称者？大约用于何种事件？

答：著作书籍及撰金石文字，姓名之上或冠以郡名，或冠以官阶郡名。

第四目　住所

一、籍贯向来以县为主，住居是否称为某巷某胡同？若在乡间者，是否称某村？

答：城居则但称某胡同某巷，乡居则但称某村。

二、住所应指其家族所在而言，若家族不在本人执业之处，是否即以其执业之处称其住所？若一人有数处执业者，以何处为其住所？若在公署、局所、学堂、关卡执业，而即住宿其中者，是否即以住宿处为住所？

答：以家族为住所。如本身办事与所业不相关涉者，如缔姻、受职、著书、撰文、田房契券之类，皆称家族籍贯；如关于所业之公私各事，则但指执业之处为住所。

三、旅客暂寓客店或寄寓他人住家或铺户者，是否即以寄寓之处为住所？

答：寄寓客店或铺户，不称为住所。

第五目　失踪

一、久不归家杳无音信之人，至几年后，其后嗣可分其家产？

答：无。

二、久不归家杳无音信之人，若曾托人经理其家产，则受托者应否交与其后人？若本人无后，应如何办理？

答：应交后人。如本人无后，视其家中有何人作主，听其作主者办理。

三、久不归家杳无音信之人，若曾托人经理其家产，受托者能否处分其家产或代还债务之事？

答：与其家人之能作主者商酌办理。

四、久不归家杳无音信之人，所有债务应如何办理？各债主能否向其经理人或家族{后}人索偿？

答：向其后人索偿。

五、久不归家杳无音信之人日后归家，若委托之经理人死亡，可否向经理人之后嗣清理？

答：无。

六、已字未嫁之女子若杳无音信，其聘而未娶之夫何时可以另聘另娶？

答：习惯男女皆坚守旧约，不另嫁娶。而得贞义旌表者，有案可稽。然不能以此案为普通定例，亦无年限可据。

七、已聘未娶之男子若杳无音信，其字而未嫁之女何时可以另嫁？

答：贫无依赖，法律亦其行权。惟并无年限可据。

八、妇人久不归家杳无音信，其夫何时可以另娶？

答：背夫在逃，另娶无嫌。

九、男子久不归家杳无音信，其妻何时可以改嫁？

答：习惯上，失踪或死亡，无改嫁取辱之事。

第二项 民事行为

第一目 契券合同文书之属

一、何种契券但由一面书写，一面收执？何种契券由两面书写，各执一据？列问如下：

（甲）不动产卖买之草契、正契多由卖主书写，交买主收执。若草契中订明两面皆不得悔议之事，及于草契成立时，卖主先将他物作为担保，买主应否亦出一据交卖主收执？

答：应出一据交卖主收执。本处习惯：草契成立时，卖主无以他物担保者，间或有由买主先付定价若干，卖主出一收钱条交买主收执。

（乙）动产买卖，于未交货之时，由卖主付以字据。若订明两面不得悔议之事，应否订立合同，卖主、买主一同列名签字？

答：动产如粮米、牲畜之类，由各该行写账，出具买卖凭帖，交卖主收执。无订立合同者。买卖大宗家具，或大宗木石之类，有立契券或合同者。若买卖零星物件，皆不立字据。

（丙）借券由借主书写，交债主收执。若有物品抵押，则债主收到抵押品，应否出一凭据，列名签字，交押主收执？

答：本处借贷习惯：如有物品抵押者，皆写在券上为凭，债主不出字据交借主收执。

（丁）租赁土地、房屋及寻常物品各种契据，是否多由租主书写，交物主收执存据？有无物主亦书写契据交租主收执之处？

答：租赁田宅，皆业主立字，交与租赁主。至租赁物品，惟婚丧所用肩舆、槥椟由赁货铺赁用，然皆不立合同。此外物品鲜有租赁者。

（戊）典房、典产及租地造屋，有无用合同式者，抑仅由典主、租主书写契券交物主收执？其官契应存何处？

答：业主立典字交与典主，随带官契，不用合同。租地造屋，亦由业主立字交与租主，租主亦有出承租字交与业主者。官契业主收存。

（已）承揽工程货物之合同,是否中分其半,各执一据?是否两纸同式书写,均各列名签字?

答:无。

（庚）分割财产物品合同,是否中分其半,各执一据(兼祖传产分割)?

答:每分各执合同{一}纸。

（辛）聘请关书由聘请人书写,应聘人收执向不签字,有无订立合同条款两面列名签字者?

答:皆聘请人写关书,交与应聘人,无立合同者。聘请工业、商业总理人,则订立合同,各执一纸。

（壬）聘请外国人之合同是否兼用两国文字(并书两国年月),各须列名签字?

答:无。

（癸）委托伙友办事,有无订立合同签字者?

答:委托伙友办家事,皆不立合同。若办工业、商业事,东伙订立合同。

（子）请人代理自己职务或代管财产,有无订立合同字据者?

答:代理职务,不立合同;代管财产,有立合同。

（丑）徒弟学习工艺,有称关书者,其式若何?有无订立合同之事?

答:不立合同,亦无关书。

（寅）雇用力役之人有无契据?其式若何?

答:无契据。

（卯）立同姓为后者,是否必由其两房之父母尊长全行列名签字?应否加入外亲姓名签字?若一房已无成年男子,是否由其主妇列名签字?

答:由两房尊长或主母及外亲列名签字。

（辰）立异姓为后者,是否必由其两姓之尊长父兄列名签字?应否加入外亲列名签字?

答:按照同姓为后办法。

(巳)凡婚姻之婚帖,女家由女子之父兄尊长列名,男家由男子之父兄尊长列名,为其主婚。若男子家中除本人外,无他男子者,是否由其母或女尊长列名?若全无者,能否即由本人列名?女子家若无男子,是否由其母或女尊长列名?若俱无人,能否由其外亲代为列名主婚?

答:男家若无尊长,本人自己列名。女家若无男子,女尊长列名;若无女尊长,亦无同族,则外戚亦可列名主婚。

二、契券之要件若有错误、遗漏,事后检出,能否请书写者更正?

答:凡立契券,皆查阅无误,然后签字。设有错误、遗漏,须两面、中人公同更正。

三、契券之要件有错误,致局外人误信,另生枝节,误写者应否担其责任?

答:应担责任。

四、凡家有男子之妇女及未成年之人,与人订立契券合同,是否一概作废?抑有分别事情之轻重者?

答:一概作废。

五、凡于事毕,契券之应还原人者,若契券遗失,应否作一遗失之凭据?或登报广告,或在官署存案?

答:登报广告或在官署存案。

六、凡出一字据于人,请为财产上之交涉,若限期索复,是否必过期方可别招主顾?

答:过期别招主顾。

七、凡得他人一字据为财产上之交涉,若有答复期限,是否必于期内复之?若已过期,是否作为询问而不能作为答复?

答:应于期内答复。若已过期,作为询问。

八、异地通信为财产上之交涉,是否以信到之日为始?设发信之人逆知此信未到,别发电报追废此信,是否此信即可作废?

答:交涉财产,以两面列名签字之合同为定局之凭证,无故不能作废。若止函商之信,与签字合同有别,似可追废。

九、出字据之人若死亡或疾病,是否仍可作为有用?

答:既有字据,虽死仍为有用。

第二目　中间人及保人

一、作中保是否必在若干岁以上者?

答:中保关系非轻,必成人乃能胜任。

二、妇女作中保,可向其家之男子问责任否?

答:妇女作中保甚少,有之,可向其家之男子问责任。

三、有无以堂名作中保人之名称者?签字之人既不列名,将来谁担责任?

答:有以堂名作中保者。其同居之人皆担责任。

四、以店铺作保者,是否书写店铺牌号?应由何人签字担其责任?

答:本处习惯:店铺甚不愿作保,或不得已而作保者,皆少许钱财之事,用戳记盖印,无立字据者。

五、若以店铺作保,而由掌柜签字,应否先由其业主允许?若将来掌柜辞歇离去,该店铺后来掌柜不任其责,如何办理?

答:既已作保,新旧掌柜皆担责任。

六、若店铺作保,而该店铺有倒闭歇业之事,应否另请保人?

答:应另请保人。

七、习惯上分中间人与保人为二,凡民事上中间人除介绍两方说合事体以外,其余有何责任?是否有保人者,中间人但有介绍之责;无保人者,中间人兼有担保之责?

答:凡买卖田宅及借贷,居间列名者,皆称为中人。凡关于订期交付钱财,或以一言作保,或登记账簿至期兑付,皆称为保人,担负责任。

八、中保人若仅一人,是否须两方信任者?若中间人不止一人,是否必两方各请自己所信任者?

答:一人作中保,必须两方信任者。若中间不止一人,两方各请信任者。

九、中保人若由两方各请自己所信任者,是否各保其一方?若有错误违约争执等事,是否必由此方之中保人通告于彼方之中保人使之传述？抑可由此方中保人径向彼方传述？

答：中保既系两方各请信任，由此方中保人责问彼方中保人。

十、中保人所担责任，俗例多写"向中保人理论"字样，此"理论"二字是否但有代催及调处之责？能否责令赔偿？有无在契券上写明"赔偿"字样者？

答：凡关于买卖产业之中人，如代催、调处，以及产业有无缪辖，皆担任之，不任赔偿。若关于钱财之铺保，代催及赔偿皆担任之。

十一、保人有数人，能否分别其大小部分担其责任？抑凡列名者须平均负担？

答：有分别责任轻重分担者，有平均担负者。

十二、中保人若因他人之事，自出抵押品或代还其债，应否别招中保人作保，另立新契券？

答：无。

十三、中保人酬劳费大约按该事原价之几成？两方所出有无参差？抑系平均？抑有由一方担任者？

答：惟买卖田宅有酬谢中人费，按原价百分之五，买主出三分，卖主出二分，俗称"成三破二"。北京旗人出卖旗产，酬中之资按原价百分之十计算，俗称"加一皆出"。自此外，无酬中费。

十四、中保人有数人时，其中保之酬劳费何种应平均？何种应参差？抑以责任之大小为别？

答：买卖田宅酬中费，官经纪应得一份，中人平均得四份。

十五、中保人若有远行之事，能否告知两方另换中保人？若由中保人自招替人，是否视为代理而本人仍负其责任？

答：仍担责任。

十六、若另换中保人而契券上未即注明，则已更换之后，原中保人能否不负责任？

答：前后中人皆担责任。若由更换之中人之议，则原中人不担责任，亦不列名签字。

十七、中保人若有倒闭歇业或死亡犯罪者,应否另换中保人?能否以其后嗣担其责任?

答:中保有意外,其后嗣担其责任,或另换中保。

十八、期限已到,而两方之人各愿接续,中保人若欲辞退,可否请其另请中保?

答:可请其另请中保。

第三目　委任及代理

委任

一、以事物委任他人,是否订明其权限?若为重要之事,应否订立合同?如因委任而交付之物件,应否由受任者立一收到之字据?

答:应订明权限。若为重要之事,应立合同。交付之物件,应由受任者立收到字据。

二、受任者若不从委任人之本意,或越其委任之权限,如有利益,应归何人?如有损害,是否赔偿?

答:受任者果系就事制宜,委任者不得以违意越权责之。利益损害,皆当认之。

三、委任者若随时查问或通信征其报告,受任者是否应立时报告?

答:应立时报告。

四、为经理其委任事件,若代垫费用,可否请其照认利息?

答:似应照认利息。

五、委任事件若有错误、损害,应否赔偿?

答:应分别有心无心、公过私过,以定赔偿。

六、委任事件有代收之银钱,应否即时交付于委任人?若受任者以自己主意存放他处或另办一事,所得利益应否交还本人?抑与之分润?若有损失,应否赔偿?

答:应即时交付。若己意妄行,侥幸得利,量酬其劳;不幸损失,责令赔偿。

七、委任者若有死亡及犯罪,或得疯癫残废之病,受任者应否将受委任事件交付其后嗣?若其后嗣仍令接续办理,应否由其后嗣另订委任合同?

答:交付后嗣。另立合同。然须视所任之事为何如事。

八、受任者若有事故须告退者,应否预行告知,待其事件交算清楚,然后可以不负责任?若有急速不能待之事,或须远行者,应否仍负责任?

答:告退自应交算清楚。若迫不及告,自应仍负责任。

九、受任者死亡或有疯癫残废之病时,应否由其后嗣交还委任人?若有错误损害,委任人能否使其后嗣负责任?

答:其后人向委任人交算。设有错误损害,分别公过私过。

十、委任事件既毕,若委任人有应付之酬劳,或应还之垫款不即交付,受任者可否自行扣除,或扣留其物件?

答:无。

十一、委任既毕,受任者有应交还之物件,若有遗失损坏,应否赔偿?若有字据契券等件之遗失,应否令其负将来之责任?

答:亦以公过私过为断。遗失合同字据,则另立合同,写明情由,各执一纸为证;若系债务契券,令其负将来责任。

代理

一、为人代理事件,应否以所代某人之事件告知对手人?若不告知,是否由代理人自任其责?

答:代理若有全权,自任其责;若无全权,须告知对手人因事任责。

二、代理人所为有错误过失累及第三人者,本人是否不能以他人所为{为}借口,不任其责?

答:原委任者不得辞其责。

三、代理人于受任时,若未订明权限,是否对于代理事件可以全行作主?抑习惯上向有限制?

答:既未订明权限,委任者显许代理人全权,全行作主,亦无不可。既未订权限,即不能限制。

四、代理人若有不得已之事故,能否再请代理人?此再代理人(即代理人之代理人)

所为之事,原代理人应否同负其代理之责任?

答:将所任之事交付委任者,交付清楚,另由委任者再请代理人。

五、代理人所为之事有越其权限者(即委任时订明之权限),若对手人不得而知,本人是否不得以代理人越其权限为辞?

答:委任者既难辞用人失当之过,即不能以越权限为辞。

六、本人死亡,代理人有所代之事未了,而必由本人负责者,应否即时交还其后嗣?

答:本人死亡,应交还后嗣。

七、代理人死亡或犯罪或得残废及疯病时,与该事件有交涉之人,是否径向本人直接办理?

答:代理人有变,本人或另委人任事,或自己经理,必有办法。事中交涉人可以直接。

第四目 不作凭及追废

一、幼孩所作之字据是否概不作凭?

答:幼孩字据概不作凭。

二、未经本人签字之字据是否概不作凭?

答:未经本人签字,概不作凭。

三、因强迫及诈欺所作之字据是否可以追废?

答:可以追废。

四、疾病时所作之字据是否病愈后可以追废?

答:病已昏聩时所作字据可以追废。

第二款 财产

第一项 物权

第一目 所有权

一、土地分界之记号向有几种(如界石、竹篱、水沟之类)?

答：田亩以壕沟为界限，或栽马兰草为界限，或用石柱及石炭橛为界限，园圃以柴篱为界限。

二、于相连之土地中划分数份，则分界之费及将来修理之费，是否划分之人共任之？有无多少之别？如竹篱、土垣之类，普通必须若干尺高？

答：凡分界之记号，各在各田园边界内自为之。壕之高二三尺，沟之深广等于壕，柴篱之高三五尺不等。

三、土地之亩数有无宽窄不同之处？其宽窄不同之土地有无名目？以何为凭据？

答：土地之亩数，其地形宽窄、长短有同者，有不同者。地名、亩数，以红契为凭。凡毗连之地，年年秋耕时，四周各照自己禾稼之存根并分界之记号清理公共界限，俗名曰"山沟"。

四、凡土地属于某人之物，向有注明四址邻姓之例，是否有一总图分划疆界，注明各地所有者之姓名？此种总图是否存于官署或乡董处？苟经管人通同作弊，有何法以防之？

答：本处人耕本处地，各有红契，无总图。

五、土地必注四址邻地之姓，然邻地时有出卖变姓之事，是否将图册随时更改？若永远须追溯四邻之姓，日久必不能清晰。土地之疆界，向来有何方法证明之？

答：四址邻地之姓注于契上。邻地有时易姓，皆不随时更改。而此疆彼界，既有共见共闻之界限，并年年耕种之禾稼，不劳质证，自然清晰。

六、土地所有，向以执有印契为凭，惟同在一区域、同一地名，印契有何区别？土地既许分割，则地形亦可变更，若执甲之印契以认乙之土地，则地与契本属两物，无以证明。此固由行政法律之不备，然所有权时有危险矣，民间习惯有无证明某地属于某契之方法？

答：乡间向无执甲契认乙土地之事。往往有千余亩地共一契之业主，而数百户分种之之弊，亦绝无甲乙互相冒认之事，所有权毫无危险。按农家之土田属甲属乙，不但甲乙自能辨认，旁观者亦能辨认，盖农夫终年不离田亩间，日日目睹，念兹在兹，彼界此疆，虽孺子亦能辨认，何况成人习惯然也。甚至有于数里之外置买土地，招农耕种或自种者，似乎危险矣,自农家视之,犹户庭外耳,亦从无迷误之事。问题之所虑者,大约皆世以仕宦为业,而又世居都会之间,五谷不分,五土不辨,至于垄亩之真形,更无从心领神会,但知某府某县有田土若干,披图考之,仅知大略,诚如是也。虽于所有权大有关系,除世世业农之外,别无良法。谚有之曰:"生行莫入,熟行莫出",永保所有权之妙诀也。

七、在于自己之土地房屋有工作,若必须借用邻人之土地房屋,应否商诸邻人得其允许?应否给以担任损坏赔偿之据?

答:应商邻人并担任损坏赔偿之责。

八、在于自己之土地房屋,若加工作而有碍他人之光线、空气、卫生等事者,应否在自己土地上预留隙地?大致须留若干丈尺?

答:接邻比屋,左右无碍光线。前后皆相隔数丈,井、厕皆在隙地,无妨碍。

九、在于自己之土地房屋上有工作,有可及危险于邻家之土地房屋者,应否自留隙地,以为保护他人之计?其所留须若干丈尺?

答:应留隙地。须相度地势,难执一概百。

十、土地房屋之四周,设皆系他人所有之土地房屋,则其被围之土地房屋欲通至官道,必假道他人之土地房屋,其假道应否给以租赁之费?若假道他人之土地使成道路,则不能耕种,应否按照其所收之价偿给之?

答:假道必有共由之胡同。田野之间假道于邻,致损禾稼,须任赔偿。

十一、向来假道之土地,欲改建房屋,能否请其留一道路或出价购之?

答:向来假道,可请其留一道路,惟不能出价购买。

十二、高地泄水,若必经过低地,则低地所有者至少让给若干尺以供其用?高地所有者是否按照租赁例议价?

答:所谓高地低地者,若系村落以内,必有公共泄水之处;若系田野之间,所泄者惟雨水,无人顾问,偶有冲坏之处,亦无人责偿。

十三、自己之土地上设有他人流水之沟渠、水闸、堤防等物件,若将有损坏危险之虑,必请享此水利之人修理,若请其预防修理,能否限期催促?

十四、凡引水灌溉之沟渠，若数地共享此水利，则数地主分担其经费，是否以地之大小分任之？

十五、凡水道、沟渠，若于他人之土地有利害关系者，其工作是否必先公共允许？

总答（十三、十四、十五）：北方耕田，专赖雨雪，向无水利。有一二沟渠，不过用以宣泄雨水，偶须修理，在谁田边谁任之，与南省农田水利情形迥别，北方所以多瘠土也。

第二目　共有权

一、共有物若以官契或他人所与之契券文字为凭者，只有一纸，势不能分，应由何人收执？

答：皆可收执，惟须登记公共账簿。

二、凡一物而为数人所共有，其各人应有之份数，是否以合同、契纸、书券之类为凭据？若系平均之份，可否不立凭据？

答：共有之物，各人分数应以合同为凭。平均亦须订立合同。

三、凡共有之物欲出卖，或变更其用处，或改造形式，是否必由共有者全体允许？

答：必由全体允许。

四、房屋之共有者若分为数份，各共有者或自居或出租，而尚留数份为公共房屋，则其各人已分得者之房屋，是否由各自修理？其留为公用之房屋，是否公担修理之责任？

答：已分得者，自任修理。余留公用者，公担修理。

五、凡共有之物应归何人管理？是否分年轮值，抑或随时公推？其管理之权应否订明？大致有几种办法？

答：有值年者，有公推一人者。

六、共有物之修理、管理及一切费用言明公摊，若有人不担任此项费用，是否在该共有物所应得之利息上扣除？若不敷扣除或无利息之时，当如何办理？

答：既为共有物，其初必有公议条约，彼此遵守。应摊之费有人不摊，例应扣除代摊。

七、共有物中有最大之份数，或同祖传下之尊长，有无特别之权？

答：尊者应有特别之权。同祖传下之尊长，须视服制、亲疏、年齿大小，以定有无特别之权。

八、共有者中有以自己所有份数抵押债务,应否由全体共有者之允许,抑可由出押者自为?

答:应由全体允许。

九、凡数人合出资本抵押而来之共有物,当赎还之时,是否必由全体到场而后可赎?

答:必由全体到场。

十、若共有者之全体以共有物之全部抵偿债务,将来债主索取利息、催令赎还等事,应向何人索催?若其中有出门久远杳无音信之人,能否向其余共有者责令担任?

答:以公物抵公债,债主必预定赎还办法。

十一、共有者之中有欲以自己所有之一份归并于他共有者,应否告知全体承认?若其一份为全体共有者均欲购买,应否均分,抑可由出卖者自择?

答:以自己一份归并公中,理应全体承认。若全体皆欲购此,或均分,或签制归一人,皆可,不能由出卖者自择。

十二、共有者中能否以自己所有份数出卖于局外人?其所招买主应否由他共有者承认?

答:经全体承认,由全体招买。

十三、共有者中有身死无后,或不欲领取此共有物之一份时,此一份应作如何办理?

答:死而无后,全体代为立嗣,承此所有之一份。至应得一份不欲领取,视此一份为何如物,若有利益,存其乡办公益事。

十四、凡共有物之各共有者,是否可以随时请分割?若他共有者多数不愿分割,可否请不愿分割之人出价归并?

答:若可合可分,则请求分割原无不可;恐有窒碍难行处,可以出价归并。

十五、共有者曾以其共有物上自己份数抵押债务,则当分割之际,债主能否加入分割之列?

答:以自己份数抵押债务,必其私债,抵押时必经全体公议妥协,分割时应与彼之债主交涉。

十六、共有物不便分割,或分割则有贬损价值者,是否用出卖分钱之法?

答：用出卖分钱法。

十七、此共有者对于他共有者，有应以其共有物上之一份为债权，当分割之际，是否即在所分得之份数内扣除？

答：应将已为债权之一份扣除。

十八、因共有物所生之债务，若出卖分钱之时，自应在卖价内扣除再分，若将此物分割并不出卖，应否先行摊还债务然后分割？设有无力摊还债务之人，能否由他共有者代还而归并其份数？

答：先行摊还债务，然后分割。若有无力摊还者，应将分得之物归并他人，由他人还债。

十九、共有物分割以后，其有粮税之类如何分任？

答：按分割之数均摊。

二十、共有之田土、房屋契券不能分割，应否将契券向官署分为数纸？若不能分割契券，只有一纸之凭据，应归何人收执？

答：无。

第三目　地面权

答：按北方风俗，财产最重，业主田宅为业主所有权，无所谓地面权。虽租户承种出租，不得为世代相传之命产。《大清律》所载"租户承种业主地亩，如照议出租，业主不得另佃；如业主自种，租户不得藉词把持"等语，例有明文，明许土产为业主所有权，租户不过因纳租而得此地之出产，田土仍为业主所有权。习惯上略有区别，分别二项如左（下）：

（甲）一曰业主之现地皮。现地皮云者，别于价买租息之带佃地之名词也。此类地，业主或自种，或招农耕种、均分禾稼，或随市涨落议现租，或随市价涨落议引，皆由业主自便。现租或以一年为期限，或以半年为期限。引有押租，并历年带交岁租，与典地相类，或有定限回赎，或无定限回赎。自引押之后，地户可以辗转引押于他户。除隙地外，不准地户造屋葬坟。此现地皮之习惯也。

（乙）一曰业主之带佃地。带佃地云者，别于随意自种招租｛之｝现地皮之名词也。此类地有收租与分粮之别，皆业主核计租息价买者，与按地议价、或典或买之现地皮稍异；租有定额，与现地皮之现租、押租有别；分粮亦然。无故不准撤地。若业主出卖，有两种办法，一则仍按租息或粮息卖与新业主，地户随而纳租，或分粮于新业主；一则按市价卖地，业主得十分价之七八，地户得十分价之二三。此类地，地户可以造屋葬坟，此带佃地之习惯也。

以上二类，习惯区别如此，有不得浑而为一者。因地面权之按语仅有订明期限与不订期限为区别云云，与物权及习惯有不相符合处，故先分类辨明。

第一类　租地耕种

一、租地耕种若不订立年限，业主能否不租，抑必须耕户自愿不种之时始可别招耕户？

答：若系前所言之现地皮，不订立年限，租否由业主自便。若系前所言之带佃地，业主无故不得别招租户。

二、租地耕种应纳之租有无定额，抑须业主与耕户议定？

答：现租随市涨落，无定额。押租兼岁租随市涨落，议租亦无定额。带佃地之租有定额，不随市价涨落。

三、不订立年限而租息有定额之土地，业主若出卖此土地，是否仍由原租户耕种而纳租于新业主，抑必与新业主另立契券？

答：此条即前所言带佃地也。出卖之办法有二：一则计息卖租与新业主，租户随而纳租于新业主；一则出卖地皮，或卖与原租户，或卖与他人，皆业主与他户分得利益，业主得十分之七八，地户得十分之二三。

四、订立年限之土地，租息由业主与耕户议定者，若于年限未满之时，业主欲出卖其土地，能否以耕户转荐于新业主？若新业主将自耕或另有耕人，则未满年限之耕户能否向出卖之业主要求贴补？

答：若系现租，定限不过一年，纳租非春前即秋后，业主卖地亦在春前秋后，两无妨碍。若系订立年限之押租兼岁租，业主于定限内出卖此地，除缴还押租外，本年已收之岁租亦从宽缴还，耕户格外稍得利益。

五、耕户不自种，能否转租于他人耕种？其转租应否先由业主允许？其缴纳之租息是否由转租者直接交付,抑须由原耕户转交？其对于原耕户应否分以利息？

答：耕户能转租,然须报告业主。其所纳之租,如年年不欠,直接与转交无甚区别；若预防欠租,则宜直接交付。缘甲可转租与乙,乙又可转租与丙与丁,向无限制,非直接交租,不易调查也。转租者对于原耕户有无分以利息之处,其情形等于贩卖货物,须视市价涨落以定有无分润。

六、租地耕种,所种物品有无限制？

答：凡有干禁令及伤害土性之品,皆不准种。

七、关于土地之高下及形状,有无不准变动之限制？若有变动,于年满后应否以原有形状交还？

答：有不准变动之限制。设有不得已之变动,年满时仍以原形交还。

八、为改良土地之计须改变其土性地形者,应否由业主承允,抑可自主？

答：改良若吸收地利,无论加租若干,业主不能承允。除此,若变斥卤为膏腴,变洼下为平原,业主且将给奖,即地户自主亦无不可。

九、若遇荒歉之岁,租息有无减免之例？可否由耕户请减请免？

答：分别灾歉,或减或缓,按照荒歉情形办理。

十、若遇天灾地变,损失其土地或减小其丈尺,是否耕户不担责任？

答：耕户不担责任。

十一、凡租地之契券,及收租催租之凭据、契券、册籍,其式若何（各照书一份）？

答：催租不用凭据。现租无凭据,有收钱清条。带佃地止有收租执照,无租地字据。

租地各字据式：

立引地字据某堂名,今有本宅某处地若干顷亩,引与某村某人承种。言明押租东钱共若干吊,岁租若干吊,笔下清交不欠。立字之后,各无反悔。恐后无凭,立字存照。不拘年限,退还押租,收回地亩。

年　　月　　日

立字人（某堂名）

收租执照

收租存根	某村某宅今收到某村某人应交某年租钱若干吊,定限于每年某月日清交,至期不交,即行撤地。 　　　　　　　　　　　　　　　年　　　月　　　日 　　　　　　　　　　　　　　　　　　戳记 　　　　　　　　　　　　　　　　　堂名戳记
收租执照	某村某宅今收到某村某人应交某年租钱若干吊,定限于每年某月日清交,至期不交,即行撤地。 　　　　　　　　　　　　　　　年　　　月　　　日 　　　　　　　　　　　　　　　　　　戳记 　　　　　　　　　　　　　　　　　堂名戳记
收租册籍式	某户某姓,某处地若干亩,共租钱若干 某年月日收钱若干吊,清完

第二类　租地造屋

一、租地造屋之年限普通订几年者居多?若不写明年限,以若干年为折中?

答:乡村之中,凡住户造屋,皆于隙地或不毛之地,俗语谓之庄户地也。租造皆无年限,因造屋与耕种不同,不能无故拆毁令其迁徙也。

二、租地造屋已满年限之时,若房屋完固而地主须令退租,租地人能否以其房屋请地主购买?若地主不愿购买而坚索土地,有何办法?

答:租地造屋既无年限,非积欠租数太多,或所造之屋破坏难住,不能令其退租。

三、租地造屋者若租息积欠多年,地主能否以其所造之屋抵偿?

答:地主能以其屋抵偿。

四、租地造屋者以其所造之屋抵押债务,若租期已满而债务未了,地主亦无用此房屋,债主能否拆取其房屋之材料?

答:若不欠房租,债主可以变卖其房屋,买屋者仍旧交租,不必拆取其屋材。若积欠房租太多,则债主无权矣。

五、租地造屋之屋主以其所造之屋出卖,应否由地主允许?若由地主允许出卖,另订租地新契券,其年限及租息仍旧者,年满后是否与原屋主无涉?

答：如不欠租，造屋之屋主可以自由，但须报告地主注册更名。是否与屋主无涉，须以卖典为断。

六、租地造屋，设被火灾烧尽房屋，若欲再造，应否另订契券合同，抑不必另订，仍以其年限为满？

答：都会租屋被烧再造，皆另议租息，另立字据。乡村则否。

七、租地造屋被火灾烧尽房屋后，房主不复再造，愿退租地，地主能否仍执年限之说，强迫以若干年租息？

答：虽有年限，地主不能强迫以若干年租息。

八、租地造屋之地契应归地主收执，造成房屋，应否另请房屋之官契？若概不能以地契换领房契，是否房屋一契，｛土地又一契｝？其请领之方法若何？

答：皆不另请官契。

九、租地造屋之官契式若何？

答：无官契。

十、租地造屋，地主与屋主之契券合同及收租凭据式若何？

答：租地造屋之字据式样及收租凭据式样，与前答此款第一项第一类第十一条所画各种字据同式，止将字据内"承种"字样改为"造屋"字样，余者皆同。收租执照式样亦同。

第二项　抵押质当

第一目　不动产之抵押质当

一、以土地房屋抵押债务者，各处用何种名称？其种类方法有几？应订契券之格式若何？

答：无。

（甲）以房地之红契为质，按照房屋值数之半称贷，按月计息，不交房地。至期或付清息钱，或本利清结，撤回契据，俗语所谓"指房地借钱，以红契作押"是也。

（乙）以房地之红契为质，按照房屋值数十分之六七称贷，按月计息。言定至期如不还本，移交房地，改换卖产字据，如至期本利清还则否。

（丙）出典房屋现地，及时移交，由出价者管业，有无年限，皆春前秋后回赎，其性质与指地借钱不同。

（丁）出典带佃地之租，以租息为利息，及时移交红契，并指对租户，由债主自行取租，如租户欠租，原业主回赎时不担赔补之责，仍由债主催索户欠。

（戊）以带佃地之租息称贷，及时移交红契，指对租户，由债主自行取租，如租户欠租，债主向称贷者取盈。

以上五种抵押质当之区别，习惯如此。分画契券之格式如左：

立指房／地借钱文约人某人因正用，指地若干亩／房若干间，烦中借到某人东制钱若干吊，言明每月几分行息，以地／房红契若干纸作押，至期本利不到，即将地若干亩／房若干间如数交出，由某人折变。立约之后，各无反悔，恐后无凭，立约存照。（随带地／房红契若干纸）

年月日
中人某某押
立指地借钱文约人某人押

立典现地／租项文约人某人因正用，烦中说合，将本身现地若干亩／租项若干钱典与某人管业，言明典价东制钱若干吊，某年钱到回赎。恐后无凭，立典地／租字据存照。（随带红契几纸／租账几册）

年月日
中人某某押
立典地／租文约人某人押

立指租息借钱文约人某人因正用，烦中借到某人东制钱若干吊，每月几分行息，秋后

两造眼同取租,清还本利。恐后无凭,立借约存照。(随带租册几本)

年月日

中人某某押

立指租借钱文约某人押

立典房屋文约人某人因正用,烦中说合,将本身房屋若干间典当与某人居住,言明典价东制钱若干吊,历年小修云云,大修云云(因时因事现议,无定格)。某年限(亦现议,无定格)钱到回赎。恐后无凭,立典字为证。

年月日

中人某某押

立房屋字人某某押

二、以土地房屋抵押,其官契应否交付于押主?业主自己所持何种凭据?抑由押主给付收到若干抵押品之字据以为凭?

答:以产业押钱或出典,皆以官契交付押注,写于契券上,由押主给付收到之字据。

三、以土地房屋抵押,有无不付利息而以其土地房屋之出息为利息者?其名称为何?

答:名为出典房地。

四、以土地房屋抵押,言明利息若干,有无由押主经收其出息,而更与业主核算者?其名目为何?其方法若何?

答:此即以租息抵利也。押主与业主眼同收租,租息与利息比较,如不相符,业主担任。

五、以土地出押,而押主自耕不取利息者,其名为何?以房屋出押,而押主自居不取利息者,其名为何?

答:此即出典地亩、出典房间也。

六、以土地之出息为债务之利息,若遇荒歉无出息可收,应否向业主算取其所少之利息?

答：若押主自耕，即系典地，丰歉得失，业主不管，不与利息比较。若以租抵利，业主担任不足之责。

七、以房屋之租息为债务之利息，若其房屋于半途空闲无人租赁，可否｛向｝业主补取所少之利息？

答：｛应向｝业主〔应〕另索利息。

八、以土地房屋之租息为债务之利息，若其租户延欠不付租息，应否由业主追索？若因此追索租息而须入讼，应否由业主出面？

答：若系出典租项，如租户欠租，或追索，或入讼，业主皆不承管。若系以租抵利，如租户欠租，或追索，或入讼，皆业主承管。

九、以房屋抵押债务，其修理费应由何人担任？若房屋有倾危之虑，非大修不可，应由何人担任？

答：修理费何人担任，抵押时现议，无一定办法。

十、以房屋抵押债务，由押主放租作利息，设被火灾，押主能否向业主另索抵押？

答：房屋既交与押主，若被火灾，业主方且责问押主，令其赔偿，押主何能再向业主另索抵押！

十一、以土地房屋抵押债务，其丁粮国课由何人缴纳？

答：若移交所押之产，其丁粮国课由押主代纳。

十二、押主能否以抵押所得之土地房屋转行抵押于人？其转行抵押之时，应否告知原业主得其允许？其期限是否只可凑足第一次抵押之年限？

答：若系移交所押之产，可以辗转抵押，此即转典房地之类也。然须先问原业主回赎与否。转押皆不定限期，以防原业主取赎。

十三、以抵押所得之土地房屋转行抵押，其抵押债务之数目应否以不得过原债务之数目为限，以防其不能取赎？

答：凡辗转抵押，皆不过原价之数。

十四、若抵押之土地房屋，在年限内许押主转行抵押，则推之第三次第四次转辗抵押,是否皆无限制,抑必由原业主允许,其余中间押主均不得作主?

答:凡辗转抵押,除不得过原价之数外,别无限制,押主一面作主。

十五、转辗抵押,能否由其原押主引荐新押主于业主作为新抵押,而脱去原押主之关系,其原押主立于中间人之地位,作为另行一次抵押而了结其中间抵押之债务?

答:辗转抵押时,有告知原业主径向新押主取赎者。

十六、业主因倒账闭歇,须将所有产业出售均摊于各债主,则有抵押权者能否先尽自己抵押之数提取,抑与各债主均摊折扣?

答:抵押产业若已移交,即出典也,出价者必管业,与债主性质不同,原业主只有回赎全权,有找价作绝半权,无欠价回业之权之理。即因倒账闭歇,惟有将在手之产业出售,再将已典之产业找价作绝,总计均摊于债主。若抵押产业未曾移交,则非出典,仍系债主性质,应与各债主均摊折扣。

十七、土地房屋若转辗抵押,及届期满之时,业主能否径向现押主取赎?

答:不能径向现押主取赎。

十八、土地房屋之抵押须按时付利者,若转辗抵押,则其利息是否转辗相递交付?若系转辗相递交付,则取赎之时倘有利息未清之纠葛,业主是否可以不问,径向现押主取赎?

答:抵押产业若未移交,辗转抵押自取纠葛,无此办法。

十九、土地房屋在抵押期中,若押主欲为土地改良,或增添房屋,或加以装饰,是否先由业主允许,另订契券?若不告知业主而押主径自为之,届取赎之期,押主能否请业主贴补其费用?

答:京津风俗,凡租赁他人之房屋,欲为改良或增添房屋,皆先告知原业主,公议增加租息赁价,其增添之房屋仍归业主,且不给工料费。乡间亦然,但不增加租息赁价。土地与房屋相似。

二十、抵押逾期,久催不赎,押主能否请找价作绝?若无期限之抵押,押主能否催赎或请找价作绝?

答：凡抵押之习惯，无论逾期若干年，押主不能催赎，不能提议找价作绝。

二十一、土地房屋之抵押，大约以若干年为期限？

答：习惯以三年为期限。

二十二、土地房屋写明期限之抵押，未满期时，押主能否催赎？业主能否请赎？此两种未满之赎还，应否减让利息？

答：两面皆不能催赎、请赎。设或于期限内赎还，已往之息不能减。

二十三、土地房屋之抵押，若不写明期限，是否可以随时取赎？若以其出产作利息，而取赎之时房租未收，地产未熟，应否另付利息？

答：可以随时取赎，然须于春前秋后。

二十四、土地房屋之抵押，其中间人之费用是否以押款数目为比例率？普通以几分之几为率？是否业主与押主均分出之？

答：抵押不交房地，是债务也，无酬中费用。若移交房地，则为出典，酬中费用，业主出百分价之一，典主出百分价之二。

二十五、土地房屋之抵押，其一切杂费由何人担任？是否两面均摊？

答：若不移交房地，即无杂费。若系出典，由两方担任杂费。

二十六、中间人由何人邀请？若两方自行议妥，能否不列中间人？

答：两方皆可请中间人，或有两方自行办理不请中人者。

第二目　动产之抵押质当

答：城乡地方除当质铺之外，无以动产押钱者。

第三项　买卖

第一目　不动产买卖

一、不动产买卖之草契成立，是否必先付定钱？应以正价几成为比例率？

答：定钱大约正价十分之一二。

二、不动产买卖之草契成立后,应否先给以别项抵当物?

答:买卖产业全凭亲信中人,无给以别项抵当物。

三、不动产买卖之草契成立后,中途若有一人悔议,是否应罚?其罚数以何为标准?

答:买卖产业中途悔议,草契虽写有罚约,习惯上无认真照办者。若中人系贫乏人,每迫令悔议者按定价百分之五出费酬中。

四、不动产买卖草契上是否写明交割期限?

答:写明交割期限。

五、不动产买卖之草契成立后,若房屋被火灾烧灭、田地被水冲灭,卖主应否将定钱付还买主,彼此不罚?

答:应将定钱付还,彼此不罚。

六、不动产买卖之草契成立后,若有局外之纠缠,届期不能交付,如何办理?

答:凡说合买卖,必毫无纠缠,始立草约,此后除两面悔议外,别无缪辖。

七、不动产买卖之中间人费用,是否以物价为比例?约须几成之几?卖主例出若干?买主例出若干?

答:详见民事第一款第二项第二目第十三条答问,并详见民事第二款第二项第一目第二十四条答问。

九、不动产买卖草契成立后,如有短少不符,是否从原价照减?

答:从原价照减。

十、不动产买卖,其税契等事是否由买主办理?

答:由买主税契。

十一、不动产买卖之时,若适在完纳国课丁粮之时,是否归买主纳一年之丁粮国课?

答:仍由卖主完纳。

十二、不动产买卖,若其官契遗失,如何办理?

答:由卖主补税,然后再照买卖规章办理,以防局外纠缠。

十三、不动产买卖之正契,其式若何?其余应交出者若干件?

答：正契式与民事第二款第二项第一目答问所画典现地／租项契券同式，不过"出典"字样改为"出卖"，删去"回赎"字样，余皆同。正契之外，最重要者历次更换业主之老红契，亦以防局外纠缠也。

十四、不动产买卖时，其对于租户等有何关系？

答：无关系。

第二目　动产买卖

一、定期付货之买卖，是否先付定钱？卖主应否给付货样以为凭据？

答：卖主先给货样，然后定价，再付定钱。

二、定期付货之买卖，若先付定钱，中途有一人悔议，应如何议罚？

答：此与此项第一目不动产买卖悔议相同，率皆不为已甚，定钱亦须退还。

三、定期付货之买卖，若未付定钱，中途有一人悔议，应如何办理？

答：未付定钱，只好罢议。

四、交付货物如有短少不足，或货与约不符，应否赔偿？

答：如短少不足，或从原价照减，或补足货物。如货与原约不符，可照原约条规办理。

五、定卖之物若寄存货栈，卖主与栈主有栈费及抵押之事临时不能起货，其延误应否由卖主赔偿？

答：此系三面交涉，查明由何人不能起货，即由何人赔偿。

六、若未付定钱之买卖，届期不能起货，是否即作为买主悔议，别招买主？若起货仅迟一日，适已招第二买主，草契亦成，能否尽第二买主成交？

答：买卖成交，以合同为凭，虽未付定钱，不来起货，可以催问。如不催问而别招买主，自多缪戾。

七、若以不能出卖之物与人订立合同，至不能成交，应否照卖主悔议之例？

答：此则近于欺诈，似应从重议罚。

八、买主到期不能付款起货，卖主能否向买主认加利息并其寄存之费用？

答：商贾交易，有索取利息费用者；若非商贾，皆不忍索取利息，但令认寄存费用而已。

九、买卖已立定约,或由局外人耽误时期,买、卖二主能否向此误期者索赔偿?

答:乡镇买卖,若由局外人耽误时期,皆不索赔偿。

十、定货过期运到,若货价腾涨,卖主愿遵约赔罚,买主能否不认误期之罚,仍照原议成交?

答:此则买主有赢无亏,仍照原议成交。

十一、定货买卖若遇不测之灾,因而届期不能付货,能否免卖主赔罚?

答:可免卖主赔罚。

十二、定货买卖已付定价,而卖主倒闭破产,则此定货作何办理?

答:亦惟追索已付之定价,不能催交定货。

十三、定货买卖已订合同,尚未交货,而买主死亡,可否由其后嗣成交?若其后嗣无力,是否与本人悔议一律办理?

答:若非商号交易,自应由其后嗣成交;若其后嗣实系无力,只可变通办理。

十四、定货买卖已订合同,尚未交货,而卖主死亡,应否由其后嗣交货?若其后嗣不能交货,是否与本人悔议一律办理?

答:若非商号交易,自应由其后嗣交货;若实系有货而其后嗣不交,应与本人悔议一律办理。

十五、何种物品买卖有中间人?或须经在官人之手者?

答:买卖粮米、棉花、牲畜,皆由经(给)〔纪〕成交。

十六、付款交货清讫之时,是否无用契券,抑仍须订立契券?

答:乡间买卖,凡成交大宗粮米,皆由斗行议定价值,写批贴为定价凭证,与买卖产业之正契同一性质。至付款交货之时,则两面各写收钱付货两讫之清单,无所谓契券也。若买卖棉花、牲畜,则由秤行、牙行注账为定价凭证,成交起讫,皆由该行经手。

十七、买卖上运送、估计及一切费用由何人任之?

答:有买主自运取者,有卖主运送者,以货物畅销、滞销为或取或送之机关,皆于成交之始订明;至装卸及应给经纪之费,则买主任之。

十八、如以一物定于两买主,应由何人得物,由何人得赔罚？如在物价腾贵之际,应否按照市价以应多之利为赔偿？

答:无此等情事。

第三目　欠账买卖

一、凡欠账买卖,若届期不付或付而不清,可否议加利息？

答:凡欠账买卖,其欠价按照现钱价,已加增利息,若届期不付或付而不清,不能再加利息。

二、按节付账之买卖,有无临时折扣之习惯？

答:乡间无此习惯。

三、被欠人若有倒闭歇业,可否将欠出账款移抵自己欠人之款？其移抵之方法若何？

答:乡间商家谓被欠欠人为欠内欠外。若有倒闭歇业,于总计账簿时,不过以此为能否相抵之预算法,以定所业之赢亏。欠外之款,设法偿还,欠内之款,设法追索,向无移抵办法。

四、原欠人若有死亡,其后嗣能否立时索欠？

答:谚有之,"子承父业,父债子还"。原欠人死亡,可向其后嗣索欠。

五、被欠人若死亡,其后嗣能否立时索欠？

答:被欠人与原欠人虽有两面之别,而索欠法皆视为一律。

六、原欠人若有倒闭歇业,能否在其所余财产中均分？

答:应在其所余财产中均分。

第四项　借贷

第一目　普通借贷

第一类　借贷者之责任及其方法

一、允许借贷之后,能否反悔不借？有无责任？

答：借贷以立券为定议之凭。空口允许，反悔亦不能责之。

二、借贷是否必有中间人？若无中间人，是否但由借主一人作契券？

答：借贷有中人居多。若无中人，由借主一人作契券。

三、有无分期交款之借贷？契券是否逐期书写，抑先写于一纸，逐加注明？

四、分期交款之借贷，有无均分交款与参差交款之别？其方法若何？

五、若订立分期交款之借贷，中途违约不借有无责任？

答：三、四、五条本处无。

六、有无折扣借贷之习惯？

答：向无折扣，市井驵侩间亦有之。

七、有无分期拔本之借贷，或均分拔本，或参差拔本之方法？

答：本处所谓分期拔本，皆因借主无力偿还，请人调处，债主允许停息，分期拔本。此外无分期拔本者。

八、借贷之中间人费用大约照借款几分之几为比例率？由何人所出，抑两面有参差之例？

答：借贷中人无费用。

九、以不动产抵押之借贷若有丈量等费，以寻常物品抵押若有估计等费，由何人担任？

答：以产业押钱，若不移交，皆不丈量；以寻常物件抵押，惟当质铺有之。

第二类　借贷之期限

一、普通借贷至多以若干年为期限？

答：以一年为期。

二、分期交款之借贷，其还债期限是否以借款收全之日为起？

答：本处无。

三、分期拔本之期限，有无按月、按季、按年之别？

答：如此目第一类第七条所答之分期拔本，皆按年分期，此外无分期拔本者。

四、有一定期限之借贷，未届期限，债主能否索偿？

答：先期不能索偿。

五、未满期限，借主能否偿还，别向债主索取利益？

答：能先期偿还。不能向债主索取利益。

六、不定期限之借贷，债主能否随时索债？若久不偿还，至多以若干年作为折中之期？

答：本处借贷皆有定期。至期不偿，再定期限。

七、期限未满而借主破产，能否即时索偿，加入破产均分之列？

答：借主破产等于农田被灾，无可如何之事，债主难以常例绳之，相机行事，无一定不移之法。

第三类　借贷之利息

一、普通借贷之利息至少若干？至多若干？

答：至少者一分，至多者三分。

二、有无先在借款上扣除若干期利息之习惯？

答：无。

三、何种借贷之利息按月？何种借贷之利息按季？何种借贷之利息按年？

答：普通借贷皆按年计利。

四、有无按日计利之借贷？

答：本处无，京津有之，俗名为"打印子"，其放债处曰印子房。

五、无利息借贷，届期不还，可否加算利息？

答：借贷时若言定无利息，虽届期不还，亦不能再加利息。

六、利息积欠不付，可否加入原本作为借款一并起利？

答：市井之徒有以欠利加入原本一并起利者，其名称谓之"滚利盘剥"，士绅皆耻为之。

七、分期借贷之利息，是否每期应付之利息在应交借款上扣除，抑俟借款交清之后并算利息，另于一时付利？

答：无。

八、分期拔本之利息，是否分期还本若干，还利若干？届期付本不付利，能否另索利息？

答：详见此目第一类第七条答问。

九、有无因年久不还，由债主情让准用拔本止利之方法？

答：有拔本止利方法，如此目第一类第七条所答是也。

十、借贷之付利息，是否别立折据？由何人收执？俗例凭折付利，由债主收执，借主付过利息，是否由债主在折上注明？

答：借贷于正券外，有别立折据者，皆借主收执。付利还本时，由债主在折上注明。

第四类　借贷之担保

一、借贷之担保人是否即中间人？若中间人之外另有担保人，是否全由担保人负责任？

答：即中间人，此外无保人。

二、担保人有无由两面各举数人，而各担保其一面之法？

答：有此法。

三、担保若有数人，有无分别轻重，各担保其若干之法？或由担保人保其若干，余由借主自负责任之例？

答：有分别轻重各保若干者。无但保若干而其余不保者。

四、担保人习惯上是否但任代为催索之责？有无写明应代偿还者？

答：除铺保担任赔偿外，其余中保人但任代为催索之责。

五、担保人若于期内有他往之事，能否告退，请另招担保？若此外无可信之担保人，能否由担保人主张，催两面于期前偿还？

答：担保人他往，有自行安置替人告知两面者，无先期催偿之事。

六、担保人若死亡，应否由其后人接续作担保？若无后人，或其后人不能担保，或不愿担保，或债主不信，能否即时索偿？

答：保人死亡，债主必问责任于借主，借主必另请保人，或请其后人续保，无即时索偿者。

七、担保人设有倒闭破产之事，债主能否即时向借主索偿？

答：不能即时索偿，仍由借主与保人酌定办法。

八、通例铺保是否由其铺东出面签字，抑铺中执事人可代表之？若执事人代铺保签字，此执事人离开店铺，能仍向该店铺请其任担保之责否？

答：详见第一款第二目第四、五条答问。

第五类　借贷之偿还

一、钱财之债当偿还时，是否按照契券所书之货币？若当借贷之时契券所书之货币与实际交付之货币为二物，及偿还时，应以何种偿还？

答：借银还银，若以钱偿还，按市价合银。借钱亦然。

二、借债时以代替品按照市价交付，若偿还时市价与官价有别，应按照何价计算？

答：银债付钱或铜元，按市价合银；钱债或铜元债付银及银元，按市价合钱，不以官价为准。因官价未必公平，往往窒碍难行也。

按普通习惯，无论金银、银元、制钱、铜元，商民行使皆按市价折扣，至公至允，各无争论。因金银、银元成色不齐，制钱之内或有私钱，铜元之数太虚，故交易皆有折扣。惟铜元虚数过多，故丁粮课税，官衙皆不行使。市价虽有折扣，其价仍虚，商民依然不便。上年有以铜元之虚数偿还债务租息之实数制钱，因受讼累者，不一而足。公家若改铜元重与制钱相等，则与尚公尚实之政体相符，物价平而商民不受亏累矣。此地方自治之急务也。

三、借贷物品若订明以原物偿还，如有失灭，能否别购相同之物偿还？若系难觅之物，能否估价偿还？其价由何人估定？

答：应照样偿还。若系难觅，只可请通达物品者估价偿还。

四、偿还之时若债主遗失借券，能否由债主出一还清作废凭据，交借主收执？

答：皆由债主出一还清作废凭据交借主收执。

五、钱财之债能否以自己出借之债权凭据作为偿还？应否将自己之欠主引荐于自己之债主,经两面允许,作为偿清?

答:无辗转还债之习惯。譬如甲借乙钱,由甲还乙;乙借丙钱,由乙还丙,不能令甲还丙。若乙浮存钱财于甲,可移之于丙,令甲收丙账,将来由甲交丙;丙又移之于丁,令甲收丁账,将来由甲付丁。债务无此办法。

第二目　共同借贷

一、数人同借一债,若有参差之成数,是否由数借主自订合同,不在借券上写明?

答:数人同借一债,或写一券,或各写一券。

二、数人同借一债,是否皆担全数之责任,抑各分担自己成数之责任?

答:有一人独任全数者,有各任自己成数者。

三、数人同借一债,其债主应向何人索偿?其对于各借主中之一人能否索偿全数,抑只可就该借主应有成数索偿?

答:一人独任全数,则专向一人索偿;各人分任自己成数,则向各人索偿。

四、数人同借之债,若一人先偿其自己之成数,债主能否收受?又,一人已偿其自己之成数之后,其余债务能否不问?

答:各人分任自己成数,则各人分偿,债主不难收受;若一人独任全数,无论如数偿还,或先还若干,皆须担任全数者交付。

五、数人同借之债,内有一人死亡而无后嗣,是否由其余诸人分任其责?

答:若一人独任全数,即一人任其责;若各任自己成数,设有死亡而又无后嗣、无产业,则无人赔偿。

第五项　租赁

第一目　不动产租赁

第一类　不动产租赁之期限

一、房屋租赁有无订立期限与不订立期限之别?

答：租赁房屋有无期限，临时现议。

二、若订立期限，租主能否半途退租，业主能否半途不租？

答：可以半途退租或不租。

三、若不订立期限，业主能否随时请租主退租？

答：随时请租主退租，惟现租地、押租地。若现租、押租之房屋能否随时请租主退租，皆于租赁时议定。

四、租赁之土地并无地面权者，是否于租赁时必订明期限？若不订明期限，是否即视为世传之业？

答：不动产为业主所有权，其说已详见第二款第一项第三目地面权按语置答。凡租赁业主之地，无论订明期限与否，租户皆不能视为世传之业。盖租赁之地为地主世传之产业，非租户世传之产业。

五、转租他人土地者，是否应合算原租之期限为期限？

答：转租以业主所订之期限为期限。

六、租人土地订立期限者，租主能否半途自退，业主能否半途不租？

答：租户可以半途自退，业主不能半途不租。

七、未满期限之租房，业主能否改造，请加租息？

答：业主无故不改造。设添造房间，必加租息。

八、租期未满之土地房屋，业主若有出卖之事，如何办理？

答：租期须分别现租、押租。现租以一年或半年为期，卖地皆于春前秋后，原无窒碍；押租有无远近期限，亦皆于春前秋后缴还地户押租，然后出卖。

第二类　不动产之租息

一、房屋之租息有无先付后用与先用后付之别？是否有押租者〔先用后付，无押租者〕先付后用？

答：无论有无押租，皆先付后用。

二、租息届期不付，业主能否自应付之日起算，请加利息？

答:欠租无加利息者。

三、有无言明若干时候不加租息之约? 若无此约,业主能否随时请加租息?

答:凡现租房屋、田土,租息涨落皆随市价公议,无若干时候不加租息之约。

四、房屋租息普通之分期若何?

答:有一年一季总交者,有一年分两季交者。

五、土地租息是否按年计算者居多? 有无按季、按月计算者?

答:普通土地租息皆按十个月计算。若现租瓜地,则以半年为期,无按季按月计算者。

六、租赁土地有无以银钱为押租者? 其租息短欠是否即在押租上扣除?

答:有收押租者。如租息短欠,由押租上扣除。

七、土地房屋之无押租者,是否保租人有代缴租息之责任?

答:保人虽有代缴租息之责任,除铺保外,无实行责偿于保人者。

八、何种土地租息应缴本色? 有无原章应用本色而现在办法改用折色者? 其折价是否按照市价?

答:无论何种土地,租息如须折价,皆按照市价。

九、租地耕种若遇荒歉,有无减成与豁免之例?

答:有减成、豁免之例。若现租则无所谓减免,因现租皆先交后种,以数月为期,期满则归业主,若减免租数,则不能种地也。

第三类　不动产租赁之修理

一、租赁之土地房屋,有必不可少之修理,其费用由何人任之?

答:修理费用由租赁时现议,无定格。

二、有无大修、小修分归租主修理、业主修理之事?

答:有。

三、租主自修理者,能否向业主索偿费用?

答:若议定分修而租主自修,应向业主索偿。

四、业主修理后能否增加租息?

答:照租赁时所议办理。

第四类　不动产租赁之担保

一、凡租赁土地房屋者,是否必以现银钱为押租?

答:如有押租,皆用现银钱。

二、租息若有短欠,是否在押租上扣算?

答:在押租上扣算。

三、押租之多寡,是否以几期租价为比例?

答:押租情形等于市面货物,亦有市价,{依}市价之涨落,以定押租之多寡,不以几期租价为比例,以市价为比例。

四、租息若延欠不付,在押租上扣除已尽而租期未满,能否再向租主索取押租?

答:押租扣除已尽,或再索押租,或改为现租,或收回自种,或分收,由业主自便。

五、有押租之租赁,则保人是否只保欠租以外之事?

答:有押租,则保人只保欠租以外之事。

六、若租主有不法事情,被官封没其房屋,保人应否赔偿?

答:房屋系业主之产业,若租主犯法封没,保人应得赔偿。

七、若无押租而积欠既多,租主死亡或逃走时,保人应否赔偿?

答:保人必责欠于其家人,未有代偿之事。

第五类　不动产之退租

一、租主将退租,应否先期通知于业主?

答:应先通知业主。

二、退租之时,业主应将押租之款如数缴还。若业主力不能缴,或缴不足数,能否取其房屋上之可动品以抵其数?

答:无力清缴押租,以价值相当之物品抵还亦可。

三、退租之时,若于其租物上有改样变更之处,租主应否改成原式?

答:若系普通适用,退租时可无庸改成原式;若改样之处系租主一人适用,退租时理应改成原式。

四、租主在房屋土地上增添有益物品而不能携带者,能否向业主索取价值?

答:习惯凡租主在房屋土地上增添不能携带之物品,皆不能向业主索取价值。

五、当退租之时,土地若有出息尚未收获,应归何人所得?能否索取价值?

答:凡退租应在收获之后,两无牵涉。取赎典质之地,往往有此情事,如秋间典主种麦,业主于冬间赎地,则按亩赔偿牛力籽种;如来年清明前赎地,按业主四成、典主六成分收秋麦。

第二目 动产租赁

答:乡间惟赁货铺出赁娶聘喜轿及丧葬杠窜各等器具,有习惯办法,此外无以动产租赁者。如车马、衣服、器皿等类,皆有无相通,彼此借用,如有损坏,修理赔偿,因事制宜,无一定规章。问题八条与乡间风俗不合,故未依题分答。

第六项 聘请雇佣

第一目 聘请

一、凡聘请学问技艺服劳者,是否必用聘书?其式若何?有无用合同式者?

答:皆由聘请人送关书,写"敦请赐教",及一年束脩数目、到塾或到堂、日期、某人拜字样,不用合同;不称为"服劳者",尊师重道之意也。若工商各业技艺之师,皆用合同,其聘金名曰劳金,与聘请塾师、教员迥不相侔。日本于学问技艺之师统名为"服劳",不足为训。

二、凡聘请学问技艺服劳者,是否订明期限及所任之事务?若不胜任,能否即时辞退?

答:订明期限及所任之事。若不胜任,至期辞退,无立时即行辞退者。

三、凡聘请学问技艺服劳者,其应聘人能否于期限未满请退?聘请人能否于期限未满辞退?此种请退辞退若有损害于人,应否赔偿?若其中有不得已事故者,能否免其赔偿?

答：凡塾师及学堂教员，非有万不得已之事故，皆不能半途请退、辞退，亦无赔偿之事。若仅以技艺服劳者，既订合同，必万不得已而后半途请退、辞退，亦有订明于合同者。

四、凡聘请学问技艺服劳者，除薪资外，若有川资伙食等类，是否必预先订明？

答：凡川资伙食，皆预先订明。

五、凡聘外国人为学问技艺服劳者，是否订立合同条款，各执一纸以为凭？其文字应否兼用两国文字，并写两国年月日？

答：兼用两国文字，写两国年月日，各执一纸。

六、凡聘请学问技艺服劳者，若有不得已之事故须旷废多时者，应否由本人请人代理？其代理之薪资等项，是否即以本人所应得者给付？

答：因事旷废多时者，由本人请代，并给薪金。

七、凡聘请远道之人，有无若干时应请假若干日，不扣薪俸之例？

答：旷废多时，如本人请人代理并给聘金，是即等于扣薪俸也。

八、聘请学问技艺服劳者未订期限，若彼此辞退，有无应行先期知照之例？有无未有接手人不得辞退之例？

答：聘请皆有期限，如彼此辞退，皆先期知照。至无接手人，亦不能遽退。

九、未订期限者，若彼此合意分离，其远道之人应否给以川资？

答：有赠川资者。

十、期限将满，若欲续聘，应否先期知照？倘于期满之时尚无接手之人，应否由应聘人催招接替，抑期满可以自退？

答：凡续聘，皆先期知照。若不续聘，限满自退，应聘人不催招接替。

十一、凡聘请书，有无担保人？其有误职及钱财亏空，能否请担保人清理赔偿？

答：聘请塾师或学堂教员，有介绍，有聘书，无担保人。设有误职及钱财亏空等事，应聘人自己清理。若技艺服劳之合同，皆由担保人照合同办理。

第二目　寻常伙友

一、寻常伙友既无聘书合同，是否全凭荐主说合？荐主是否即作保人？

答:全凭荐主作保。

二、寻常伙友若旷误及不胜任,是否可以随时辞退？此种辞退应否按日照给薪资？其远道之人应否给以川资？

答:大故可立时辞退,若系小故,年终辞退。薪资按月照给。远道而无大故,酌赠川资。

三、寻常伙友其辞退时,若有经手未了事件,能否令其俟交接清楚后始去？

答:交接清楚后始去。

四、寻常伙友有银钱亏空及贻误职务,能否向保人追赔及清理其职务？

答:此皆保人应担任者。

五、寻常伙友若其保人死亡,应否另行招保？

答:设今日作保,明日死亡,自应另行招保。若历时既久,东家伙友已相知心,保人死亡,亦无庸另请担保。

六、寻常伙友死亡,若有银钱亏空及贻误职务,能否向保人理论追赔？

答:能。

七、寻常伙友有无自以银钱财产作为担保之方法？

答:无。

第三目　劳力雇佣

一、专司男女仆人雇佣荐保之铺,各处系何名目？其开设之时应否报告地方官？

答:并无此铺。求为仆者,必自觅保人。

二、专司仆人雇佣之铺,所荐之人是否均有来历之人？是否均知其家族住居之所在？

答:苟无来历及不知其家门之人,即无人保荐。

三、有人投铺求荐,应否由其家族允许？

答:凡为人仆,皆由其家人允许。

四、保荐仆人应否由保荐铺交一凭据于雇主？

答:保人不交凭据于雇主。

五、被雇人有不法行为及窃逃等事，保荐之铺是否担其责任？

答：此等事保人皆担任。

六、被雇人若有疾病等事，雇主能否送交于保荐铺？

答：若有疾病，送交其家。

七、被雇人若有死亡，雇主能否交保荐铺料理一切？

答：若为日无多，则雇主与保荐人公同料理；若历有年所，则雇主自行料理。

八、期限未满之时，若有不服雇主及不堪使用情事，雇主能否辞退？此种由雇主辞退而薪工已付者，能否向保荐铺索还？

答：若因不服雇主而辞退，则追索已付应扣之薪工；若因不堪使用而辞退，则不索还薪工；若被雇人自行告退，则须缴还已支应扣之薪工。

九、期限未满，被雇人能否自行告退？

答：非有事故，不能半途自行告退。

十、雇主不按期给付薪工，被雇人能否向雇主索取利息？

答：不能索取利息。

十一、期限未满之时，能否请加薪工？

答：不能请加薪工。

十二、凡劳力小工之须用多数人者，有无专司其事之业？其名目是否称为工头？

答：乡间无工头。凡雇小工，皆雇主自雇。

十三、凡雇佣多数小工之事，其工价是否交由工头发给？

答：由雇主自行发给工价。

十四、凡多数小工之雇佣，是否按日发给工价？

答：按日发给工价。

十五、凡小工有短少人数之事，是否向工头扣算？

答：小工人数皆雇主自行稽查。

十六、工头专司管理，是否另给工资？抑不给工资，专在小工工资上抽费？

十七、工头包雇小工,是否由工头订写承揽契券?其所担责任有几?

总答(十六、十七):无。

十八、农人雇工耕种,是否有短工、长工之别?

答:有长工、短工之别。

十九、农人长工按年计算,中有疾病等事,能否不扣工资?抑农忙时须请人代者当扣算,不必请代者可不扣算?

答:如有疾病,不扣工资。农忙时若有疾病,该长工自出工资,请人代工。

二十、农忙短工是否必待收获之时付给工资?若有歉收,是否亦须照给?

答:农忙时有秋工,有短工。秋工随时陆续给工资,短工按日给工资,歉收亦须照给。

二十一、凡雇佣因服劳成疾或致伤者,雇主应否给以医药之费?若因而致死者,应否赡养其家族?

答:服劳成疾或致伤,雇主请医给药;因而致死,给以棺木,不养赡其家族。

第七项　承揽

答:乡间无承揽包工、定货之事之人。问题二目与乡间情事不合,故未依题置答。

第三款　亲族嗣续

第一项　户主及家族

第一目　户主及家族习惯上之分别

一、凡一户一姓同居之人,是否以辈行最尊最长之男子为户主?若辈行尊而年尚幼,是否推年长者为户主?

答:以尊且长者为户主。若行辈尊而年尚幼,则推年长者为户主。

二、凡同居异炊者,是否仍作一户?向来填写保甲门牌,是否填入一纸,抑分炊者各自为一户？

答：同居异炊则各为一户。填写门牌，则异炊而同居者作为一户填入一纸，不同居则各自为户，以便稽查。

三、分居分炊而系一户主之家人者，其数处分宅填写保甲门牌，是否均填其户主之姓名？

答：既系分居分炊，虽祖孙父子，无论分宅若干处，皆各为户主。填写门牌，各写其户主姓名。

四、一户中之尊长若有疯癫疾病及愚顽不识字，或不知世事，或无品行，不堪为一家之主者，能否别推一人为户主？

答：一户中之尊长，非祖与父，即胞伯叔及胞兄、从兄也，若疯癫疾病、不知世事，则别推一人为户主；若无品行，乃卑幼无可如何之事，势难别推一人为户主。

五、一家之中无男子，或有男子而年老年幼，是否即以妇人为户主？

答：若无男子，以妇人为户主。老幼则不论。

六、一家之中如有寄养之人，别无他处家室，亦不能成立一家者，习惯上是否视同一家？向例保甲门牌是否即填一纸？

答：不能视同一家，于本户门牌上旁注其姓名。

七、一家无男子而招入赘婿，是否改从妇家之姓，即作为妇家之主？若为赘婿之男子，其本宗除该男子外无他男子，能否归并为一家？

答：无改从妇姓之理。若妇家止此妇一人，则赘婿为户主。若赘婿之本宗亦止此一人，则归并为一户，而仍为两姓两家。

八、赘婿离婚归宗，则所生之子应从何姓？又或已孕未生之子，将来应从何姓？

答：子从父姓，不论已生方孕皆然。

九、女子出嫁，其家中之人不能成立一户者，能否归入其婿家？

答：若岳父母老而无子，婿家可以养生送死；若系年幼无依之舅弟，则婿家养之教之，俟其成立，仍各为一户。

十、出妻归家,是否仍为其父母家之人?若生有子女,有无随母大归之例?

答:各处皆以出妻为耻辱,事虽律有明文,向来未见有出妻者。

十一、已有妻子而为人后者,其妻子是否从之,抑有留有从者?

答:若大宗之独子兼祧小宗,将来以独子之次子一人为小宗之户主。若大宗不止一子,应继小宗者,其妻子皆从之。若小宗之独子承继大宗,则承继之妻从之,其子有留从者。

十二、再醮之妇已有子女者,是否可以携从?若夫家有老年舅姑不能成立一户者,能否归并于婿家?

答:子女幼而无依,则携从之;或年长,或幼而有依,则不能携从。至夫家之舅姑,无归并再醮之婿家者。

十三、为人后者复归本宗,其妻子是否同归?

答:妻子同归。

第二目　户主及家族之义务

一、户主对于家族人等是否有赡养之义务?

答:户主于家族有因时周恤之情谊,无赡养之义务。

二、除共有财产以外,户主与家族所有财产,是否均以本人自己名字置之?

答:各处无不分居之宗族,皆自立门户,各守产业,彼此不相干涉。除祭田及商业外,无共有之财产。

三、家族所居之处,是否必由户主所指定?若家族自定居宅,未经户主允许者,户主能否令其迁居?

答:既系分居,则各人所居之处听其自便,彼此不相干涉。

四、家族之婚姻及出为人后,或招入为后者,是否必由户主允许?

答:凡分居族人婚姻、承继等事,必由户主允许。

五、家族若不服从户主,能否招集四亲人等公议之?

答:能。

第二项　婚姻

一、男子成婚至少必满若干岁？女子成婚至少必满若干岁？

答：男子十六岁乃可成婚，女子十四岁乃可成婚。

二、男女婚姻是否必各由其尊长主婚？若上无尊长之人，是否可由本人自行结婚？

答：婚姻之事，皆由尊长主婚。若男子上无尊长，可以自己列名；女子上无尊长，则其至戚代为主婚。

三、已嫁之女业已被出者可否别嫁？

答：各处无已嫁而被出者，皆以离婚为耻辱事也。

四、寡居再醮，是否必待前夫三年服满之后？

答：士绅之家，虽寡居贫乏，能殉夫不能再醮，我中国数千年之美俗也。凡微贱而又无所依赖，间或有再醮者，则不能拘定服满矣。

五、寡居之妇能否招入赘婿？

答：虽微贱而无所依赖者，亦无寡居招赘之事。

六、寡妇之再醮，是否由自己结婚？

答：其父母主婚。

七、通例不得结婚者有几种？

答：同族及有服之中表，以至尊卑、至戚、良与贱，皆不能结婚。

八、婚姻之成立是否必有媒妁？必行何种礼节，始作为婚姻结定之日？

答：本处风俗，结姻有媒无妁。以定期纳采为结定之日，俗谓之传庚，又谓之过帖。

九、已结婚而未成婚时，若夫妇有一人犯罪者，能否解去其婚姻？

答：犯罪已经处死，如未成婚，可解去其婚姻。若罪不至于死，不能解去其婚姻。

十、已结婚而未成婚时，若夫妇中有一人生终身之疾病者，能否解去其婚姻？

答：与犯轻罪同，不与解去其婚姻。

十一、已结婚而未成婚时，若女子有奸事者，其夫家能否解去其婚姻？

答：女子有奸，可解去。

十二、已结婚而未成婚时，若男子游荡不事生业，不能成立家室者，其妇家能否解去其婚姻？

答：男子游荡与女子犯奸之关系大相径庭，妇家不能解去其婚姻。

十三、除《大清律》出妻之外，妇人有无可以离婚之俗例？

答：夫妇为人伦之始，关系极大。《周易》言："有夫妇，然后有君臣上下"，是则夫妇虽为人合之伦，而五伦皆造端于此。《大清律》定七出之条以振乾纲，复定三不去之条以全夫妇之道，为任情出妻者立之防，意美法良，可为万世人道之极，别无离婚出妻之俗例。

第三项　夫妇财产

一、夫所有之财产，是否认为夫妇共有之财产？

答：夫之产即妇之产。

二、妇人有父母家之奁赠品，是否认为夫妇共有之财产？

答：认为夫妇共有。

三、妇人有土地房屋之奁赠，妇人能否作为自己所有，不与夫共之？

答：妇人自己所有之物，莫不与夫共之。

四、夫妇间能否将家产分而有之，各养其自己？

答：士绅之家无夫妇分产者，乡愚间或有之。

第四项　嗣续

第一目　所生子

一、嫡出子年幼，庶出子年长，应以何人为后？我国有长房为后之例，故长子早死则长子之子为承重孙；若长子而系庶出，应否以长子之子为承重孙？若庶出之长子早死，应否为之立后作为承重孙？

答：我国为后之例，惟荫袭分嫡庶，其余分长次，不分嫡庶。子为父所生，嫡出庶出，无二致也。凡承重及立后等事，嫡庶无区别。

二、子为人后，若无承继之父兄尊长堪胜教养之任者，其本生父是否仍应任教养之义务？

答：教养本生子与寻常义务不同。

三、本人认私生子为己子，其家中之人能否拒绝？

答：中国礼俗，关于人伦风化，立为大防，当此维新时代，岂可容此浑浊污秽之事！问题三条，无此风俗，未便置答。

四、本人认私生子为己子，而其母未嫁于其父者，可否作为庶子？

答：无。

五、前问无母之子，若欲认其母，归为母子，家中之人，能否拒绝？

答：无。

第二目　同姓承继子

一、以他人之子为子，是否必自己无子者？大约年逾若干无子，始可承继？

答：各处习惯，无子者，非年近七旬，自己实不能生子，始甘心承继。

二、承继是否不限于一人，有无应嗣、爱嗣之俗？

答：有应嗣、爱嗣之俗。

三、所谓应嗣者，其承继之次序若何？

答：若大宗之子承继小宗，则以大宗之仲子；若以小宗承继大宗，则以小宗之长子。若小宗次房之子承继小宗长房，亦以长子；若小宗长房之子承继小宗次房，则以次子。

四、兼祧之人无子，是否应承继二子，各为一房之后？

答：兼祧之人无子，应承继二子，各为一房之后。

五、有无大宗不继小宗之例？

答：大宗可以兼祧小宗，不能承继小宗。

六、次序应承继者,其承继子及其本生父母能否拒绝不允?

答:承继之事,以昭穆次序为定,本生父母不能拒绝不允。

七、次序应承继为子者,能否请求承继?若承继父母有所不爱,能否拒绝,或别承继他人?

答:应继、爱继虽有明文,然因此聚争互讼者,层出迭见,推原其故,非有委曲难言之隐,即彼此挟有私心。或官司审判,或亲族公议,酌理准情以剖决之,争端自息。

八、承继之时,是否由承继之父或母与其本生之父或母先行允许,然后邀集亲族人等会议?

答:皆先由各房尊长允许,然后再邀集亲族会议。

九、承继父母俱不在者,可否由亲族提议承继?

答:若止于两房,而有一房无子,则有子者可以命某子承继,不必亲族提议;若不止两房,则必由出继者邀集亲族会议。

十、本生父母俱殁之子,其承继于他人,是否由亲族公议允许之?

答:亦必邀集亲族公议,而仍由应继者允许之,亲族人等不能允许。

十一、次序应承继为子者,若早死而有子,可否以既死之人承继为子,而即以其子为承继孙?

答:既曰应继子死,可以继孙。

十二、为人后者,其妻子应同为人后,其本生父母能否择留其子?

答:本生父若仍有子孙,则不能择留为人后者之子;若独子出继,而其子众多,则必按次序择留其子。

十三、承继之成立,从承继文书写成签字之日为始,其文书是否两方父母各执一份(录一格式)?

答:承继文书,两房各执一份。其格式如左:

立成继合同字据人某某房某某因某房某无子,情愿以某房某应继之子或爱继之子为子,彼此非有质证明确之大故,不准彼此退继;所有承继产业,某房诸子不得争论,本生父母无故不得干预。嗣子百年之后葬于继父穴下,不得葬于本生父穴下。立字之后,各无反悔。邀同亲族人等立此合同两纸,各执一纸为证。

年月日

某某中人押

应继或爱继人某押

立合同人某押

十四、承继成立之后,是否应从其承继父母同居?若年幼之子,能否暂由其本生父母抚养?

答:凡以他房之子为子,以初生者为适宜,盖自襁褓时抚养,必与其嗣父母同心合志,本生父母虽本生之幼子,亦必曲体人情,不自抚养。

十五、本生父母对于出继子,应否仍有管理教养之责?

答:若继父母皆不在,其本生父母有管理教诲之责,不能以己之资财养之,因出继子自有养生之资也。若继父母俱存,本生父母可以不干预。

十六、承继父母能否于承继后追废承继文书,将承继子退还其本生父母,抑或限定有不安本分之事方可退还?

答:非有质证明确之大故,不能退还。

十七、出继子因不安本分而退还者,其本生父母是否不能拒绝?

答:果因大故废继,其本生父母不能拒绝。

十八、本生父母能否于承继后追废承继文书,将出继子索还,抑或限定承继父母有不堪父母之责任及虐待者方可索还?

答:亦非有异常虐待嗣子之大故,本生父母不能索还。

十九、本生父母因前问之故而索还其出继子者,承继父母是否不能拒绝?

答:果因异常虐待之大故索还其出继子,其承继父母不能拒绝。

二十、为承继子之本人能否于承继后不愿承继,自请归其本枝?

答:无故不能自归本枝。

第三目　异姓承继子

第一类　抚养子

一、抚养人为子者,是否必须自己无子方可抚养?若自己有子,能否抚养人为子?

答:以异姓为子,皆不得已而为之。若自己有子,谁肯抚养人为子?

二、凡以异姓人为承继子者,是否必同姓无人始可抚养?若同姓有次序应承继之人,或素不安分,或有仇意嫌隙者,能否舍其同姓应承继者而承继异姓?

答:舍同姓而承继异姓,乱之端也,官私皆不许可。应继者或不安分,或有嫌隙,舍之可也,而同族之中岂无行辈相当可受继者?一概舍之,必受官私饬责。

三、异姓承继有无远近亲疏之次序?

答:无远近亲疏之次序。

四、抚养人为子者,大多几岁无子始可抚养人为子?既抚养后而自己生子者,应否视抚养子为嫡长?

答:妻过生子之年,而夫又无力买妾,又无行辈相当之族人,实不得已,始抚养人为子。

五、为抚养子者,大多在几岁以内可以抚养,抑无限定?

答:抚养子岁数无限定,亦以襁褓时为适宜。

六、抚养子者是否养父母与其本生父母订立文书为凭?若其人无父母,或不知其父母,以何者为凭?

答:以文书为凭。无本生父母,由邻里及戚友立字据为凭。

七、若将抚养子为他人后,应否告知其本生父母,得其允许?

答:由其本生父母允许,始能出养。

八、本生父母对于出养之子有无管理之责?

答:有管理之责。

九、既为抚养子后,是否应与养父母同居?若子过于年幼,可否仍由其本生父母暂为抚养?

答:既允出养,便不能暂留。

十、抚养之后,养父母可否追废文书,将其子退还于本生父母,抑或限定有不安本分之事方可退还?

答:办法与承继族姓同。

十一、抚养子因不安本分而退还者,本生父母是否不能拒绝?

答:办法与承继族姓同。

十二、本生父母能否于出养以后追废文书,索还其出养子,抑或限定于养父母有不堪父母之责任及虐待者始可索还?

答:办法与承继族姓同。

十三、本生父母因前问之故而索还其出养之子,养父母是否不能拒绝?

答:与出继族姓同。

十四、为养子之本人能否不愿出养,自请归宗?

答:与出继族姓同。

第二类 赘婿为子

答:问题十二条,无此风俗。

第四目 亲权

一、父母有教养其子之义务,若学习、职业,可否由子请求?

答:父母教子,惟恐不学,子能请习职业,必为允从。

二、子有应得之财产,父母应代为管理否?

答:应代管理。

三、子为他人后,得有承继遗产,其本生父母应否代为管理?

答:亦应代为管理。

四、父母惩戒其子至若何程度?若其子不受管束,除告官外,能否请亲族代为惩戒?

答:孔子有云:"小杖则受,大杖则走",小杖即惩戒之程度也。设仍不竣,告官之外,亲族代为惩戒,别无方法。

五、子已成人,能营独立生活之后,父母是否不复管理?

答:子能营业,父母可以享福,而为子者,仍当禀命而行,不得专擅。

第五目　子职

一、子已成年后,是否必养其父母?

答:事亲仅谓能养,犹无以自别于犬马;若复不养其父母,何以为人!

二、父母之财产是否必经传付而后其子得以作主,抑家产传付之后关于重大出入仍须禀命于父母?

答:虽承命主持家事,亦当禀命而行,示不敢专也。

三、父母之债务,是否必由其子偿还?若有数子,是否应均分担任?

答:子承父业,父债子还。若有数子,均分担任。

四、父母之疾病丧葬,若有数子,是否均分担任?

答:此更当均分担任。

第六目　分家产

一、父母以其家产分付其子,是否由父母定其份数之大小多寡?

答:皆由父母定其分数。然设有偏爱不公之处,虽一时迫于父母之命不敢不从,兄弟之间必生嫌隙。

二、父母有无与长孙特别分付家产之例?

答:无。

三、分家产于已嫁之女及其婿者,若系不动产,应否交出契券,另行税契过户?

答:应另行税契过户。

四、有无分家产时留若干分为嫁女及养老之费者?

答:有。

五、分家产中若为不动产,其契券为一纸者,应否分税数纸?

答:应分税数纸。

六、家产之分割,是否由父母邀同亲族书写分割家产书,各人签字,各执一份?

答：是如此办理。

七、分割家产之字据账本,是否各人照抄一份?

答：各抄一份与否,看何等字据账本。

八、父母已死之后分割家产,是否必须均分?有无嫡庶长幼之别?

答：按房均分,无嫡庶长幼之别。

九、父母家产不足偿债,是否由其子均分担任?

答：由其子均分担任。

十、父母以遗嘱分定家产,应否有亲族人为证?

答：应由亲族立字为证。

十一、家产分割之时,若有未分割以前之利息,是否均分?

答：应均分。

十二、父母既死之后,其分割家产是否以本枝为限?若有争论,应用何法?是否一律均分?

答：父母之遗产,为之子者均分之问题,若有争论云云,语意浑括,不知何所指。如指子孙〔而〕言,则邀集亲族公议；如指本枝之外而言,则为非理之争,论公论私,皆饬责之,其争自息。

十三、若有不能分割之家产,应否援照共有之法,或卖出而分其价?

答：可以援照共有之法办理。

第七目　遗嘱

一、遗嘱有何一定之成式?

答：无一定成式。

二、满几岁以上始得为遗嘱,抑未成婚者不得为遗嘱?

答：凡知识已开,皆得为遗嘱,然须视其遗嘱为何如事,以定从违。成婚者亦然。

三、何种人不得为遗嘱?

答：亦只痴愚疯癫之类。

四、为遗嘱者若病势至精神昏乱,是否其遗嘱不能作准?

答:遗嘱分别治命乱命。病至昏乱,所嘱如不近情理,即乱命也,不能作准。

五、若有谬妄不情之遗嘱,是否不能作准?

答:此即乱命也,不能作准。

六、为遗嘱之方法,有本人预书者,有病时自书者,有病时口说令人笔记者,有仅由家庭亲戚听受者。若仅系一人所闻之遗嘱,是否不能作准?

答:此亦须视所嘱为何事。若关系重要,既无凭证,又系一人所闻,不能作准。

第四部　商事习惯报告调查书稿本

商事习惯报告书

第一款　商事总问题

第一项　商人

一、须以姓名出面之商人有几种?试详举之。

二、须以姓名出面之商人,是否子孙即承袭其名?若有他姓代顶其营业者,能否亦袭用其姓名?

答(一、二):城乡商人皆以牌号出面,无以姓名出面者。

三、农工商部所颁《大清商律》规定商人通例九条,有无应行增加变通之处?

答:通例九条,其第六、七条内似应增入钱铺开钱票办法,及买空卖空禁令。城乡钱铺资本无多,每于收买秋粮之时,任意开钱票,名曰帖欠,其数率浮于资本,买卖亏欠,即行倒闭,商民之存积钱票者因之受累,并牵掣阛阓镇商业大局,虽经官惩办,亦于事无济。欲除此患,须官商同心整顿之法,先立商务会,开设钱铺者将资本及钱票实数由商务会报官,钱票数目按照资本十分之四五,不准多开,钱票上印商务会戳记,否则不准行使。计所开之钱票数,以该铺东相当之产业交商务会作押,如此办理,自不至有票无钱。宝坻、宁河两县人向有买空卖空之恶习,买空卖空俗名倒把,如甲商揣度银粮市价日后必低,乙商揣度银粮市价日后必高,彼此原无资本,暗赌心计,以片纸字据买卖数万银粮,定期交易,至期非甲赔累,每因此倾败资产,牵掣阖境商业大局。欲除此恶习,亦须责令商会禀官,实行禁止。此二事于商业大有关系,亟宜参酌整顿之法,列入商律。

第二项　商业

一、商业之必经官存案者有几种？试详举之。

答：当质行、钱行、酒行。

二、商业之领牙帖者有几种？试详举之。

答：斗行、秤行、大牙行、小牙行、船行。

三、行帖是否以商业字号为主体？若业主更换而仍用其牌号者,是否可仍用其牙帖？

答：各行无字号,皆以姓名为主,换人则另换牙帖。

四、商业之有牙行经纪者有几种？试详举之。

答：买卖骡马牛驴猪鸡鸭,皆有牙行经纪。

五、牙行经纪如何充当？是否由地方官谕充？有无期限？

答：皆用费向官署运动。由官谕充。无期限。

六、牙行经纪是否不自营商业而专取行用者,抑有自营商业者？

答：牙行经纪皆各有本业,不拘营商,亦非专赖行用生活。

七、牙行经纪之利益是否即各行用？其提用方法是否就买卖价值为比例,即向商人提取？

答：其利益即是行用。就买卖价值为比例,向买卖主两面提取。

八、牙行经纪之职务对于商人者有几事？对于官衙者有几事？分各行详答之。

答：其对于商人,凡买卖成交时,牲畜之者{老}壮、疾病、来历、交价日期,皆担任之。对于官衙者,充当经纪,历应交之差。

九、何种商业有会馆、公所？试详列之。

答：无公所、会馆。

十、同业会馆、公所之组织若何？经理人若何？公举有无董事等名目？

答：近年各镇曾组织商务会，因商业衰微，不易成立，仅有蔡村镇组成商务一所。本镇商号公同任事。无董事名目。

第三项　牌号及商标

一、凡店铺行栈之牌号，或无店铺而经商之记号，若同一商业，是否在后商人所用之字样不得与在前商人所用之字样相同？其虽非同一字样，而笔画声音相类似者，是否亦不得用？

答：城镇商业有牌号，无商标。牌号字样，彼此不准雷同。笔画声音略相似者，不能禁止。

二、商业牌号俗例可以出租、出售，其出租、出售之时，是否必在该商业未停之时可以接续营商者，抑已经停止之牌号亦可出租、出售？

答：城镇商业无以牌号出租出售者。

三、牌号之上另加一二某{记}字样者，其用意所在，是否专以区别债务账目之用？出租、出售者，何种应加字为记？何种不必加字为记？

答：牌号加某记字样，或区别联号，或因业主分产而牌号专归一人，则加一二某记字样以别之，或用以区别交易及书信。

四、牌号之出租方法，是否按期付租息？若不付租息，能否令其停业？其租券{式}若何？

五、牌号出租之后，能否半途索还，自行营业？抑有期限？

六、牌号记号之出售，是否出售以后不得用相似之字样以为牌号？

七、牌号记号出售，有无言明若干年不得同在一地营该业之事？

总答（四、五、六、七）：乡镇无以牌号出租出售者。

八、以同一之营业用同一之牌号,往往有多至数十百家毫无区别者,究系何故?是否系同祖所传,抑别有分利之法?

答:城镇商业牌号,除联号外,无雷同者。

九、从前商货上所绘图画为记者,即现行《大清商律》之商标,在商律未颁以前,是否亦不得冒用他人图画为记?

答:城镇商业无图画记号,装匣及包裹之茶食或药味,皆用牌号门票。

第四项　分号坐庄

一、分号坐庄之经理人是否由商业主人选用,抑有由本号总经理选用者?

答:有由商业主人选用者,有由本号总理选用者,有东家及总理公同选用者。

二、分号坐庄之盈亏是否与本号合并计算?

答:与本号合并计算。

三、分号坐庄{者}若有停歇之时,其人欠、欠人之账目,是否均由本号清理?

答:均由本号清理。

四、所有商业上之责任,分号坐庄与本号是否一律担负?

答:一律担负。

第五项　商业之账簿

一、凡店铺、行栈所必备之账簿有几种?各业情形不同,格式亦异,试分营业种类,就关系紧要者详举其式。

答:各业账簿大致相同。有万年账,东伙成立商业之账簿也,凡成本数目及历次届时分账开红单时或赢或亏之数,皆书之;有总流水账,亦曰大流水,凡每日之出入银钱及货物之数目,皆书之;有小流水账,每日由大帐支钱若干入此账,以备支付零用;有货物流水{账},凡收买出卖之货物数,皆书之,结总仍归大流水;有各种底账及浮记账,凡人欠欠人、伙友薪工、各种日费、买卖货或现或欠之银数，皆自为一册，由大流水分类，各过此等底账，以便稽察；有帖欠账，所以记钱票也；钱铺另有帖存账钱之根也。

二、现款买卖与欠账买卖记账方法若何？

答：现款欠账买货卖货时，书于大流账，再分类过归浮记账及底账。

三、每年总结之账，有无另记其总数之簿册？

答：每年总流水总结全数。

四、商业上人欠与欠人之账，是否各为一簿，抑以往来之户分列？试举一二格式。

答：凡浮之人欠、欠人，本镇自为一簿，四乡自为一簿。凡有利息之人欠欠人关系于债务者，自为一簿。

五、凡出支付银钱货物票者，是否另有{存}根簿，抑专立一簿，临盖骑缝图章？望各举一二式。

答：本铺自开之钱票，专立一簿，凡钱票上之{钱}数、编号及年月日，皆书之，并盖骑缝图章以为存根，名曰票存账。收入他铺所开之钱票，专立一簿，凡钱票上之牌号、钱数、编号及年月日、某人付、某人支，皆书之。

六、紧要账本，其边缝有无页数字样？

答：凡账本，顶底两处皆有总页数目字，每页无数目字。若以改良论，凡书籍须如账本之有总页数目字注于卷末，凡账本须如书籍之有每页数目字，则尽善矣。

七、账簿是否永远保存？有无另誊副本以备意外之事？

答：凡紧要账簿，皆永远收存，不另誊副本，因无可存之处也。凡事过无用之账本，皆弃之，以图简洁。

第六项　商业用人

第一目　商业用人

一、商业上之总理人，有称经理者，有称管事者，有称经手者，有称当手者，有称掌柜者。是否货物之出进、款项之出入，皆归一人经理，抑有各以门类分任数人者？

答：凡商业，皆有总理其成者，称为总掌柜，其余亦称为掌柜，各分门类任事。

二、总理人以下商业中人有几种名目？用人之权是否由总理选用？

答：总理以下有称为掌柜、徒弟者。用人之权总掌柜操之。

三、为分号之总{理}人，是否有分号中之全权，与本店总理人相同？

答：一人经理数号，名曰总管，操全权。凡分号各铺之总掌柜，皆归总管节制。

四、商业上经理人若有总有副，其权限是否由商业主人分配？若总经理有事故不能经理时，是否定由副经理代办，抑须由总经理委托或由主人之嘱托，而后可以代理？

答：正副之权限，由商业主人分配。若总掌柜有事故，副掌柜即行代理接办，不待付托，以免误事。

五、副经理若有事故不能经理时，是否由总经理代办，或由总经理择人代之？

答：副掌柜若有事故，商业事简，则总掌柜兼理之；若事繁，则总掌柜与商业主人择人代理。

六、为总理人者，往往有自己兼营该业，或兼代他人营该业者，若系一人经理之两店铺而有交涉事件，有无特别郑重办法？或经理人自己之业与所经理之店铺有交涉之时，有无特别郑重办法？

答：若寻常交涉，不劳特别郑重；若关系商业紧要机关之交涉，则商业主人与总理公同办理。

七、经理人之聘请期限，及其一切应有之权限及薪水若干之类，有无订立关聘合同之事？

答：商务用人，东伙相合则留，不合则去，无期限。凡开股份之掌柜，皆订立合同，非此无合同。

八、商业中寻常用人惯由互相介绍推荐，有无必请保人之事？

答：寻常用人，介绍即保人也。

第二目　学徒

一、凡店铺、行栈、工场、作坊招收学徒，负有教诲之责，若年满不成一艺，应否负担责任？

答：本处无工场。凡店铺、作坊招收学徒，有教诲之责，不成一艺，不担责任。

二、凡店铺、工场、作坊招收学徒，若不堪教诲或性情不近，应否通知其父兄，俾得另择他业？

答：学徒不堪造就，即令退出，送归其家。

三、凡店铺、工场、作坊之学徒，若有不安本分情事，应否送交其父兄自行管束？

答：不安本分，复不受教，即令退出，送归其家。

四、凡店铺、工场、作坊之学徒，若不令学习事业，专供使唤之用，学徒之父兄可否向之责问？

答：传习商业，亦因材施教，期望甚切，无专{供}使唤不令学习事业者，设或有之，学徒告知父兄，自行辞退。

五、凡店铺、工场、作坊之学徒，若其师过加虐待，学徒之父兄能否向之责备？

答：过加虐待，学徒亦告知父兄，自行辞退。

六、凡店铺、工场、作坊之学徒，如有应得之利益，其师不付，可否索取？

答：可以索取。

七、凡店铺、工场、作坊之学徒，如有出押柜饭食者，期满应否给还？

八、学徒若以饭食押柜等交付店铺、工场、作坊，而该工场、作坊闭歇，可否照债权例索偿？

答（七、八）：无押柜俗例。

九、学徒学习之时，言明几年学成、几年报效其师，其报效期限至长是否不得过学成之年？是否不经报效不得他往？

答：若已言明，不准食言。

十、凡店铺、工场、作坊，为师者应否订明所担任之教诲事项？

答：无订明教诲事项者。

十一、凡学徒学成之后，在于本店铺、工场、作坊执业者，是否与他人一律？

答：虽与他人一律，亦按程度分资格。

第二款　商事行为

第一项　商事行为总问题

一、经理商事与人交涉之事，若不告以其所代之人者，是否亦与本人有关系？若对面人不知其本人者，是否即可视其经理人为主，一切责任均向经理人问之？

答：经理人有全权者，一切责任皆担负之。无全权则否。

二、代人营商业者，在该商业上应为之事是否不必待商业主人之委托亦得自为之，抑习惯上有限制某种事项须由主人自定，其银钱至若干数之出入须由主人自定？

答：商业通例，商业初成立时，东家必与所请之总掌柜订明宗旨，付与资本若干，名曰成本，经营商务照成本数目布置。于年终交清单时，东家先照清单调查，参酌买卖机关。至得利与否，于二年或三年开分时，方计赢亏，再定宗旨。寻常日期，东家不能越俎代庖，顾问赢亏。若无余利，总掌柜亦不能逾越成本数目买卖。

三、代人经商业者，其主人死亡时是否仍旧代营其业？

答：仍旧代营其业。

四、当面询问之商事，若不当面立刻允许约定，是否即作罢论？

答：若不约定，可作罢论。

五、两地相隔之人以函电询问之商事，若不声明限几日答复者，应否立时作复？若计算道路远近可以复到之日尚未见复者，是否作为罢论？

答：电询若不限日答复，则作复亦不拘时日。如日久不复，可作罢论。

六、平素向共往来之商人，于其向所营业之商事若有询问，应否立时见复？

答：理应即时见复。

七、以数人共营商业，若其中有一人所为，因此共同商业而负债者，是否仍由数人共同担其责任？

答：仍由数人共担其责任。

八、暂时托人办理之商事是否可请报酬？

答：自请酬劳，因人因事，可否似难概论。

九、商人间有借贷款项，是否必有利息？其利率是否随时议明，抑各业皆有一定之数？

答：既云借贷，即有利息。随时议明。其利率因其所业定数。

十、货物交付之地方，除当面立时交付外，其余大宗货物是否必须约定？若未约定，是否应由交付人送交？

答：凡交付货物，或自取，或送交，订明照办。

十一、凡支取银钱之票，是否必至其店铺、行栈领取，不得向其家居及他处索取？

答：银钱票皆向本店铺支取，不得向其家及他处支取。

十二、凡应交付货物款项，若临时不交付者，是否担其迟延之责任而赔偿其损失？

答：若系大宗货物银钱，逾限多日不交，似应赔偿其损失。

十三、凡因商事交易，以物件抵押款项或贸易品之时，若逾期不赎，能否将其抵押物品作为己有？

答：抵押逾期不赎，作为己有，惟当质铺有此通例，其余交易无按照当质铺办理者，因无此通例也。

十四、凡取货物之票据等件若有遗失，能否于登报广告后由遗失人请人担保，仍行领取货物？

答：能请保取货。

第二项　商事买卖

一、商人间买卖已成、货价已付，而买主或有事故不能领取其货物，应如何办理？若仅付定钱而货价未全付清，将如何办理？

答：买主于付价之后，因事故而实不能取货，买主可以转卖。若言定先交价后交货，而仅付定钱，逾不交全，则卖主退还定钱，作为罢论。

二、商人所定之货，有言明过时即为无用者，若届时卖主不交或买主不取，作何办理？

答：果系过时即为无用之大宗货物，关系匪轻，定货之初必当面限定，限时某日不交或不取皆作为罢论，彼此仍可及时另卖，无以稍纵即逝之时为限期，而自取危险之扰累者。

三、凡买卖之物品，若交付之时不能一一检查细验者，日后发现瑕疵或数目短少，能否向交付货者理论？当以若干时日为限？

答：凡彼此交收货物，皆当面检查细验，以免日后烦扰，交易之通例也。

四、凡卖主交付之物品与原定之物品不符，或有短少者，能否作为罢论？

答：或不符，或短少，皆证明另议，不能作为罢论。

第三项 抵算

一、凡互相往来贸易之商人，有无互相计算抵除其彼此互欠而找清其余款之法？每年是否按三节计算，抑或按月一结？有无一定之时日？

答：有互相抵算者。每年按节算。于年底清账。

二、现付之支票可以作为现款者，是否不在欠款之列？

答：支票即为现款，不在欠款之列。

三、期票尚未到期，是否不能与现款相抵？

答：期票未到期，不能抵现款。

四、自账目相抵清结以后，应将余款交付而不交者，可否请其照认利息？

答：若余款太多，应交而无力交付，则照加利息。若余款无多，应交不交，皆不作利息。

五、若未至结算之期，有一人欲立时抵算清结者，应否照算找清？

答：应照算找清。

第四项 共同营业

一、数人共营之商业，在昔日未有《公司律》以前，其办法若何？有无合同一定格式？

答：有合同，无一定格式。

二、有无以出力为股份之法？是否照算作若干股？其利益是否照分？在合同上如何写法？

答：有出力股份。按照资本，作若干股。有股份者，利益照分。合同上写人力股。

三、共同营业，其办事之权限，应否先行议定，订入合同？

答：先行议定，订入合同。

四、共同营业而请人经理者，所请之人若系其中一人所荐，应否负担保之责？

答：资本相等，则共同请人负责；若多寡不等，由资本多者请人负责。

五、凡以资本加入他人已成之商业，是否即作为若干份之股东？是否即与原业主订立合同？

答：商人通例，凡商业已成，他人不能再入资本。

六、股份合营之商业是否有利息？每年约分几期？

答：问题"有利息"三字语意浑沦，是否资本所生之利息，抑系借贷之利息？若系资本所生之利息，合营之始，订定开分之年限，到限开分。若系借贷之利息，则照券约所订付息。

七、凡以资本加入他人已成之商业者，若欲与闻其营业事务，是否先在合同上订明，抑既有资本即可与闻？

答：详见此项第五条答问。

八、共营商业，若至结算之时未能获利，或有亏损，应如何办理？能否互相商议解散，或再续添资本？若有愿解散、有愿添资本者，应如何计算？

答：有解散办法，按原本或余本各自收回。有续本办法，彼此再订立合同。有此人解散而彼仍添本办法，解散者照自己原本或余本收回，出具解散收本字据，交付添本者收执，添本者亦另立合同。

九、合营商业者能否提取资本作为出股？

答：至开分时结算清楚，能提出资本作为出股。

十、合营商业者若订明不能{提}取资本，能否将自己股份让与他人？应否由营业各主之许可？

答：若将自己股份让与他人，应由合营之股东许可。

答（五至十一）：以上七项本处城镇皆无此商事，不知其详，故未依题分答。

第十二项　银钱票

一、支付银钱之票纸，除银号、钱铺以外，是否无论何种商店皆可出支付银钱票纸，抑习惯上有数种商业可以出票纸？

答：本处商号，凡此等银钱票，名曰"银钱条"；不名曰"出票纸"，名曰"开条"，所以区别代替品之钞票也。凡商号皆可出此银钱条。

二、支取银钱之票纸，其种类有几？

答：本处商业，凡应付他人之现款，有开见条付银钱若干者，此条等于钞票；有开凭条支某号银钱若干者。无现付票、期票、三联票、汇票等名词。

三、凡支取银钱之票纸，其出票之店铺与兑付之店铺多于票上写明其支取人姓名，是否可写、可不写？有无一定区别？

答：此即凭条支银钱条也。付人，则写明支取人姓名；本号自取，不开支取人姓名。

四、若写明支取人姓名者，是否必由本人自来支取？

答：由本人自取。

五、若写明支取人姓名者，是否必与其人熟识？苟在他处支付，不能认识其确系某人，有何方法证明之？

答：令其请保人。

六、有在本店铺支付之票，有在他店铺支付之票，其名目有无区别？其原因何在？

答：在本店支付之票，即第二条所答之见条付也，习惯以钞票便于流通，故开此等银钱条，以便行使。在他铺支付之票，即第二条所答之凭条取及或收或存某商号之银钱条也，因本铺有寄存之银钱，故开此等条。

七、何种票失去可以挂号？何种票失去不可以挂号？其区别何在？其方法若何？

答：凡见条付之银钱条皆编号，失去可以挂号；凡凭条取之银钱条，若写明支取人姓名，失去，可以到兑付之铺声明，将失去之条作废；若收存某商号银钱之条失去，可以到开条之铺声明作废。

八、期票之向他店支付者，是否｛从｝支付之日由支付之店铺向出票人算取利息？或在其存款上扣除？

答：期票一类，是否借贷券约，抑系存某号之银钱条而写明某日兑付者？如系借贷之期票，不与银钱条一律行使；如系存某铺银钱至期兑付之条，则无所谓利息。

九、期票最长之期，大约离出票日若干时候？

答：凡存某铺银钱而至期兑付之条，最长不过一个月。

十、未到期之票可否由支取人认付利息，早日支取？其利息是否按照行市？

答：未到期之存条无利息。

十一、凡由他店铺支取之票，应否将票根立时送去？

答：凡支付之条，但写账本，无存根。

十二、三联票是否不论现付与约期，可随便填写？

十三、用三联票写支付票者，是否必凭票根送到对照，方可照付？

十四、凡用三联票者，是否认明写票人笔迹并其图章？

十五、若三联票之支票数目与票根不符，应否由支付之店询明改正？

答（十二至十五）：本处无用三联票者，以上问题不知其详。

十六、异地汇划之票有几种方法？并其式样？

答：本处所用之汇票，不过汇兑京津商号。有写信盖图章者，有开收条盖图章者。

十七、异地汇划之票是否认票不认人？若有遗失，有何防弊之法？

答：本处汇票皆写明"付某人，面生要保"字样，以防遗失。

十八、异地汇划有无约期与现付之别？

答：有约期与现付之别。

十九、异地汇划有无记名与不记名之别？

答：皆记名。

二十、市面上有不盖图章、不编字号之字条，其通用在何种事由？何种商人可出此种字条？是否认定笔迹？

答：凡银钱条，皆盖图章。见条付之条编字号，其余不编字号。凡商人皆可出。各种条但凭图章。

二十一、除以上所问外，所有支取兑付银钱之票纸尚有几种？并何方法？及其用意之所在，均望一一详答。

答：除以上所答，无他种类。

第十三项　海上商事

答：本处无海上商事，问题九条，皆不知其详。

第五部　诉讼习惯报告调查书稿本

诉讼事习惯报告书

第一款　诉讼总则

第一项　诉讼当事人

第一目　原告

一、凡民事案件原告有无年龄限制？

答：无年岁限制。然幼孩及昏耄皆不准理。

二、原告如系疯病者,能否准理?

答:不准理。

三、凡原告投呈以后而起心疾或成残废者,如何办理?

答:其家人必续呈声明,照原呈办理。

四、原告系应审衙门人役,有无回避之处?

答:不回避。

五、原告系外国人,诉讼方法是否与民人一律?

答:查照新章办理。

第二目　被告

一、民事诉讼之被告系老幼、妇女、残废,能否由他人代为到案?

答:能由他人代质。

二、被告系绅衿,有无遣人代到案之习惯?

答:有遣代抱禀习惯。

三、凡钱债系商事案件,被告能否遣经手人代为到案?

答:能遣经手人代质。

四、被告系应审衙门人役,有无特别办法?

答:无特别办法。

五、被告系外国人,有无特别办法?

答:查照新章办理。

第三目　〔抱告〕

一、凡民事诉讼,何项人得用抱告?

答:有职及功名人,或平民之老稚及残废者,皆得用抱告,然亦分案情轻重。

二、凡充当抱告,是否必系亲属或家丁?有无随地雇用者?并有无年龄限制?

答:必系亲属及家丁。无随时现雇人者。无年岁限制,而有幼孩及昏耄限制。

三、用抱告之呈纸式。

答：与不用抱告之呈式相同，无区别。

四、所遣抱告以何为凭据？是否但凭其自称？

答：凡抱告人，皆书其名于具禀或具呈人衔名之下。别无凭据。

五、凡抱告一切行为及供述，是否即视为原告所自为？

答：视为原告所自为，然亦分案情关系大小。

六、何种事仍须经原告自己之许可？如经断须赔偿或费财失权之事，抱告能否承认？须具结者，抱告能否代具？

答：若重大案件须具结者，大约须原告自己认可签字。

第四目　案中关系人及见证

一、凡为见证者，有无年龄限制？

答：无年龄限制，有幼孩及昏耄限制。

二、钱债上之中保及婚姻事之媒人，案中牵涉而亦非被告者，是否皆为见证？其命盗案之邻佑，是否皆为见证？

答：钱债婚姻之中保媒人皆为见证。其命盗案之邻佑是否见证，须有分别，如久病，或群殴，或明火之命案及明火之盗案，邻佑皆为见证；若昏夜暗中杀害，或自戕，或猝发疾病暴亡之命案，及暗入暗出，或同室之人偷窃之盗案，则邻佑不及知觉，不能作见证。

三、凡民事之见证，除与该案事件有关系之人外，其余于事无关系而目睹之人，原被告能否禀请传作见证？

答：无关系而目睹之人，须问为何如人，若系老稚或妇女或路人，皆不能传作见证。若系村正副、地保、巡警、邻佑，皆可传作见证。然若仅仅目睹，概不知情，无故牵涉，每不准传。

四、凡见证有疾病或不得已之事不能到堂时，是否改期？

答：似应准其改期。若系将结之案或重案，可谕令见证人遵照案情，明白具禀。

五、见证系应审衙门人役，应否回避？

答：不回避。

六、见证供证后,是否听其回家,不得拘留?

答:不拘留。

七、见证人如有捏造、诬蔑、虚伪者,可否酌加惩处?

答:似应酌加惩处。

八、见证随同原被告到案,原被告应否津贴其费用?

答:应津贴费用。

九、传讯见证时是否由原被告先期关照?

答:由官署票传。

第二项 诉讼办事人

第一目 代书

一、代书专司写状、盖戳,能否原告自写,但令盖戳?

答:自己能写状,则不到代书处代书,不盖戳。

二、原告不识字者,代书写状后是否解说于原告,或听读一过?

答:解说于原告,并听读一过。

三、代书写状后,原告以为情节未合,是否有删改之责?如有误写杜造,担何责任?

答:有删改之责。若已解说于原告,毫若差缪,似不至有误写杜造之处。

第二目 地保

一、民事诉讼与地保有关系者,是否仅有土地疆界勘丈等事?其余尚有何种事件与地保有关系?

答:田土之外,如户婚及公务之类,皆与地保有关。

二、刑事案件是否地保皆有责任?试分案件种类,逐举其职务。

答:斗殴、娼赌、私贩、私铸、拐骗、命盗、叛逆等案,地保皆担责任。

三、地保有正副及伙计名目,讼案上何种事必由正身办理?何种事可委托副役伙计?

答：重要案件正身办理，寻常案件委托副役伙计办理。

四、传集原被告，地保是否有协同之责？

答：有协同之责。

第三目　各项书吏

一、衙署书吏于民刑诉讼上有专司者分为几房？某房掌某种讼案，依类详答之。

答：武清县共十三房，因其职务命名。其所命之名，即其所掌之案也。十三房之名详第一部第三款第五项第三条答问。

二、试就各房分别民刑诉讼，民事自投呈起以至结案止，刑事自报案起以至定案止，其事务之名目，分按各房详答之。

答：办稿、写票、写告示，堂讯时跐堂，有旧案检卷，未结时房押诉讼人，结案时存案，应详者办详文。各房事务大致相同。

三、诉讼事有始应某房办理，继而牵及某房者，应由何房办理？

答：分案情前后轻重归房。

四、凡诉讼案件，原被告查取案卷、抄录批词，有无一定办法？

答：查取案卷，例应禀请，亦有自行到房求书吏查取者，须看何类案卷。抄批皆托承办之房，或托承发房。

第四目　各项差役

一、衙署差役于民刑诉讼上有专司者分为几班？某班掌某种讼案，依类详答之。

答：武清县署差役，快壮皂三班之外，有捕班。凡民刑诉讼，皆快壮皂三班掌之。凡缉捕之案，则快壮皂捕共掌之。

二、试就各班分为民刑诉讼，民事自派差起至结案止，刑事自报案起至定案止，其事务之名目，分按各班详答之。

答：民刑诉讼有差查、差催、差饬调处、差禀、差传、差带、差押、掌刑、缉捕各事务。

三、各项差役之差头、伙计、散役名目有几？

答：此外名目无几。

四、何种案件应派何班,向例界限若何？试举其大略。

答：向来民事派快壮皂三班,刑事于三班之外兼派捕班。

五、仵作是否在衙署差役之列？人数有无定额？

答：是在差役之列。人数有定额。

第二款　民事诉讼

第一项　原告投呈

一、诉讼呈状共有几种？具禀与用呈有何区别？其格式若何？

答：有呈有禀。平民用呈,其纸有横竖乌丝格。凡有职衔及有功名者用禀,其纸无乌丝格。呈、禀叙事相同,呈称"具禀某人呈为某事"云云,禀称"具禀某人禀为某事"云云,格式不过如此。凡应交应领之件,皆具状,格式与呈、禀大同小异。

二、绅董遇何种事件可用片送？何等事件仍须按原告式具呈？

答：绅董无片送事件,事无大小皆具禀。

三、民事诉讼有无传呈名目？由何房办理？与平常投呈办法有无相异之处？

答：无传呈名目。

四、是否人民具禀即为违式,概不准理,抑但加申饬,仍可准理？收呈之人有无查看合式与否之权,抑不准不收？

答：具禀违式,或但加申饬。唯理与否,须视案情缓急。收呈之人亦应查看,令违式者更正,然亦看案情缓急。

五、放告期之收呈如何办法？平日之收呈如何办法？二者有无区别？

答：放告之期有当堂收呈者,有承发房收呈者,有于大堂设瓯收呈者。平日大致相似。绅董递禀有交门房代递者,因公务具禀有见官面递者。

六、告期收呈有无一定地方时候？收呈之人是否在署轮值？

答：收呈地方详于前条所答。

七、在一事上两造同日起诉,应以何人为原告?

答:一事彼此互控,似应互为原被告。

八、投呈时若有呈验契据或文书之类,是否抄黏,抑将原件黏贴于状纸上?其有多不胜抄者,是否随呈并投?收呈之人点交后,有无收条为凭?

答:凡呈验之类,皆于呈内声明,并计开件数于呈尾。有照抄者,有呈原件者,能黏者黏于呈尾,不能黏者随呈投递。无收条为凭,因呈内已开列清单也。

九、有不能移动之物可作证据者,能否请官往验?

答:能请验。非重要事不能请官亲往。

十、各处有拦舆叫喊之习惯,是否喊控之后补具状纸?有具状喊控而不准者,是否将原呈当时发还?

答:喊控仍须补呈状纸。喊控而不准者,当将原呈发还。

第二项　被告递诉呈

一、诉状有无定式?与告状状式有无异同?应否仍由代书缮写?

答:诉状与原告不过情词不同,状纸格式及写状投递无区别处。

二、被告欲投诉者,是否悉照告状办法交付承发房?如已被传,是否由原差呈递,抑到堂时亲自呈递?

答:诉呈有于到案之先交承发房者,有当堂自递者。不交原差呈递,

三、呈诉状或有呈验契据文书,是否悉照告状办法?

答:悉照告状办法。

第三项　挂批

一、自投呈后,约至几日必须挂批?

答：迟速分案情缓急轻重。

二、承发房于挂批之时,有无通知原告之件？

答：承发房无通知原告之件。

三、批示例应悬挂几日？

答：无一定日期。

四、批驳之案,原呈是否挂批后存案？

答：存承发房。

第四项　传案

一、传案有无饬传出签、出票之区别？是否视原告身分及酌量案情而定？试略举其区别之界限。

答：传案有此区别。酌量案情轻重缓急及原告身份。

二、票与签共分几种？格式若何？并略举其应用之事项。

答：票与签二者之外,无多种类。其格式皆首书官衔,末书年月日,中间详叙案情。凡民刑讼事,皆用票。凡违抗钱粮等事,皆用签。

三、传何种案应派何差,有无分别？

答：民刑各事派差无分别,盗案兼派捕役。

四、原被告有事故或疾病时,能否申请展缓堂期？其申请之法是否由原差回禀,抑须原被告具禀？

答：能申请缓期。原差及请缓期者皆须具禀。

五、中证人数过多,传提时是否择要传集？

答：择要传集。

六、民事、商事案件传提,被告不到,能否传提其家属,抑分别案情,必须至若干次不到方可传提其家属？

答：被告延不到案，非原告具禀请传其家属，不能传提。

七、差役传案，是否必须协同地保？

答：协同地保。

第五项　到案及待质

一、原被告到案是否由原差带候审讯？

答：由原差带案。

二、凡到案而当日不及审讯者，是否听其归家再候传讯？何种案至何种情节须押人候审？其应押或应听归之处，是否由官区别情形，临时酌定之？

答：本处习惯，到案俗名曰过堂。到案迟速，皆原被告及差役操共有之全权。原被急欲过堂，而书差索费不满其欲，则不能过堂。原差急欲带案，或原告故意迟延，使被告疲于奔命以泄私愤，或被告畏审，通贿于原差迟延日期希望调处，则不能过堂。〔非〕已经到案而官署不及审讯，由官区别情形，临时酌定也。惟捕获之盗及命案凶手押入候审，此外，非堂谕羁押，不能押入候审。

三、押候之处，是否人民则押于待质公所？有职人员则押于教官、佐贰署中？

答：凡官谕羁押，平人或押班房，或押书吏房。有职衔及有功名者，或押吏房、礼房，或押教官署中。

四、原告及案中关系人是否多不押候？有无斟酌情形亦须押候者？试略举其轻重之别。

答：无论原被告，堂讯不肯实供，分别轻重，或差带，或羁押。

五、发待质公所与交差是否以案情区别之？所谓交原差者，是否即在署中班房住宿？其伙食居住是否由原差预备，由被押人付还费用？

答：凡差带，随便住宿。凡差押，皆住宿班房。虽有官饭，被押者仍须自备伙食。

六、待质公所之伙食费用有无定例？

答：凡传到候讯者，皆住客店。

七、案悬未结而被押者，能否禀请具保在外候审，或出外料理和息之事？

答：能具保。报病或报事故，暂行归家候传。

八、案已断结而押追款项者，能否禀请具保出外料理？

答：能具保出外料理。

第六项　审讯

一、审案若干起，有无牌示预排先后时刻？

答：有先后时刻，然亦不能拘定。

二、两造及关系人、见证人有无分开审问之法？

答：有分开审问之法。

三、凡例准遣抱告者，如问官以为必须亲到堂者，是否本人与抱告一同到堂？

答：如须亲到堂者，则抱告可以不到堂。

五、所录口供，原被告能否索观？如有遗漏不符，能否删改？

答：所录口供，皆令在案人详视画供，以凭定案。录供之时，有无遗漏不符之处，问官皆注意省览，以防讹谬。若但凭诉讼者自称遗漏不符，迹近反悔，能否删改，须详察情形，格外审慎。

六、审毕一堂，是否不论已结、未结，其口供概须誊清送官阅定？本官应否签字或盖图章？

答：口供录毕，官即当堂阅定签字，以昭慎重。

第七项　和息及调处

一、民事案件已经告状两造情愿和息者，是否各将和息办法具禀存案，作为销案？

答：各将和息办法具禀存案，作为销案。

二、两造自请和息之禀，是否不得批驳？

答：不得批驳。

三、和息之案，署中书差是否不准干预？应给书差费用是否照给？

答：虽不准书差干预，然不遂书差之欲，不能和息。

四、和息之呈式若何？

答：呈式与诉讼原呈同，亦具呈"某人呈为某事笑和"云云。无特别式样。

五、由问官批饬亲族或公正人调处之案，是否凭调处人禀覆结案？其两造有无字据存案？

答：官饬调处之案，由调处人禀官销案。

六、批饬调处而两造不遵者，调处人是否据情申覆，仍不销案？

答：官饬调处而两造不遵诉讼者，必自行具禀请断，调处人可不申覆。

第八项　交保

一、各种保结式若何？

答：各种保结式大略相同。起首书写"今于与保结事"，中间叙事，末尾写"所具保结是实"云云。

二、凡钱财涉讼，问官勒限交保清理者〔勒限交保，如不能依限清理者〕，保人能否申请展限？

答：能申请展限。

三、房产田地及钱财涉讼，问官勒限交保清理者如有逃逸，保人担何责任？

答：如有逃逸，原告必禀请究办，保人必具禀认咎，仍饬差协同访缉。

四、原被所招保人，问官以为不妥，能否令其重招保人？若实无妥保可招，如何办理？

答：保人不妥，不准作保。若实无妥保，案未结，则羁押；案已结，则交村正副或地保管束。

五、原被告有房产、田地或店铺之类不能依限清理者,保人能否申请查封及拍卖?

答:保人止于申请核办,不能申请查封拍卖。

六、店铺保是否须由经理人到场,抑但凭该店铺戳记?

答:经理人到场。

第九项　结案

一、民事案件之结案,是否必须当堂判断?是否在原呈纸上用朱笔加判,抑有用另纸者,抑有可以不加判断者?试分别情节,答其大略。

答:断结案件,皆当堂另纸朱判。其有当堂递呈者,于呈纸上亦加朱判,未有不加判而结案者。

二、堂断应否给两造阅看?

答:给两造阅看。

三、结案后,凡契券文书或物件应发还者,是否当堂发还?

答:当堂发还。

四、原告屡传不到,是否销案?向例传至几次为限?

答:原告延不到案,被告若不请究,则悬案。

五、被告屡传不到,又无家属可传,是否不结案?

答:被告延不到案,原告亦不催传,亦悬案备查。

六、原告或被告有数人时,如一人抗不遵断,可否照多数人供词判定?

答:天下事凡从多数人意见决定者,须看多数人与一人为何如人。设若多数人意见公正,一人意见偏私,自然从多数人;设若一人意见公正,多数人意见偏私,则又当从一人。

第十项　上控

一、上控之阶级凡几？有无可越、不可越之别？

答：上控阶级，由县而厅而上宪，不得越诉，亦有由县而控诸上宪者。

二、凡上控有无期限？

答：无期限。

三、上控是否必待断结之后？若久悬不结者，可否上控？

答：或判断不平允，或久悬不结，皆可上控。

四、凡上控时有原告仍为原告，亦有原告转为被告者，是否仍照初次告状时为准？

答：上司以情伪为准，谁为原被，大约不论。

五、凡上控之案亦有自请注销者，是否但凭其禀请，即可注销？

答：上控无自请注销者。

六、凡上控判决平反或更改，应否由上控官厅知会原审衙门更改前次判案？

答：上司准理，必提取原审衙门案卷以凭，判结不再知会原审衙门。

第三款　刑事诉讼

第一项　报案

第一目　报命案

一、命案是否例由地保报案？尸亲能否径自报案，抑应先告村正副或地保？有无由邻佑报案者？

答：地保、尸亲、村正副同时报案。

二、报命案是否由地保具状，抑由尸亲具状？应否由代书写状？其状式若何？

答：各自具状。其式与寻常呈式同。或自写，或由代书写，其区别详见第二款第一项原告投呈第一条答问。

三、凶手脱逃,孥获凶器,报案时应否一并呈案?

答:一并呈案。

四、命案孥获凶手,{若}离城较远者,是否由村正副或地保收管?

答:由地保或村正副收管。

五、命案或无尸亲相认,地保是否一面报案,一面招认?

答:由地保一面报案,一面招认。

六、报命案是否不论何时,随时可报?

答:随时可报。

七、命案已成,急切到署叫喊者,是否准其随后补状?

答:准其随后补状。

八、报命案由何房经理?

答:由刑房经理。

第二目 {报盗案}

一、盗案是否例由地保报案?事主能否径自报案,抑应先告村正副或地保?有无由邻佑报案者?

答:地保、事主、村正副同时报案。邻佑亦有随同报案者。

二、报盗案是否由地保具状,抑由事主具状?应否由代书写状?其状式{及失}单如何?

答:具状与报案相同。或自写,或代书写,其区别与寻常案件同。其式单按件开列黏呈。

三、事主被盗后开列失单,急切不能查考者,是否可以随后补报?

答:可以随后补报。

四、离城较远之处,事主孥获盗犯,先由何人看管?

答:由地保看管。

五、离城较远之处被盗时,能否就近在有缉捕责任之营汛及佐贰署中叫喊及报案?

答：能在营汛及佐贰署中报案。

六、凡报盗案或叫喊者，是否不拘时刻？

答：不拘时刻。

七、伙众抢劫之案或有留遗凶器及车辆船只之类，报案时是否由村正副或地保暂时看管？

答：或有留遗之物，随案呈堂。

八、报盗案由何房经理？

答：交捕班接收。

第三目　报斗殴案

一、斗殴各案，两造中例准告状，是否不必由地保报案？

答：两造自行告状。

二、斗殴告状应否由代书写状？其状式若何？

答：或自写，或代书写，其区别与寻常诉讼同。

三、斗殴之案，喊控及抬验者是否准其随后补状？

答：准其随后补状。

四、控告斗殴案者如有凶器，应否一并呈案？

答：一并呈案。

五、当斗殴未解之时，邻佑能否喊控？

答：果实不能解，地保、邻佑皆能报案。

六、离城较远之处斗殴未解，能否就近向分辖地面之佐贰署中喊控？

答：能在附近分辖之衙署喊控。

七、控告斗殴是否不拘时刻？

答：不拘时刻。

第四目　报窃案

一、窃案是否不拘地保及事主均可报案？若事主系老幼妇女及疾病之人，能否由邻佑代报？

答：地保及事主均可报案。事主若有事故，由地保报案，邻佑可不代报。

二、报窃案时，事主用禀或用状，有无分别？用状者应否由代书写状？其式若何？

答：用禀用状，其式与寻常案件同。

三、窃案失单是否即黏状后，抑可随后补报？

答：或黏呈，或后补，均可。

四、在城窃案是否向州县署中报案，抑应向缉捕专责之佐贰署中报案？其在乡窃案，如近有缉捕专责之营汛、佐贰衙门，能否径向就近衙门报案？有无定例？抑不拘州县与佐贰署，均可报案。

答：不拘州县佐贰，均可报案。城乡相同。

五、窃案是否不论何时均可报案？

答：不论何时均可报案。

第五目　报奸案

一、奸案何人可以报案？有无定例限制？

答：本夫及本夫本妇之有服亲属，皆准在奸所登时捉奸报案。

二、报奸案是否与寻常告状同一办法？应否由代书写状？

答：与寻常告状同，然须登时在奸所并获交案。或自己写状，或代书写状，其区别与寻常案件同。

三、报奸案例有限制，试历举之。

答：详见本目第一条答问。

四、和奸及卖奸之案，应由何人报案？

答：与本目第一条所答之限制同。

五、报奸案是否不拘告期？

答：不拘告期。

第六目　报杂案

一、各种杂案是否由受害人径向官署告状，抑有由村正副或地保报案者？

答：受害人自行告状。

二、各种杂案由事外人举发者，是否作为原告？应否列名具呈？应否随同到案？

答：作为原告，列明具呈，随同到案。

三、各种杂案由公同举发者，其公同举发之人应否有人到案？

答：有人到案。

四、各种杂案应否由代书写状？其状纸式若何？

答：或自己写状，或代书写状。其式与寻常诉讼同。

五、各种杂案报案时是否须有证据，依案逐项开列之？

答：须有证据逐项开列。

第七目　捕送

一、凡刑事案件例准捕送者共有几种？试历举其案之种类名目。

答：赌博、窃盗、私贩、私铸、逃亡、械斗、凶犯、叛逆等类。

二、例准捕送者应由何人始得捕送？是否一面具状？应否由代书写状？其状式若何？

答：人人皆得捕送。或自己写状，或代书代状。其式与寻常案件同。

三、捕送到署时应由何班接收？

答：各班分别案件接收。

四、凡捕送之案，是否不能不收？

答：不能不收。

第二项　勘验

第一目　验伤

一、凡有伤人之案，除抬验外，是否皆须临验，抑必待告状人禀请临验？若斗殴等案，当时未觉重伤，事后方觉者，能否再禀请验伤？

答：律载：伤重不能动履之人控报到官，该管官即行亲往验看，不许抬验，违者治罪。

若事后方觉伤重者,能再请验。

二、验伤时是否用医官,抑用仵作?专司验伤之人有无报告书?其名为何?格式若何?

答:无医官,用仵作验伤,书办照写。伤在何处、深长分寸、致命不致命,皆详细开列伤格,呈堂复验。

三、凡因伤未死,例有保辜办法,何种伤得以保辜?何种伤不能保辜?有无分别?

答:凡系殴伤,无论拳脚殴、器械殴,皆按伤痕轻重,立限保辜。惟耳目所不到、思虑所不及之过失伤,不保辜。

四、保辜是否须于问官验定后,由被告申请保辜?有无凭据?

答:凡殴伤验定后,即责令犯人具结保辜,不待被告申请。

五、保辜有无期限?限满而伤仍未愈者,如何办法?

答:律载:保辜者有二十日、三十日、五十日之正限,限满而伤未愈者,有十日、二十日之余限。正限后余限内因本伤身死,各依斗殴本律科断,不论抵,或申详奏请定夺。余限满后伤仍未愈,或因本伤身死,止科伤罪,不论抵。

六、受伤人或其家属自请免验,能否许之?若当时可以免验,设若致命,如何办理?

答:犯人已具结供认,受伤者始自请免验,官必许之。设遇致命,照例办理。

第二目　踏勘

一、踏勘是否须由州县官亲往?有无委佐贰官代勘之事?其在缉捕责任佐贰署报案者,是否即由该佐贰官踏勘?

答:或亲往,或委代,皆依案情办理。若佐贰准案,须详县核办。

二、窃案、盗案之踏勘,州县官与有缉捕专责之佐贰官,及分防之营汛与分辖地面之佐贰官,其责任界限如何分别?

答:州县与佐贰、营汛责任相等。

三、踏勘时本官应带何班差役?

答:因案分别带差。

四、踏勘时村正副或地保是否随同察看?

答:随同察看。

五、踏勘应否笔记?其勘得情形其名为何?其式若何?

答:应笔记。踏勘情形,其名其式,各从所勘之类。

第三目　验尸

一、凡验尸场一切布置,由何人预备?

答:由地保及该犯预备。

二、仵作检验伤痕,所有刀口分寸是否用工部营造尺为准?

答:用工部尺为准。

三、仵作检验时,问官应否亲加检视?尸格上应否签字?

答:问官亲加检视签字。

四、验尸后填入尸格,是否由仵作口述,由书办照写?仵作是否担所验不误之责任?

答:仵作口述,书办照写。仵作担负责任。

五、尸格填写格式若何?

答:遵照部颁格式。

六、已填尸格应否与事主阅看?若事主有异言,应否再验?

答:与事主阅看。若有异言,再验。

七、检验妇女,有无女仵作?是否即用稳婆?填写尸格等事,是否与仵作同一办法?

答:女禁卒协同仵作办理,遇不便之处,女禁卒告知仵作。照常填写尸格。

八、致死已确凿者,尸亲呈请免验,能否许之?

答:许请无验。

第三项　提案

第一目　拘案及传案

一、刑事轻犯是否仍用传票?重犯应用拘票?试略举案情,分述其界限。

答:或传或拘,分案情轻重缓急。如窃与强盗,手足相殴与械斗之类。

二、拘提刑事犯人，有无分别案情，例准用何种防闲之具？

答：分别案情。用锁镣为防闲之具。

三、提案应派何班？有无定例？

答：或用三班，或三班带捕，各因其案。

四、拘提刑事犯之票式、签式是否因案而异，抑系一律？其式若何？

答：票、签因案而异。

五、拘提之时，应否由地保指示其人？应否以票或签出示于被提之人？

答：由地保指示其人。以票或签出示被提之人。

六、拘提刑事犯能否央求料理家事及经手事宜？

答：立拘之案，不准顷刻延缓。央求则通贿于差役，系习惯之私情，非官例也。

七、刑事犯在同府邻县者，或在同省他县者，是否协提？有无分别办法？其公文票式如何？

答：应用关文会票协提。其式与寻常公文票式相类。

八、会票拘提之办法并票式若何？

答：会提办法：由甲县派差赍文及票投乙县，会票派差，协同提案，乙县讯明，交来差解回。

九、刑事犯经营汛及巡警协提时，是否仍以该管衙门拘票或签为凭？

答：以该管衙门票或签为凭。

十、窃盗犯经营汛或巡警急于协拿时，是否不必定有拘票？

答：不必定有拘票。

十一、刑事犯或在他县境内，是否先行备文，请由所在衙门派差协提？提到之后，是否径解提案衙门，抑应由协提衙门审问原委，实系来文所拘之人，方可交来差解回？

答：详见此项第八条答问。

十二、协提之案亦有不必原差经营汛或邻封州县差役拿获者，应否偿其经费或赏格？

答：应给赏。

第二目　关提

一、刑事重要人犯逃往他省,是否由该管官详请总督咨行所在省分督抚,由所在省督抚札饬该地方官就近拘拿？若由州县官派差前往,应否由差持咨往督抚衙门转饬地方官办理之？

答:或详请咨行札饬拘拿,或由原差持咨投递转饬办理。均须查照定例办理。

二、关提时,应否先由所在地方官衙门审问一次,然后起解？

答:先由所在衙门审问,然后起解。

三、他省缉拿人犯,应否偿其经费或赏格？

答:应给赏。

第三目　搜查

一、刑事重犯除提拿人犯外,若须搜查其物件,应否于拘票上标明,抑另有搜查凭据？

答:应于拘票上标明。

二、是否当时搜查,连人犯同解？

答:同解。

三、搜查时盗犯或已脱逃,能否向其家属搜查？

答:能〔否〕向其家属搜查。

四、应搜查物件者,是否由地保眼同搜查？其搜查是否以该犯所住房屋为限？

答:由地保眼同搜查。似应以同户而居之房屋为限。

第四目　自首

一、刑事犯罪人遵例自首,应否投状？其状应否由代书缮写？

答:应投状。或自写,或代书写,与寻常呈禀同。

二、刑事案例准自首者共有几种？试历举之。

答:如赌博、犯奸、窃盗、斗殴、逃亡、私贩、私铸、拐骗、命案、叛逆之类。

三、凡自首到案者,应否提被害人或见证人讯问？

答:应提被害人讯问。

第四项　羁押候审

第一目　未定案之男犯

一、刑事犯提到后不及审讯，及审讯未结应羁押候审者，是否就案情分别其羁押处所？试就各案，略举现行习惯分答之。

答：非有官谕，不能羁押。其羁押处所，各就案情轻重分别。如暂押刑房、锁押班房、钉镣下狱之类。

二、羁押处所共有几类？其管理方法、名册记数、住宿饮食，想各因案情而异，试详答之。

答：刑房、内外班房、监狱，皆有名册记数；住宿于所押之处，饮食有官费。

三、问官每日有无稽查羁所方法？

答：有稽查方法。

四、管理防闲，何种案可用何种方法，有无定例？

答：管理各有专司，悉有定例。

五、饮食住宿，何种案入监与已定罪犯一律？

答：凡重要之盗犯、凶犯皆入监，饮食、住宿与已定罪犯一律。

第二目　未定案之女犯

一、尚未定案之刑事女犯，应羁押候审者，是否就案情分别其羁押之处所？试就各案，略举现行习惯详答之。

答：或交官媒看管，或交女监羁押，分别案情办理。

二、未定案之刑事女犯，其羁押处所共有几种？其管理方法、名册记数、住宿饮食，想各因案情而异，试详答之。

答：或交官媒，或交女禁。余与男犯同。

三、问官每日有无稽查羁所方法？

答：有稽查方法。

四、管理防闲，何种案可用何种方法？

答：案情轻者，交官媒看管或差带。案情重者，交女禁卒羁押。

五、饮食住宿，何种案入监与已定罪犯一律？

答：重案入监，与已定罪一律。

第三目　差带

一、刑事轻犯尚未定案，是否即交原差？是否名为差带？大约系何种案情可用差带之法？

答：案情极轻者交原差，名为差带。

二、差带各犯能否通融在家候审？该差担何责任？

答：无此例。非取保不能回家。通融差役，悉属私情。

三、所谓差带者，犯人安置究在何处？抑在署中，抑在该差家中？饭食之类是否犯人自给？

答：或在署中，或在书差家中，或在客店，无一定处所。饮食自费。

四、女犯有无差带之法？

答：有。

第四目　交保

一、刑事轻犯有无交保候审者？大约系何种案情可用交保之法？

答：刑事极轻之犯，或羁押，或差带，日久不结，有因病或因事故者取保候审者。

二、交保时是否同于民事诉讼一律办理？

答：一律办理。

第五项　审讯

第一目　供招

一、录供之方法、式样若何？

答：书办在公案旁，照犯人所述，随录于纸上，有于投审时当堂自具供词者。

二、应由犯人亲自画供者何种案件？不必亲自画供者何种案件？

答：皆须犯人亲自画供。

三、是否定案之供方须犯人亲画？其历审口供是否不必画供？

答：凡录供招，皆须画供。

四、画供何者用指模？能书写者是否仍用笔写？

答：重要案件皆用指模。

五、口供是否先由犯人阅过方令画供？如不识字之犯人，其口供是否读过无讹，然后画供？

答：由犯人阅过或听读无讹，然后画供。

六、犯罪人或喑哑不能说话，审讯之时如何办理？

答：大约照方音不同，用翻译法办理。

第二目　申诉

一、刑事犯人能否递申诉之状？其状有无定式？是否必由代书写状？

答：能具状申诉。或自写，或代书写，与原告相同。

二、刑事案之诉讼状如何投递？

答：或交承发房，或临堂自投。

三、犯罪人在禁所或在监能否递申诉之状？其状有无定式？

答：果有冤枉，能具状申诉。其状无定式。

第三目　刑具

一、刑事犯人为新章所许用之刑具若干种？

答：笞、杖、锁、镣、枷，及绞、斩刑具。

二、刑事犯何种案得用何种刑具？

答：分案情轻重酌用。

第四目　案外牵涉人之审讯

一、刑事案件审讯，见证、邻佑是否随传随到，不得拘留？

答：随传随到，不拘留。

二、窃案中如收买赃物之人，审讯时是否与犯罪人无异？

答：分别情形办理。

第五目　结案

一、由州县官结案之罪名，试详举之。

答：寻常窃盗、私贩、赌博、流娼、斗殴、拐骗等案，罪止笞杖者，皆由州县官结案。

二、结案是否当堂判结？

答：当堂判结。

三、结案之时，何种案应具结？

答：皆具结。

第六目　重罪之判案

一、何种案但由州县官判拟？试详答之。

答：凡笞杖之罪，皆州县官判拟。

二、判拟既定，有无审讯当堂发落之事？

答：详请后札复定拟，当堂发落。

第四款　诉讼费

答：普通大小文武衙门，无论民事、刑事，由投状至结案，无一事无费，因人因事无定数，其价目皆以百为十，以十为一，谓之衙门钱数。若官吏、差役到乡，地保及市面当差，亦因人因事无定数。所有诉讼费，皆无法考核，即问之在官之人，亦无法答复。故此款两项十六目十二条，皆未依题分答。

（北京大学图书馆藏。）

湖北调查局法制科第一次调查各目

第一部　民情风俗问题目录（类十　目二十七　题一百八十二）

第一类　居民　目二　题八
　甲　土著　题四
　乙　客籍　题四

第二类　生活　目三　题十七
　甲　食　题八
　乙　衣　题五
　丙　住　题四

第三类　职业　目八　题三十三
　甲　农　题四
　乙　工　题六
　丙　商　题六
　丁　渔猎　题四
　戊　服公务者　题三
　己　杂业　题三
　庚　劳动者　题四
　辛　无业者　题三

第四类　教育　题十一

第五类　宗教　题十三

第六类　礼俗　目六　题二十六

　　甲　宗族　题五

　　乙　婚嫁　题七

　　丙　丧葬　题六

　　丁　节令　题二

　　戊　娱乐事业　题四

　　己　谣谚　题二

第七类　习尚　题十八

第八类　卫生　目四　题二十七

　　甲　疾病　题四

　　乙　医术　题八

　　丙　药品　题七

　　丁　清洁法　题八

第九类　慈善事业　目四　题二十一

　　甲　救灾及救生　题五

　　乙　备荒　题五

　　丙　济贫恤死　题六

　　丁　恤无告　题五

第十类　团体组合　题八

第一部　民情风俗问题（类十　目二十七　题一百八十［二］）

　　第一类　居民　目二　题八

　　甲　土著　题四

（一）本境土著中有无巨姓及富豪？

（二）境内土著有无他种人（如回、苗、瑶之类）？以何种人为多？

（三）境内他种人，其居住之法若何（杂居、族居之类）？有无特别组织及习惯（如土司及服装语言之类）？

（四）境内各种人，其交通之情状若何（如有无猜忌之类）？

乙　客籍　题四

（一）外来客籍以何省（指外省）何属（指外厅州县）人为多？

（二）外来客籍，其营生之种类若何？以何类为多（如农、工、商之类）？

（三）外来客籍与本境有无特别利害关系（如供给本境物品及专占事业之类）？

（四）境内有无传教通商之外国人？以何教、何国为多？

第二类　生活　目三　题十七

甲　食　题八

（一）常食品（如五谷类）以何种为常？

（二）副食品（如畜类、蔬菜类）以何种为常？

（三）饮料（如茶、酒类）以何为常？

（四）食品、饮料由本地出产者种类若干？

（五）食品、饮料由他处（指属外省、外国）输入者种类若干？以何种为大宗？

（六）五味嗜好以何种为主（如嗜辛酸之类）？其物品之种类若何（如槟榔、辛椒之类）？

（七）普通每日几飱？有无定时？

（八）每人每日食事通常须费若干？

乙　衣　题五

（一）常用衣料，其种类若何？以何种为大宗（如麻布、棉布之类）？

（二）冬令衣裘者多少若何？以何种皮货为最通行（如羊皮之类）？

（三）本地出产衣料皮货及由他处输入者，其种类若干？以何种为大宗？

（四）男女衣服形制若何（如缘饰长短广狭之类）？

（五）通常男女四季衣服每年约各需费若干？

丙　住　题四

（一）有无穴居或舟居者？其穴居或舟居为何色人？

（二）住屋之建筑形制若何？通常用何种材料（如砖瓦木石之类）？

（三）建筑材料由本地出产及他处输入者，其种类若干？以何种为大宗？

（四）租借及买卖住屋通常每间各约价若干（须分别城乡）？

第三类　职业　目八　题三十三

甲　农　题四

（一）从事农业者，自耕、租佃二者孰多？

（二）农业中附业（如牧畜森林等），其种类若何？有无独立经营者？其状况如何？

（三）普通年成凡田土一亩之收入，其资本劳力约费若干？所余若干？

（四）农民于每年收获余暇尚有营他业者否？其种类若何？

乙　工　题六

（一）属于工业之局厂店铺，其至巨之资本约有若干？

（二）凡工业除手工外，有无利用外国式机器者？其种类若何？

（三）有无特别发达之工业？其原因安在（如苏杭织绸原于产丝之类）？

（四）凡属于工业之技术，有无特别专精者（如湘人善刺绣、蜀人善操舟之类）？

（五）凡属于工业之技术，其传授之法如何（如教授学徒之类）？

（六）工匠（如土木、陶冶、裁缝之类）工资之率若何？有无一定限制（如经同行公议之类）？

丙　商　题六

（一）商业之普通组织方法若何？仿股分公司组织者有几？

（二）商号中最巨之资本约有若干？

（三）成立最久之商号有几？

（四）凡商业由资本家自营与佣人代营者以孰为多？

（五）各行商业通常年获利息若干？其消长之原因如何？

（六）本地商人有无至他处及外国贸易者？其种类人数若何？

丁　渔猎　题四

（一）渔猎事业是否皆为个人自营，抑有特别组织？

（二）渔猎船只器械其种类如何？有无改用新式者？

（三）渔猎区域是否皆为公有，抑有限禁（如某地只准何种人渔猎，某地不得听人渔{猎}）？

（四）渔家猎户是否皆属专业，抑有兼营他业者，并有无经官允准之事？

戊　服公务者　题三

（一）本地有无巨绅显宦？其曾经服官者由正途、捐纳出身者孰多？

（二）充当书役或兵勇之人是否多在本地，抑在他处，且以何色人为多（如农民及无业者之类）？

（三）充当书役或兵勇之人有家室恒产者多少若何？

己　杂业　题三

（一）本地人从事下列各种事业者以孰为多？其各业之性质及方法如何？

一、医；二、命；三、卜；四、星；五、相；六、巫；七、僧；八、道；九、尼；十、娼；十一、优；十二、技术。

上列一至五各业，以何色人兼营者为多？

（二）有无专营贩卖婢妾之业者？

（三）有无至他处从事各种杂业之人？以何种为多？

庚　劳动者　题四

（一）民以劳动为业者，其种类若何？约以何者为多？

（二）以劳动为业之人，有无至他处或外国者？以何业为多？每年有无定时来往？

（三）劳动者每日工资约有若干？一人所入能分养几人？

（四）妇女之为劳动业者，其种类若何？以何种为多？

辛　无业者　题三

（一）无业之人多寡之数若何？

（二）无业之人，其老弱男妇以孰为多？其无业之原因有几（如赌博、吃烟、游惰、灾荒之类）？

（三）无业之人以何术自活（如赌博、小偷、乞丐之类）？以何事自遣（如北京流氓喜弄雀之类）？有无妨害公共治安之事？

第四类　教育　题十一

（一）向来有无硕儒大师及专门学派并特别学风？

（二）读书识字之人多少若何？女子中有无读书识字者？

（三）科举未废以前本地科名盛否？科举之士现在改业者有几？

（四）向来有无兴学之公产（如宾兴、书院、学田、义塾之类）？其种类如何？现在均作何处置？

（五）现在置家塾私塾者，较前多少若何？学生人数与入新立学堂者比较，孰多？

（六）新立官私各学堂共分几种？共计若干？其程度、经费、办法若何？

（七）新立各学堂各项教员取材何所？

（八）有无出洋及赴他处游学者，其人数若干？

（九）〔无〕有无图书馆、阅报所、宣讲所之类？其办法若何？

（十）中外所出之报章、图书、仪器，本地销行之数若何？

（十一）宣讲圣训之事盛否？其宣讲大略如何（用何色人宣讲及用何种书籍之类）？

第五类　宗教　题十三

（一）通行宗教共分几种（如佛、回、道、耶苏、天主之类）？各教中有无特别宗派？

（二）信教之人以何色人为多？

（三）有无外国传教之人？

（四）为僧尼巫道之人约计若干？以何色人为多？

（五）有无特别供奉之神道？其沿习如何（如湘人供禹王、黔人供黑神之类）？

（六）有无著名最巨之庙塔祠宇及开斋朝拜之事？

（七）迎神赛会之风盛否？其仪式组织如何？

（八）有无建筑最久之祠宇庙塔？其规制沿革如何？

（九）持斋戒杀之风盛否？以何色人为多？

（十）有无奉佛终身不复婚嫁及许愿舍身之习？

（十一）住家及各业通常奉祀之神道有几（如住家供土地财神、成衣店供轩辕、木匠供鲁班之类）？

（十二）神佛巫觋祈祷之类有几（如拜斗、求签、解结、观花之类）？

（十三）有无特种神秘教派？其情状如何（如白莲教、青莲教之类）？

第六类　礼俗　目六　题二十六

甲　宗族　题五

（一）本地人民聚族而居与分居析爨者孰多？

（二）族中遇有丧庆急难，同族有无由公众矜恤资助之事？

（三）宗祠仪制有无特别之俗？

（四）族中显宦有无特别优异之处？

（五）曾犯国律之人尚得入祠附祀否？

乙　婚嫁　题七

（一）婚嫁仪制有无特别之俗？

（二）纳聘通常用何礼物？有用聘金者否？

（三）有无阻嫁、抢亲之俗？

（四）有无为未婚之夫守贞者？守贞者是否皆须过门？

（五）有无童养媳之俗？其办法如何？

（六）纳妾之风盛否？以何色人为多？

（七）有无以弟娶寡嫂之俗（俗谓之转房）？

丙　丧葬　题六

（一）丧葬仪制有无特别之俗？

（二）丧家通常废业若干日？

（三）除土葬外，有无他种葬法（如火葬、水葬、露葬之类）？以何种为多？

（四）有无超度死者之俗？超度时用何教人为多（如僧、道类）？

（五）迷信风水术之风盛否？通常用风水术者须酬金若干？

（六）有无停柩觅地旷日不葬之习？

丁　节令　题二

（一）遇节令有无宴会（如春酒之类）？祷祭（如中元祭祖、中秋拜月之类）？

（二）遇节令有无聚会游戏之事（如端午竞渡、新年行灯之类）？其种类、方法如何？

戊　娱乐事业　题四

（一）于一定节令外，每年有无特别聚会娱乐之事（如香会、花会之类）？

（二）演剧之事盛否？剧场优伶其组织之法如何？通常喜演之剧，其类有几？

（三）有无演技（如弄蛇、口技等类）之事？其类有几？

（四）有无较艺之事（如打拳、竞马之类）？其种类、方法如何？

己　谣谚　题二

（一）有无通行歌谣（如秧歌之类）？其类若干？义解如何？

（二）通行谚语约有若干？其各种之义解若何？

第七类　习尚　题十八

（一）人民相处所最推重者为何如人（如重耆老，或富豪，或官吏之类）？

（二）各色人民每日服劳时间通常约自何时起？何时止？每年以何时为最忙？何时为最暇（如农人春忙冬暇之类）？一年中服劳时间通常几月？

（三）妇女除家事外，尚有能及于耕种及其他生计者否（如缝织、樵苏之类）？

（四）中等以上之家，衣食住三者通常于必需之物品及制作外有无尚奢之习（如衣必绸缎缘饰、食必多品兼味、室必雕绘园亭之类）？

（五）妇女装饰之品，通常每人需费若干？其至贵之品为何（如珍珠、金饰、宝石之类）？

（六）人民所用物品，土货、洋货二者孰重？

（七）人民有无烟酒之癖？其烟酒之种类若何（如汾酒、绍酒、建烟、外国烟之类）？有此癖者以何色人为多？

（八）妇女缠足之风盛否？其渐知解放者多少若何？

（九）有无赌博之风？其赌博之种类若何？

（十）吸食阿片者以何色人为多？妇女中有吸食者否？近来有无禁戒者？其方法若何？

（十一）有无溺女、弃子之俗？其原因若何？

（十二）有无买卖娼优奴仆婢妾之类？其价格以何为准（以年之大小、貌之美恶之类）？

（十三）有无以人为借贷抵押之物者？其类有几？

（十四）以人为买卖抵押，其取赎之期限、方法如何？

（十五）有无秘密结会拜盟之事（如哥老、盐枭之类）？其类有几？各类组织之法若何？其会所有无一定？

（十六）入秘密会者以何色人为多？会中有无特别口号及标识？

（十七）有无持械聚斗之俗？

（十八）有无著名讼师及健讼扛讼之俗？

第八类　卫生　目四　题二十七

甲　疾病　题四

（一）有无流行传染之病？其种类（如黑死病、麻脚瘟、赤痢、白喉、痘疮、癣癞之类）情状若何？以何种为多？每年以何时为何类盛行之期？

（二）患传染病者以何色人为多？每年死亡之数百人中因患病者约有几人？

（三）有无患花柳病之人（如杨梅疮、鱼口之类）？有因之死亡者否？

（四）家畜有无传染之症？

乙　医术　题八

（一）悬牌行医之人约有若干？其诊胍〔脉〕谢金通常约取若干？

(二)行医之人有无经官考验允准之事？

(三)有无专业外治之医(如针灸、符水之类)？其术如何？

(四)有无西法医士及外国医士、医院？

(五)患病之人就外国医诊治者多少若何？

(六)有无官医(如牛痘医之类)及官立医院？

(七)有无专业兽医之人？

(八)妇女有无业医术(如取牙虫之类)、催生者？其类有几？

丙　药品　题七

(一)药店约有若干？

(二)药店中有无兼营医术者？

(三)通行药品以何类为多(如至寒极热之品)？

(四)有无著名膏丹丸散？其种类及治法若何？

(五)有无贩卖草药之业者(指不属于本草方书之品)？

(六)有无贩卖外国药品及外国人自开药房卖药或沿途兜卖者？其销行之种类有几？以何种为多？

(七)有无贩卖堕胎、壮阳等药品者？向来有无禁止之例？

丁　清洁法　题八

(一)城厢市镇之街道沟渠，其修理打扫有无一定经管之人？其办法若何？

(二)人家污秽之物(如煤灰之类)有无一定弃置之所？

(三)有无公共厕所？由何人管理？

(四)人家是否皆有厕所？

(五)饮用之水取之何所？其清浊如何？

(六)掘井之法如何？有用外国新法者否？

(七)饮用之水有无沉淀取清之法？

(八)有无宰食病畜之禁(如瘟牛死马之类)？

第九类　慈善事业　目四　题二十一

甲　救灾及救生　题五

（一）有无官立或公立之医药局及以私人之财产施医者？其办法若何？

（二）市镇中防火之法（太平池之类）为类有几？其组织如何？

（三）救火器具其类有几？

（四）有无共同议立防疫防火之禁约？

（五）滨水之区有无预备船筏以为救生之用者？其组织及办法若何？

乙　备荒　题五

（一）有无公共备荒财产（如义仓积谷之类）？其种类及办法若何？

（二）荒年平粜放赈等事，其办法若何？

（三）遇歉收年岁，有无公约禁止煮酒熬糖之事？

（四）有无预防谷贵遏粜出境之俗？其办法若何？

（五）荒年有无屯谷居奇之事？

丙　济贫恤死　题六

（一）流民、乞丐之数约有若干？老弱男妇以孰为多？乞丐中有无结合之事？

（二）有无收养流民、乞丐之所（如栖流所之类）？其办法、经费若何？人数若干？

（三）有无布施寒衣米粥之事？

（四）遇有外来逃荒之人，有无赈济安辑之法？

（五）有无公共墓地？其广狭及办法如何？

（六）有无公共团体（如善堂之类）或以私人财产从事施棺埋骨之事者？其办法如何？

丁　恤无告　题五

（一）有无收养婴儿之所（如育婴堂之类）？其办法、经费如何？人数若干？

（二）收养婴儿男女之数孰多？抚养之法如何？成丁后是否听其自出谋生，抑别有安置之法？

（三）有无收养孀妇之所（如敬节堂之类）？其办法如何？经费、人数若干？

（四）收养孀妇有无年限？准其携带子女否？

(五)有无收养孤老之所(如孤老院之类)？其办法、经费若何？人数若干？

第十类　团体组合　题八

(一)农民中有无下列各项组合之事？其办法、组织如何？

一、堰塘；二、沟渠；三、山林；四、备灾(如捕蝗之类)

(二)工商各业有无下列各项组合之事？其办法、组织如何？

一、商会；二、公所；三、行；四、帮

(三)工商业组合之人是否皆以业分，抑以籍分(如客帮之类)？

(四)居民中有无下列各项组合之事？其办法、组织如何？

一、教育(如教育会之类)；二、宗教(如清醮会之类)；三、团保；四、堤防；五、道路；六、桥梁；七、渡口；八、备灾(如防火之类)；九、客籍(如会馆之类)

(五)各组合加入之人有何制限分别？是否皆听其自由出入，抑有一定强制之法？

(六)各组合中人有违背公约者，有无议罚之事？其办法若何(如罚金及罚演剧等类)？

(七)各组合中办事之人，如董事、值年之类，是否皆由众公举，抑有他种委充之法？并有无请官委派之事？

(八)各组合中办事之人有无一定任期及薪水？

调查民情风俗各种图籍章程字据目录

(一)各种人男女服饰图或用照像(下仿此)

(二)他种人男女形状图

(三)僧道巫卜星相通用书类(除经典外)

(四)僧道巫觋各种符箓表文格式

(五)本地名人各种著述

(六)宣讲圣训用书

(七)婚嫁仪式图

(八)丧葬仪式图

(九)各种赌具图解

（十）买卖抵押娼优婢妾各种约据

（十一）各种时疫通行经验药方

（十二）各种慈善事业章程文件

（十三）各种组合章程合同文件

（十四）关于地方治安公立各种禁约章程

第二部　地方绅士办事习惯问题（题八）

（一）本地地方公事有无迳由绅士办理者（如善堂之类）？其类有几？办事绅士何人推举？其权限若何？

（二）地方公事有无由地方官管理而仍委绅士办理者？其类有几？权限若何？

（三）办理地方公事之绅士约为何色人？习惯上有无资格制限（如无职或无财产者不得充当绅首之类）？

（四）办事绅士有无薪水及一定任期？

（五）绅士办事之成绩有无一定报告之方法及期限？

（六）绅士办事每年收支款项，其报销之方法、期限若何？

（七）绅士办事之成败得失，地方官及本地人民其稽查之方法若何？

（八）地方官委派之绅士，本地人民有不服者，有无请求更换之方法？

第三部　调查民事习惯问题目录

（类二　款十七　项二十一　目四十二　题四百五十七）

第一类　财产　款十　项八　目二十三　题二百三十五

　第一款　买卖　目七　题二十六

　　甲　预约　题三

  乙　保证　题六

  丙　用费　题二

  丁　期限　题三

  戊　退换　题三

  己　镠辖　题五

  庚　买回　题四

第二款　抵押　项三　题四十八

 第一项　不动产抵押　题十七

 第二项　物品抵押　题二十

 第三项　权利抵押　题十二

第三款　借贷　项三　目四　题二十七

 第一项　普通借贷　题十九

  甲　利息　题六

  乙　保证　题五

  丙　期限　题三

  丁　偿还　题五

 第二项　数人借贷　题四

 第三项　相互借贷　题三

第四款　租赁　项二　目五　题二十七

 第一项　不动产租赁　题二十三

  甲　保证　题六

  乙　课租　题八

  丙　期限　题二

  丁　修理　题三

  戊　解租　题四

第二项　动产租赁　题六

　第五款　共有　题十二

　第六款　承揽　题十

　第七款　邻接　目三　题十五

　　　甲　疆界　题八

　　　乙　通行　题二

　　　丙　水分　题五

　第八款　委托　题十二

　第九款　雇佣　目四　题十六

　　　甲　保证　题四

　　　乙　佣期　题二

　　　丙　佣金　题八

　　　丁　解佣　题二

　第十款　契约　题二十

第二类　人事　款七　项十三　目十九　题二百二十二

　第一款　户籍　题十二

　第二款　失踪　题八

　第三款　代理　题十

　第四款　遗言　题七

　第五款　家产〔族家〕项三　目八　题八十六

　　第一项　族制　题十七

　　第二项　承继　目五　题四十三

　　　甲　通例　题十二

　　　乙　兼祧　题八

　　　丙　外姻承继　题八

丁　异姓承继　题七

戊　悔婚及归宗　题九

第三项　亲子　目三　题十六

甲　继子　题五

乙　出子　题四

丙　奸生子　题七

第六款　家产　项三　题三十二

第一项　公产　题九

第二项　袭产　题六

第三项　析产　题十七

第七款　婚姻　项七　目八　题六十七

第一项　通例　目八　题三十一

甲　年龄　题二

乙　婚禁　题四

丙　主婚　题三

丁　媒妁　题三

戊　婚约　题六

己　财礼　题七

庚　婚期　题三

辛　嫁奁　题三

第二项　赘婿　题七

第三项　招夫　题七

第四项　纳妾　题三

第五项　悔聘及杂〔离〕婚　题九

第六项　再醮　题四

第七项　夫妇财产　题六

第三部　调查民事习惯问题

第一类　财产　款十　项八　目二十三　题二百三十五

 第一款　买卖　目七　题二十六

  无论为商人买卖、非商人买卖皆属之。

  甲　预约　题三

  （一）彼此约定买卖一物，物、价均未交割，中途有一人违约不买或不卖时，其处理之方法如何？

  （二）约定买卖并付有定钱，中途有一人违约时，其定钱作何处理？

  （三）买卖定钱多少以何为准？有以买价作比例者否？

  乙　保证　题六

  （一）有无专营居间买卖之业者？其方法如何？

  （二）买卖保证人是否皆由卖主延请，抑由两面公请，或两面分请？

  （三）保证人有数人时，其保证责任有无轻重之别？

  （四）保证人与在场人其责任有何区别？

  （五）保证人中有必须用公人（如团首、保正之类）者否？

  （六）保证人谢礼有无一定？由买主、卖主何人致送？

  丙　用费　题二

  （一）买卖时应有一切用费（如夫马酒食等类）由买主、卖主何人任之？

  （二）买卖用费是否照实费计算，抑有特定标准（如买价若干须加用费若干之类）？

  丁　期限

  （一）买卖田宅，其交割物价之期限如何预定？有无分期交价之事？

  （二）买卖货物除现钱交易外，其交价之期限有无一定（如月底三节结帐之类）？

(三) 买卖经过一定期限如未付价，或付价未清，卖主可向买主索加利息或取消买卖之约否？

戊　退换　题三

(一) 买卖已成交后（指物、价均已交割，或物已交清，价尚未付清时而言）买主如不合意，有无退换之事？其退换之方法如何？

(二) 买卖已成交后，如买主因该物有缺损差异（如数量不足、品质有异之类）与原约不符时，其退换之方法如何？

(三) 退换货物有无一定期限（如本日可退、隔日不可退之类）？

己　谬辘　题五

(一) 故将下列各物出卖，买主不知致买卖无效时，卖主对于买主有何责任（如加利退价或别议处罚之类）？

　　(甲) 抵押租借之物

　　(乙) 官有或公有之物

　　(丙) 寄存或遗失之物

　　(丁) 盗来之物

(二) 定买之物，如卖主已先抵押于人，应由何人取赎？

(三) 定卖之物卖，主再以卖之他人时，其对于前后买主有何责任？

(四) 买卖已立定约，买主或卖主一人死亡，其两面承继人得取消其约否？

(五) 已定买之物因天灾事变致有毁损灭失时，其处理之法如何？

庚　买回　题四

(一) 买卖时卖主如预约买回，其价值如何预定？

(二) 预定买回期限有最长至若干年者？

(三) 预约买回之物，买主可于期未到时转卖于他人否？如转卖后，原买主于期到时得向后买主买回否？

(四) 买回之物其未买回以前，所有修理保管一切用费应算入买价中否？

第二款　抵押　项二　题四十八

借人之财而以物为质,谓之抵押。抵押物有过手管理及不过手管理二种,兹就设问之便,凡过手管理者,皆以之分属于不动产抵押及物品抵押二项中,凡不过手管理者,则别设权利抵押一项以属之。

第一项　不动产抵押　题十六

(一)不动产抵押,其抵押与原价之比例如何?

(二)抵押利息是否即以该产所得之利益(如田土收获、住宅租金之类)充之,抑有别给利息者否?

(三)抵押保证人由业主、押主何人延请?

(四)抵押时应有一切用费由何人任之?

(五)抵押取赎期限有最长至若干年者?

(六)抵价逾期未清,业主得向押主索加利息或取消抵押之约否?

(七)抵押之产,其修理及保管用费是否全归押主任之?

(八)因天灾事变致抵押之产有毁损时,押主有赔偿之责否?

(九)抵押住宅因年久旧损,取赎时押主应修复其原状否?

(十)抵押期限中业主得以其业出卖否?

(十一)不定期限抵押,业主得随时取赎或以其业转押于他人否?

(十二)押主不经业主允许得以其抵押之业转押于人否?

(十三)押主如以抵押之业转押于人,业主得迳向后押主取赎否?

(十四)不定期限之田土抵押,业主于收获前取赎须补偿押主利息否?

(十五)业主倒产须变卖其抵押之业摊还债务时,押主较他借主有尽先摊还之权利否?

(十六)抵押产业,其所有丁粮捐税是否皆由押主完纳?

第二项　物品抵押　题二十

(一)凡质、典、当、小押各店铺其组织及方法有何异同?

(二)下列各物品得为抵押之物否？

　　(甲)军装军器

　　(乙)农器

　　(丙)食物及生物

(三)抵押物品之价格以何法估计？

(四)抵押物品其抵价与原价之比例如何？

(五)抵押物品利息其至多、至少之率如何？

(六)抵押利息是否皆于取赎时与本同付，抑有先付利息者否？

(七)物品抵押有用保证人者否？

(八)抵押物修理保管用费是否皆由押主任之？

(九)抵押取赎期限有至短、至长至若干年者？

(十)抵押满期是否即由押主将该物变卖，抑有先行通知物主者否？

(十一)抵押到期，物主无力取赎，得向押主请再展期否？

(十二)有以抵押物所获之利益为利息者否？

(十三)押主不经物主允许得以抵押物转押于他人否？

(十四)无姓名之抵押票据，无论何人皆得执票取赎否？

(十五)抵押票据遗失得再向押主声明换取否？

(十六)抵押物品因预防其为伪物或物中有毁损时，于抵押字据中如何批明？

(十七)故将下列各物抵押，致押主有损失时，抵押人有何责任？

　　(甲)官有或公有之物

　　(乙)盗来之物

　　(丙)赁借之物

　　(丁)遗失或寄存之物

(十八)抵押物有灭失、毁损时，押主得以同样之物或折价偿还否？其价以何时之率为准(如照抵押时时价，或取赎时时价之类)？

（十九）因天灾事变致押物有灭失、毁损时，押主得免赔偿之责否？

（二十）原约以抵押物供押主使用因之有毁损时，押主免赔偿之责否？

第三项　权利抵押　题十二

（一）以有价权利（如田宅物品或银钱货借，凡可以计价者皆是）抵押，其抵价与原价之比例如何？

（二）以不可计价之权利（如官给各种票帖凭照之类）抵押，其抵价如何计算？

（三）权利抵押利息，其至少、至多之率如何？

（四）如权利抵押人倒产须分摊债务时，押主与他无抵押之借主有无轻重之区别？

（五）指定以某业抵押，业主如逾期不还或付利不清，押主得过手管理其业否？

（六）以借约抵押业主，如逾期不还或付利不清，押主得迳向原借主索取本利否？

（七）抵押人如欲以抵押之权利转押于人时，须经原押主之允许否？

（八）押主不经抵押人允许，得以抵押之权利转押于人否？

（九）指定抵押之权利因故灭失时，押主得向抵押人别索他种权利以为抵押否？

（十）以同一权利抵押于数人，遇抵押人倒产摊还债务时，对于各押主其分别先后多少之法如何？

（十一）权利抵押，保证人与他种抵押保证人，其责任有无异同？

（十二）抵押约据遗失，偿还时如何处理？

第三款　借贷　项三　目四　题十九

第一项　普通借贷

甲　利息　题六

（一）借贷利息其至少及至多之率若何？

（二）计算利息期限约分几类（如按月、按年之类）？

（三）借贷物品其利息如何计算？有无以实物支付利息者（如借米谷即以米谷付利之类）？

（四）无利息借贷逾期未付，有无加算利息之事？

(五)利息逾期未付,得于利上起利否？其起利期限有无制限(如利息非欠至若干时不能起利之类)？

(六)借贷年久未清,有无停止或酌减利息之事？

乙　保证　题五

(一)借贷保证人由借主或贷主何人延请？

(二)借贷偿还之责有全由保证人负之者否？

(三)有完全责任之保证人如死亡或倒产时,其偿还之责是否仍归借主本人负之？

(四)有以利息为保证人之报酬者否？

(五)借贷物品有以银钱担保者否？

丙　期限　题三

(一)不定期限借贷,贷主得随时向借主索偿否？

(二)借贷中有无至若干年不还其债务即归消灭之例？

(三)定期借贷于期限中借主倒产,贷主得即向之索还否？

丁　偿还　题五

(一)银钱借贷偿还时,如价有变迁,以何时之价为准？

(二)相约以原物偿还之借贷,原物如有灭失、毁损,借主得以同样之物或折价偿还否？其计算以何时之率为准？

(三)借贷物品,其必须修理、保管、培养(如牛马食料之类)一切用费由货主、借主何人任之？

(四)因借贷物所生之果实(如畜类产子、花木结果之类)原约未定归何人所有,贷主得向借主索还其果实之一部或全部否？

(五)甲负乙债、乙负丙债,乙如以甲债抵偿丙债,须经甲丙允诺否？

第二项　数人借贷　题四

(一)数人共负一人之债,贷主得向借主之一人索还债务之全部否,抑须按各借主应还之一部而分别索偿否？

(二)一人负数人共有之债,偿还时得将全部付与贷主之一人否,抑须分别各贷主应得之一部而分别付与否?

(三)数人共负一人之债,其中之一人死亡时,其应偿还之一部是否由借主分任,抑可免除否?

(四)一人负数人之债,遇借主倒产须摊还债务时,其分别先后多少之法如何?

第三项　相互借贷　题三

(一)数人共集一会,以银钱或物品互为借贷,其类约分几种?各类于下列各事项其异同若何?

　　(子)名称;

　　(丑)人数若干?每人各占几会?

　　(寅)接会期限;

　　(卯)接会先后次序以何法定之?

　　(辰)终会期限;

　　(巳)加利还本如何计算?

　　(午)每会利率多少?

　　(未)接会者有无抵押?

　　(申)会中用费何人任之?

　　(酉)由何人经理会中事务及掌管会中抵押物及一切文件?

　　(戌)还会不清如何议罚?

(二)除因营业或使用起会外,有无以特别目的为之者(如起会以预储父母丧葬用费或为慈善事业之类)?

(三)有无不待会终于中途解散者?其处理之方法如何?

第四款　租赁　项二　目五　题二十七

凡利用他人之物而与以报酬,谓之租赁。租之事项属于不动产者为多,赁之事项则仅动产有之,其性质虽同,而目的物则异。兹故合租赁为一款,分不动产、动产为二项以别之。

第一项　不动产租赁　目五　题二十三

甲　保证　题六

（一）有无专以居间为人租佃田土、山林为业者？其方法如何？

（二）租佃保证人对于物主遇租逃亡或贫困欠缴租金时，有代为缴纳之责否？

（三）租主所纳保证金（俗称押租）多少以何为准（如以租金几分之几为率之类）？

（四）保证金是否概归物主收管，抑有由保证人收管者否？

乙　课租　题八

（一）住宅租金其交纳期限共分几种（如按月、季之类）？有无先期交纳者？如逾期不交，宅主可向租主索加利息否？

（二）租宅期限中遇房价腾贵，宅主可向租主索加租金否？

（三）租佃田土耕种者，其认租之法如何（如按亩计算每亩认租若干，如照收获之额计算，业主、佃户各分若干之类）？

（四）田土认租是否仅于秋收时交纳一次，抑有无按照所出各种谷物分季交纳者（如夏季纳麦、秋季纳稻之类）？

（五）田土认租是否皆以谷物交纳，抑有以金钱折算者？其折算之法是否皆照时价，抑有预定之率？

（六）荒年歉收佃户可向田主请求免租或缓租否？其缓租期限如何预定？补纳时有无加认利息之事？

（七）租佃空地修造房屋或为牧蓄〔畜〕种植之用者，其租金如何计算？

（八）租佃山林专以采取柴木果物或开掘矿物为目的者，其租金如何计算？有无以所出之物纳租者？

丙　期限　题二

（一）租佃田宅、山林，其预定期限有最长至若干年者，有无不定期限，约定永归一人承租者？

(二)定期租佃期限中物主将租物出卖,租主得仍继续承租满期否?

丁　修理　题三

(一)租佃之物遇有必须修缮之时(如房屋、堤防破损、沟堰淤塞之类),其用费是否概由物主担任?

(二)租主将租物加工以求坚美,其用费可向物主索偿否?

(三)租物因修理后增加利益时,物主可向租主索加租价否?

戊　解租　题四

(一)解租之前须互相先期通知否?其通知期限若何(如前若干月之类)?

(二)租主自行添置之物(指附着于租物上者),解租时得概行撤去否?物主如愿接受,其价值如何计算?

(三)田方播种,田主遽以田改佃他人,其播种时一切用费由主或接佃者何人偿还?

(四)田稼将熟,田主改佃,其收获之物是否全归原佃户所有,抑有与接佃者分配之事否?

第二项　动产租赁　题六

(一)有无专以出赁什物生物(动物植物皆属之)为业而开设行店者?其各类赁价及方法如何?

(二)赁用之物,其必须修理、保管、培养一切用费是否由物主自任,抑有由赁用之人分任者否?

(三)赁用之物如因天灾事变毁损、灭失时,赁用之人得免赔偿之责否?

(四)赁用之物如有毁损灭失时,赁用人得以同样之物或折价偿还否?其价以何为准?

(五)因赁用物所生果实是否概归物主,抑有归赁用之人者否?

(六)不定期限赁用之物,物主可随时向赁用人索还否?

第五款　共有　题十二

二人以上同有一物,谓之共有;共有之人,谓之各共有者;将共有之物均匀区划,使各受其应有一部之利益,谓之分配;分共有之物而为专有,谓之分割。共有事项以不动产之分配、分割为最难,处理之法亦因之复杂。兹所设问皆以不动产为主,动产共有之习惯不难类推,故从略焉。

(一)共有田宅分配之法有几?

(二)共有物之管理者是否由众公举,抑各共有者皆有其责?

(三)共有物约据由何人保管?分割后尚须存留否?

(四)共有者之一人,其所分配共有物应得之一部因天灾事变灭失、毁损时,得向他各共有者再求分配否?

(五)共有者之一人死亡而无承继人时,其应得共有物之一部是否分配于他各共有者?

(六)以共有物之全部出卖或抵押租借,是否须经各共有者之同意,抑各共有者之一人亦得为之?

(七)共有抵押租借之物,物主得向共有者之一人取赎否?

(八)以共有物抵押租借于人,得由共有者之一人取赎否?

(九)共有者之一人将其应得共有物之一部出卖抵押租借时,是否须经各共有者之允许?

(十)共有者之一人得随时分割其应得共有物之一部否?

(十一)因共有物所生之债务分割时,其偿还之法如何?

(十二)共有物既经分配,其公同应有用费(如粮税之类)以何法分任?

第六款　承揽　题十

为人包办事件或完成工作而取报酬,谓之承揽;承办之人,谓之承揽者;以事工交人承办之人,谓之出揽者;承揽工作相约至若干年止,遇有毁损须由承揽者赔修,此年限谓之保固年限。承揽事项以工作之问题为多,兹所设问亦于工作特详。

(一)承揽者于事工未完时死亡,其承揽之责须由其承继人继续负之否?

(二)承揽事工过期尚未完成,出揽者得另觅人承办否?

(三)因物价腾贵或事变发生,致原约承揽用费不足而事工不能完成时,承揽者得向出揽者索加用费或解除承揽之约否?

(四)承揽工作中途遇天灾事变致前工尽弃,承揽者得向出揽者索取赔偿否?

(五)承揽工作,其定保固年限有最长至若干年者?

(六)承揽工作由出揽者自出材料,因材料过劣于保固年限中致工作毁损时,承揽者得免赔修之责否?

(七)承揽工作有由出揽者将承揽用费扣起若干,待至满保固年限始行付给者否?

(八)于保固年限内工作毁损,有于赔修之外别议处罚者否?

(九)保固年限中承揽者死亡,其承继人须继续负保固之责否?

(十)承揽者有甲乙二人,于保固年限中因甲修之一段不固致乙修之一段毁损,其赔修之责由甲乙何人负之?

第七款　邻接　目三　题十五

甲　疆界　题八

(一)田房、山林定界之标准有几(如房屋以滴水檐墙根为界之类)?

(二)设立界标(如界碑之类)及其用费由何人任之?

(三)疆界有纷争时,以何人之契约为据(如以先买者之约为据之类)? 契约外有无别种处理之法?

(四)接界墙垣或土坎等是否皆为共有,抑有属于一面者?

(五)疆界有无上下之限(如地邻官廨造屋不准过高,或卖地只卖地皮不卖地骨,又如俗语有谓占天不占地之类)?

(六)毗连房屋二栋分属于甲乙二人,中有空地,必须设立屏障以别界限,其设立之法有无一定(如通常只用土墙或竹篱之类)? 用费由何人任之?

(七)前项设立屏障,如甲乙二人中有一人欲于原定方法外再行加工以求美固,可否任意改造? 其用费是否一人独任?

(八)在自己界内欲从事掘井开池挖窖等工作,其危险可及于邻地时,有无酌留距离之事？其距离约须若干尺？

乙　通行　题二

(一)房屋有数栋时，乙住甲之后栋，平日由后门或旁巷出入，遇有必须经甲住之前栋出入时(如嫁娶丧葬之类)，是否必先经甲许诺，抑可以任意通行，且其通行有无制限(如嫁娶许出入、丧葬不许或幼殇不许之类)？

(二)甲地被围绕于乙地，致不能达于官道，或虽可达，然必多费(如别开新路)而犯险(如绕由水路)时，可以任意通行于乙地否，抑必须经乙许诺始能通行，且其通行有无制限、报酬之事？

丙　水分　题五

(一)甲地之水由乙地经过，致使乙地有受损之虞，必须开浚修理时，其用费由何人任之？

(二)沟渠及一切流水，其两岸一面属于自己一面属于他人，如须变更水路及幅员，均须两面允许否？

(三)流水两岸均属于一人时，其变更水路及幅员有无制限(如不能变更水口之类)？

(四)建造房屋及一切工作，恐雨水注泻于邻地，有无防制之法(如滴水檐不能逾出邻墙之类)？

(五)数家共以一水源灌溉或使用，其分配之法如何？

第八款　委托　题十二

以事与物托人经理或保管，谓之委托；以事物托人者，谓之委托者；代人经理、保管者，谓之受托者。委托与代理相类，区别颇难。兹特以属于人事之问题归入代理款中，以属于财产之问题归入委托款中，其间有为两款中皆有之问题，则仍于代理款中详之。

(一)不定权限之委托，受托者以己意经理、保管，致委托者有损失时，仍负赔偿之责否？

(二)定权限之委托，受托者于其权限内经理、保管，致委托者有损失时，得免赔偿之责否？

（三）受托者处理委托之事物，其获利逾于原定范围时，受托者得自享其余利否？

（四）于委托期限中受托者死亡，其承继人须继续负其责否？

（五）因天灾事变致委托物有灭失、毁损，受托者得免赔偿之责否？

（六）委托物因久留有毁损之虞（如食物之类），受托者得为之变卖或销费其物否？

（七）原约以委托物供受托者使用致该物有毁损时，受托者负赔偿之责否？

（八）因委托物所生之果实原约未定归何人所有，委托者得向受托者索取果实之一部或全部否？

（九）因经理、保管所生用费，其额过于委托物时，受托者得变卖其物以取偿否？

（十）受托者因有不得已之事故得以其受托之事物另托他人经理、保管否？

（十一）可生利益之物受托者不为之生利，委托者得令其赔偿否？

（十二）仅托人保管之物，受托者不为之修理、培养，致该物有毁损，得免赔偿之责否？

第九款　雇佣　目四　题十六

为人服劳而取酬金，谓之雇佣。无论为体力上（如仆俾夫役之类）、技术上（如工匠之类）、精神上（如教习医士之类）之事，第以劳务为目的者皆是。凡服劳之人，谓之雇主。方今各国法律皆严禁以人为财产上之目的物，而吾国买卖、抵押奴俾之风至今犹炽，其事虽佣，其行为则财产之买卖、抵押也，此为将来改修刑律必禁之事，无与于民事立法问题，兹故略之。

甲　保证　题四

（一）雇佣中必用保证人者约有几类？

（二）有无专以居间雇佣为目的而开设行店者（如夫行之类）？其方法如何？

（三）佣人逃亡，虽未拐窃财物，保证人有无责任（如追寻或代缴佣金之类）？

（四）佣人有无缴纳保证金之事（如商店学徒缴纳押柜之类）？其处理之方法如何？

乙　佣期　题二

（一）雇佣期限有最长至若干年者？

（二）有无定终身为佣之约者（凡因买卖抵押而终身为佣者不在此类）？

丙　佣金　题八

(一)给付佣金有定期者,雇主如过期不给,佣人可向雇主索加利息否?

(二)佣人因服劳得他人馈赠,有无归入佣金内计算之事?

(三)有期限之雇佣,在期限内因物价昂贵可求雇主增给佣金否?

(四)佣人出资以助雇主,于佣金外尚得分取雇主所得之利益否?

(五)佣人于期限内逃亡,雇主有无向其家族追索佣金之事(此指无保证人之佣人)?

(六)雇佣中有仅以衣食为佣金者否?

(七)商事、农事雇佣,有不给佣金而提分红息及谷物者否?

(八)商事雇佣佣金有不以时日计算而观其经手售货之多少以为佣金之比例者否?

丁　解佣　题二

(一)雇佣于期限内雇主无故解佣时,有须别给佣金者?佣人无故解佣时,有须缴还佣金者否?

(二)佣人因服劳致疾或死亡而解佣时,雇主对于佣人或其家族有无给养之事?

第十款　契约　题二十

(一)出卖或出抵未经分析之产,立约时是否仅由家长一人出名?

(二)出卖或出抵已经分析{之产},立约时除由该产之受分者一人出名外,其他之受分者亦须邀集到场否?

(三)出卖或出抵族中公有之产(如墓田祠产之类),立约时是否仅由族长或经理人出名?其族中诸人皆须列名否?

(四)出卖或出抵地方公产(如学田庙产之类)是否仅由经理人出名?

(五)买卖田宅,立约时其邻舍之人皆须邀请到场否?

(六)凡立买卖抵押契约,有无不用代笔人,仅由业主自书者否?

(七)立约代笔人由何人延请?

(八)凡立契约,除画押外,有用别种记号(如指印图书之类)以为信守者否?

(九)买卖田宅,其契约名义共分若干类(如杜卖之类)?其各类之性质如何?

（十）买卖抵押产业均先立定约否？

（十一）买卖定约中所定价值，立正约时得再增减否？

（十二）凡延请中正须另立字据否（如请字之类）？其字据交何人收执？

（十三）凡买卖抵押租借，有由保证人立出字据交两造以为保证者否？

（十四）无中证人之契约，其效用有异否？

（十五）买卖旧契散失，于卖约中如何批明？

（十六）以产业之一部出卖，如不能交出旧契，于卖约中如何批明？

（十七）抵押产业，其原契均须交出否？

（十八）凡租赁借贷抵押等契约因故散失，其偿还取赎时应如何处理？

（十九）凡买卖抵押物价交清后，须别立字据否（如"满收"字之类）？

（二十）买卖产业，其丁粮是否仅于卖契中载明，抑有别立字据者否？

调查民事习惯财产类各种约据目录

（一）各种买卖定约

（二）各种买卖正约

（三）买卖中证请字

（四）买卖满收字据

（五）各种抵押约据

（六）抵价收字

（七）取赎抵押收字

（八）典当质小押各种票据

（九）各种借贷约据

（十）借贷偿还收字

（十一）借贷利息收字

（十二）各种起会章程簿据

(十三) 住宅租约

(十四) 田土山林佃约

(十五) 赁物字据

(十六) 各种共有约据

(十七) 共有物分割字据

(十八) 各种承揽约据

(十九) 承揽保固约据

(二十) 各种委托字据

(二十一) 各种雇佣字据

第二类　人事　款七　项十三　目十九　题二百二十二

第一款　户籍　题十二

(一) 清查户口有无由地方团保自行办理者？

(二) 各户户主是否皆以尊长充当？

(三) 无夫之妇女得为户主否？

(四) 幼孤及失踪之人，是否以其代理人为户主？

(五) 不知籍贯之人(如弃儿及掠卖之婢妾等)以何人之籍为籍？

(六) 不能自立一户之人(如流民、乞丐之类)亦得列入本地户籍否？

(七) 土著之他种人(如苗、瑶、回之类)亦得列入本地户籍否？

(八) 入他籍之人，本地已无亲族家产，年久复归，尚得为本籍之人否？

(九) 外属或外省流寓之人须住本地若干年始得认为入籍？

(十) 外来流寓有无特别入籍之法(如捐金之类)？

(十一) 未入籍之人得与闻地方公事及充当公人否(如首士、保证之类)？

(十二) 新立学堂有无制限外籍入学之事？

第二款　失踪　题八

(一) 外出之人久失踪迹，又无父母妻子，其家产得由其亲族为之管理否？如无亲族时应由何人管理？

（二）管理失踪人家产，其权限有无限制（如只能保管、不能变更之类）？

（三）失踪之人并无父母妻子，日久不归，计年当已死亡，其家产得由其亲族为之处理否？如无亲族，其处理之法如何（如经管充公之类）？

（四）失踪之人，其家产已经散失，年久复归，得向其处理之人索取赔偿否？

（五）失踪之人，其家产如已经充公，之后年久复归，尚应给还否？

（六）失踪之人，其妻遵律（户律出妻条例"一期约已至五年无过不娶、乃夫逃亡三年不还者，并听经官告给执照别行改嫁，亦不追财礼"云云）改嫁，如无父母或子女尚幼，其家产由何人管理？

（七）失踪之人已逾三年不归，其已聘未娶之妻亦须遵律经官给照始得改嫁否？

（八）已娶或已聘之妻失踪须至若干年不归，其夫始得另娶或另聘？

第三款　代理　题十

（一）成丁之人已能独立为家，其处理事务尚须父母为之代理否？

（二）少孤之人，其处理事务应由亲族中何人为之代理？如无亲族，应由亲戚中何人代理？

（三）亲族或亲戚中之代理人，其代理权限有无限制？

（四）疯癫废疾（如盲聋痴哑之类）之人如无父母，应由何人为之代理？

（五）幼者之代理人应至何时（如幼者成丁或完婚后之类）始行消灭？

（六）疯癫废疾之人，其妻可为之代理否？

（七）不知其有疯癫白痴之疾而与之交涉事件，代理人应照承认否？

（八）幼者及疯癫废疾者如自为有利益之事（如受人馈遗之类），亦须经代理人之允许否？

（九）幼者及疯癫者之代理人，其所处理之事件如于本人有损害时，幼者成立、疯癫者病愈时得向代理人索取赔偿，或不认其所为否？

（十）代理人有故不能任事时，得自行另觅复代理人否？

第四款　遗言　题七

（一）无字据之遗言以何为证？

（二）预作遗嘱已经众知，病革时如有更改，应以何者为有效？

（三）病革请人代作遗嘱，如别无证人，亦为有效否？

（四）遗言以家产全归其一子，其他诸子尚得分受家产否？

（五）遗言全以家产赠人，其子孙得酌留自给否？

（六）遗言以不应承继之人为嗣，其亲族得为之更易否？

（七）不法之遗言（如无故出妻或卖其子女之类），其子孙亲族得为之取消否？

第五款　族家　项三　目八　题八十六

第一项　族制　题十七

（一）凡族长是否皆以尊长充当，抑有由族众公举者否？其公举之法如何？

（二）族长有无因不孚众望另行公举者？

（三）公举族长有无禀官存案之事？

（四）族长办事权限有无一定？

（五）族人因事互争，是否须先经族长或族众处理，不结始得兴讼？

（六）族中因事会议，是否皆由族长邀集，抑族中人亦得自集会否？

（七）族中人之得与会议者有无限制（如限于男子或成丁之类）？

（八）订立族规是否须经族众公议，抑由族长一人定之？

（九）族人位次以何为定（如以大宗为尊，或尊辈为尊之类）？

（十）新认远代同族，其权利义务有无区别？

（十一）族人他徙，尚受族规之范围否？

（十二）已嫁之女被出复归，尚得与他族人同视否？

（十三）为他姓子孙之族人于本族尚有关系否？

（十四）族中不良之人有无处罚之法？其最重之罚如何（如出族之类）？

（十五）处罚族人是否皆须经该众公议，抑有无预定罚规，临时由族长照行者？

（十六）处罚族人皆须禀官存案否？

（十七）处罚出族之人尚得使之复族否？

第二项　承继　目五　题四十三

甲　通例　题十二

（一）有子之人得再抚他人之子为嗣否？

（二）大宗无后，小宗得先立嗣否？

（三）有无不必为之立嗣者（如幼殇或犯罪人之类）？

（四）承继之事是否仅由两面长亲主持？承继人如已成立，须经其允诺否？

（五）承重之人及大宗之子孙得承继他人为嗣否？

（六）承继之人有无只继宗祧不袭家产者？

（七）有无以子孙承继他人而分受其家产者？

（八）以族人为嗣，其先后之序以何为定？有无于族规中订明者？

（九）如不依承继先后之序择爱择贤为嗣，须经亲族之公允否？

（十）承继证人是否只限于亲族或亲戚中人？

（十一）过继本族子孙均须别立字据否？

（十二）一人而应承继者有二，其先后之序以何为定？

乙　兼祧　题八

（一）一子兼祧两房，如仅生一子，应承继何房？或仍再兼祧否？

（二）兼祧两房，初生之子应先承继何房（如先继大宗之类）？

（三）兼祧两房分娶两妇，甲妇生两子，乙妇无子，得以甲妇之一子为乙妇兼祧之子否？

（四）兼祧两房生有三子，除以二子分继外，其余一子应为何房之孙？

（五）一人可兼祧三房否？

（六）大宗之人可兼祧小宗否？

（七）兼祧之人对于两房父母及亲属其称谓及关系如何？

(八)兼祧之人其本生父生子或兼祧之他一房生子时,应取消其兼祧之约否?

丙　外姻承继　题八

(一)以外姻之人为嗣有无限制(如限于姑舅之子或两姨之字及妻侄之类)?

(二)承继外姻是否限于本宗无人时始得为之?

(三)外姻之人可兼祧两姓否?

(四)大宗无嗣亦得承继外姻否?

(五)外姻承继有无仍存本姓者?

(六)外姻承继,其对于本宗父母亲属,其称谓及关系如何?

(七)外姻承继是否须经两族人之同意?

(八)外姻承继之人如以其所生之子承继本宗,仍应作为外姻承继否?

丁　异姓承继　题七

(一)有无不许异姓承继之例?

(二)有无虽准异姓承继而立限制者(如非本宗或外姻无人)?

(三)大宗之人得以异姓为嗣或承继异姓否?

(四)异姓承继之人以其所生之子承继本宗时,仍应作为异姓否?

(五)以收养之孤儿为嗣,如知其有亲属时,须经其亲属之允否?

(六)异姓承继之人对于本生父母及亲属,其称谓及关系如何?

(七)买人之子孙为嗣,其与本宗亲属尚有关系否?

戊　悔继及归宗　题九

(一)有无既已承继即不许悔继归宗之例?

(二)本宗承继之人准其悔继否?

(三)由少抚育成立之承继人尚准其悔继否?

(四)悔继归宗均须经两族人之公允否?

(五)如有下列各情事得由承继人悔继归宗否?

　　(子)不堪嗣父母之苛待

（丑）嗣父生子

（寅）本生父无嗣

（卯）不知亲属之承继人后经其父母之认明

（六）承继人在嗣父家娶妻生子，归宗时，有无留子为嗣者？

（七）悔继之人，其已分受嗣家之财产，应否全部返还？

（八）买继之子归宗时，除偿还原价外，尚须别给抚育之费否？

（九）悔继归宗皆须别立字据否？

第三项　亲子　目三　题十六

甲　继子　题五

（一）同居继子及继女，其婚姻等事是否仅由继父主持，抑须经其本宗亲属之同意否？

（二）以同居继子为嗣，须经其本宗亲属之允许否？

（三）自少同居继子成立之后，可否听其归宗，抑有无酌给继父报酬者？

（四）继子得兼祧其继父否？

（五）随庶母改嫁之子女，对于庶母后夫其称谓关系如何？

乙　出子　题四

（一）被出之子，其已分受之家产应否返还？

（二）被出之子所携去妻子得听其归宗否？

（三）被出之子至其父母死亡时，得再归宗否？

（四）出子留孙，其孙与被出子尚有父子关系否？

丙　奸生子　题七

（一）有无不许以奸生子为嗣之例？

（二）奸生子为父所收留，与其生母尚有母子关系否？

（三）认明奸生子为己子，其证据有几？

（四）奸生子已成立，如其父母欲认明为己子，须先经其允诺否？

（五）奸生子从母适人，其与母嫁之夫是否亦有继父子之关系？

(六)不知父之奸生子(如娼妓之子),其母未嫁时,是否从其母之姓氏?如不随往,应从何人之姓氏?

(七)与亲族奸生之子,其处置之法如何?

第六款　家产　项三　题三十二

第一项　公产　题七〔九〕

(一)族中公产(如墓田祠产之类)是否皆由析产时提出,抑有无按年由族人摊捐者?

(二)经理公产之人是否由族长兼充,抑由族众公举?

(三)公产之经理人有无一定任期及办事权限?

(四)得充经理公产之人有无限制?

(五)经理人动用巨额公产须经族众之公允?

(六)族中公产有无不许分析及出卖抵押之例?

(七)得受公产抚恤之人有无限制(如限于孤寡废疾衰老之类)?

(八)捐出重金以充公产之人,有无优异权利?

(九)受公产抚恤成立之人,有无特别义务?

第二项　袭产　题六

(一)未分析之家产是否皆归家长管理承袭?

(二)无子嗣及同居亲属之人,其家产应由何人承袭?

(三)无亲属之人,其家产得由其外姻承袭否?

(四)袭产之人如以家产出卖或抵押时,须经其同居亲属之公允否?

(五)负债多于家产,袭产人得将其家产经众或经官尽数摊还不复承袭否?

(六)同居属私负之债,袭产人有偿还之责否?

第三项　析产　题十七

(一)析产分配之法是否皆以房计,抑以人计?

(二)析产如以房计,应以何人辈次为断(如以本生之房数计或父子之房数计之类)?

(三)下列各项人,其分受家产有无轻重之别?

　　　　(子)大宗之子及嫡子

　　　　(丑)小宗之子及庶子

　　　　(寅)承继或兼祧之子

　　　　(卯)赘婿

　　　　(辰)奸生之子

　　　　(巳)无子寡妇

(四)下列各项人亦得分受家产否？

　　　　(子)被出复归之子

　　　　(丑)出子之子孙

　　　　(寅)怀胎未生之子

　　　　(卯)未嫁女

　　　　(辰)收养或买继之子

　　　　(巳)同居继子

(五)析产者死亡无嗣，其受分之产是否提出充公，再以之分给各房？

(六)析产时均须延请族人作证否？

(七)析产时是否皆须酌提公产？

(八)析产后有因分配不均再行重分者否？

(九)不可分割之产(如房屋之类)以何法分析？

(十)析产时如为长亲及未嫁女提出之养赡装奁等，应归何人掌管？

(十一)析产时如有公债，是否先行提还，抑有分由各受分者偿还者否？

(十二)未婚之子应从丰受分否？

(十三)创业之人及其子孙析产时有无优异之例？

(十四)外姻之人亦有分受家产者否？

(十五)有勋劳于家之人(如世仆、义仆等)，析产时亦有为之酌提养赡者否？

(十六)同居析爨之家，其家产应归何人管理？其分配之法如何？

(十七)析产有无禀官存案者？

第七款　婚姻　项七　目八　题六十七

第一项　通例　目八　题三十一

甲　年龄　题二

(一)男女完婚通常约在若干岁以上？

(二)有无女长于男至若干岁即不应结婚之例？

乙　婚禁　题四

(一)亲戚中不应结婚者有几？

(二)虽非同姓而血统则一，亦可通婚否(如外姻及异姓承继之人与本宗婚)？

(三)异姓人中有无不通婚姻者(如俗有秦岳两姓不婚之类)？

(四)成婚时期有无禁忌？

丙　主婚　题三

(一)父母主婚有先询其子女之意见者否？

(二)无长亲之子女以何人为之主婚？有无由其主者？

(三)主婚之人有无互目先相其子女者？

丁　媒妁　题三

(一)给婚通常用媒妁几人？

(二)媒妁是否皆由男家延请？

(三)有无专为媒妁之人？

戊　婚约　题六

(一)订立婚约除由主婚人出名外，媒约亦须具名否？

(二)问名纳采时除交庚帖外，尚有别订预约者否？

(三)请约、允约是否是于纳聘时交换？

(四)婚约中以何者为重要之据？

己　财礼　题七

（一）结婚财礼通常用何物品？有用金钱者否？

（二）结婚财礼完娶时女家应否送还？

（三）问名、纳采、纳聘、请期皆须分别致送财礼否？

（四）有无由男女两家议定财礼之多少者？

（五）女家收受男家财礼，有无于婚约外别立字据者？

（六）通常结婚财礼约费若干？

（七）结婚后男女一面死亡，其婚约财礼应各退还否？

庚　婚期　题三

（一）完婚之期是否皆由男家选定？

（二）未至婚期有无因婿病或舅姑病革而完娶者（俗谓冲喜）？

（三）婿家父母甫殁，有无因乏中馈而于丧中迎娶者？

辛　嫁奁　题三

（一）有无预于结婚时订明嫁奁之多少者？

（二）有无由婿家出财以备嫁奁者？

（三）通常一女嫁奁约费若干？

第二项　赘婿　题七

由女之父母主持而以婿为嗣者，谓之赘婿；由翁姑主持或女自主而以婿承{继者，谓}之招夫；如仅在女家成婚，后仍偕返婿家，俗名入赘，亦非赘婿，不可同视也。

（一）有无以外姻或异姓承继之人为婿者？

（二）赘婿是否皆须改从女姓？

（三）有无不以赘婿为嗣而以所生子为嗣者？

（四）女死无子，赘婿应否归宗？

（五）赘婿以其所生子承继本宗，须经女家亲属之允许否？

（六）赘婿得兼祧其本宗否？

(七)赘婿悔继,得携其妻子归宗否?

第三项　招夫　题七

(一)翁姑主持招夫,须经妇家之亲属允许否?

(二)无翁姑之妇招夫,须经母家亲属允许否?

(三)招夫是否皆须改从妇姓?

(四)妇死无子,招夫应与妇家离异否?

(五)招夫与妇家离异,得携其子女归宗否?

(六)招夫如因故归宗,得携妇以去否?

(七)招夫以其所生子承继本宗,须经妇家亲属允许否?

第四项　纳妾　题三

(一)纳妾有无限制?

(二)有无不许以妾为妻或立限制者(如娼妓不准为妻之类)?

(三)以买妾为妻,与妾家关系得如普通妻亲否?

第五项　悔聘及离婚　题九

(一)已过期约女家无故不允出嫁,夫家得悔聘改娶否?

(二)已聘之妇因夫犯罪或成废疾,妇家得悔聘改嫁否?

(三)悔聘是否仅还财礼婚约,抑有无别立字据者?

(四)须有如何情事始得由妇自请离婚(如夫再娶之类)?

(五)离婚之妇得携其子女同去否?

(六)有无仅离居而不离婚者?

[(七)原稿无此条。]

(八)悔聘离婚均须经两姓亲属之合意否?

(九)悔聘离婚均须经官存案否?

第六项　再醮　题四

(一)夫死再醮,是否须经夫家母家亲属之允许否?

(二)无舅姑之妇再醮,如携其子女同往,须经夫家亲族之允许否?

(三)有无出妇而禁其再醮者?

(四)娶再醮妇一切礼仪与娶初婚者有无区别?

　　第七项　夫妇财产　题六

(一)夫妇财产是否皆为共有,抑有无独有者?

(二)有无夫妇析产者?

(三)妇不经夫之许诺,得自以私财营业否?

(四)离婚及妇再醮得携其财产以去否?

(五)招夫赘婿妇死无父母子嗣,其财产得为招夫赘婿所{有否}?

(六)完婚后妇死,应将其财产归还妇家否?

调查民事习惯人事类各种册籍约据目录

(一)清查户口册式

(二)清查户口章程

(三)门牌式

(四)逃亡人之妻改嫁执照

(五)遗嘱

(六)族规

(七)各种承继约据

(八)族中公产管理章程

(九)析产约据(俗名分关)

(十)结婚庚帖式

(十一)结婚请书允书式

(十二)结婚期单礼单式

(十三)悔聘离婚约据

(十四)出子离婚承继析产各种存案呈禀

湖北调查局法制科第三股第一次调查各目

第一部　内务行政问题目录

  第一类　警察　款二　题九

    第一款　沿革及机关　题三

    第二款　权限　题六

  第二类　经济　款九　题三十七

    第一款　农业　题六

    第二款　牧畜　题二

    第三款　狩猎　题四

    第四款　渔业　题二

    第五款　矿业　题三

    第六款　森林　题二

    第七款　营业　项三　目二　题十一

      第一项　营业之制限　题二

      第二项　工业　题二

      第三项　商业　目二　题七

        甲　商业交通机关　题二

        乙　融通制度　题五

    第八款　交通　项二　款二　目五　题二十五

      第一项　整路行政　目三　题十九

        甲　道路　题七

        乙　水路　题三

　　　　附船舶　题六

　　第二项　递信行政　目二　题六

　　　　甲　邮政　题二

　　　　乙　电报电话　题三

第九款　救恤　目二　题七

　　　　甲　救贫　题四

　　　　乙　恤灾　题三

第三类　教育行政　款二　目五　题二十五

　第一款　行政机关　题六

　第二款　行政事务　目五　题十九

　　　　甲　学区学龄及各种教育　题九

　　　　乙　教科书　题二

　　　　丙　学费　题二

　　　　丁　教员　题三

　　　　戊　经费　题三

第一部　内务行政问题

第一类　警察　款二　题九

　第一款　沿革及机关　题三

　（一）各地方举办警察始于何时？试述其经历之梗概及现在办理之情形。既设警察以后，从前之保甲制度尚有存在者否？

　（二）地保、丐头系由保甲制度而成，既有警察、巡士，即可管理地保、丐头一切事宜，今此制尚存者何欤？

　（三）鄂省警务公所及隶属于警务公所之巡警厅分所各机关外，凡府厅州县之地方警察事务有委任地方绅士或地方自治团体办理者否？

第二款　权限　题六

（一）警察权之行动必以法令为根据，否则即不得滥行处分或滥发命令。今鄂省所根据者有几种法令？试列其目。

（二）司法警察有发生诉讼案件时，与地方官划清权限以何者为标准？

（三）违警犯人苟发见须适用刑律而不适用违警律时，公所能否有自行援律定罪之权？

（四）公所既有拘捕罪人之权，与地方官之捕务权限彼此划清以何者为标准？

（五）凡外国人不在租界内有犯违警律而不及请示巡警道时，应作何办理？

（六）巡士使用挂刀，他国均有一定章程，我国不用刀而用木棍者居多，其使用之章程若何？

第二类　经济　款九　题三十七

第一款　农业　题六

（一）有无保护改良农业之机关（如农事试验场及农会之类是），其设立之由来及办法若何？

（二）荒地招垦之办法若何？

（三）有无驱除害虫（如蝗虫是）之方法及定章？其因驱除害虫所需之费用、器具由官给发欤，抑由公共团体筹备欤？

（四）专以收卖溉田之肥料为业者，须经地方官之认可欤？

（五）有无由官培养桑秧蚕种颁卖于民间者欤？

（六）有无因保护贫农贷与资本之机关？及其办法若何？

第二款　牧畜　题二

（一）凡以牧养畜类为业者，有由官检查及其他之制限欤？

（二）遇兽疫发生，有无预防之规则？

第三款　狩猎　题四

（一）以狩猎为业或虽非以此为业而偶然狩猎者，须得地方官之认可欤？

(二)狩具(如所用之枪铳等是)、猎法(如设危险之陷阱)有无制限？

(三)狩猎之时间(如夜间不得狩猎)、地域有无制限？

(四)有无禁止狩猎之鸟兽？

第四款　渔业　题二

(一)凡在公有之河川湖沼以捕鱼为业者，须经地方官之认可欤？

(二)捕鱼之方法有无制限？

第五款　矿业　题三

(一)有无专理矿业之行政机关？其职务权限若何(如矿政局之类)？

(二)开矿地方有无专为约束土人而设之定章？

(三)开矿地方预防危害之方法有由地方官制定者欤？

第六款　森林　题二

(一)有无由官培养之森林？其管理之法若何？

(二)采伐森林有无制限？

第七款　营业　项三　目二　题十一

第一项　营业之制限　题二

(一)有无因妨害风俗卫生或有损国家之收入，禁止私人经营之职业欤？其所根据之准则若何？

(二)何种营业必经地方官许可，有所根据之准则欤？

第二项　工业　题二

(一)有因奖励工业而设之机关欤(如工艺学校、劝业场是)？其监督办理之方法若何？

(二)制作物品禀请专利者，其许可与否之标准如何？

第三项　商业　目二　题七

甲　商业交通机关　题二

(一)商会之组织选举之方法及其权限，除照部章遵行以外，其详细之定章如何？

(二)有无专因买空卖空而设之机关,其以买空卖空为业者有无一定之制限?

乙　融通制度　题五

(一)民间交易所用之货币及银两平色名目不一,试举其目。货币银两之价值奸商随意低昂,有无制限之方法?

(二)公估局之沿革及其制度如何?

(三)商家所用度量衡其种类若干?有干涉监督之方法欤?

(四)制作贩卖度量衡者检查监督之方法如何?

(五)质店及小押当之利息有无制限?

第八款　交通　项二　款二　目五　题二十五

第一项　整路行政　目三　题十九

甲　道路　题七

(一)修理官路其费用归官负担欤,抑归沿道之住民负担欤?

(二)有无督责沿路住民辟沟种树之习惯?

(三)为辟道路起见收买民房民地,其价目是否照普通议给,抑或稍有制限?

(四)令民人让宽街道,其尺寸有无一定?是否凭空令其折让,抑系俟其修改时为之?

(五)有无派令附近人民清洁道路之习惯,及遇何时方令人民为之(如大差过境之类)?

(六)有无由私人经营道路得于一定时间许收用费之习惯?

(七)道路阔狭,其一定之制限如何?

乙　水路　题三　附船舶　题六

(一)修筑堤防工程归何衙门专理?私人愿筹费修筑须得官之许可欤?

(二)商船碇泊之港埠有归官经管者欤?船舶之出入碇泊有一定之章程欤?

(三)船筏往来之河川如有须淘浚者,得令沿岸居民为之欤,抑由官雇人为之欤?

附　船舶　题六

(一)凡搭载旅客货物之船舶,其船主之姓名及船身之大小轻重须报明官厅登记欤?

(二)开设船行有无特别之制限?

(三)出入之船舶须经官之检查欤？

(四)有无专以乡道水路为业者？从事此业者须经官之许可欤？

(五)船舶往来之信号及航路之标识有由官设定者欤？

(六)救护水难之船舶(如救生船)由官经理者始自何年？现在办理情形如何？

丙　铁道　题三

(一)民人毁伤铁道火车或火车所经之处毁伤民人身体财产,地方官如何保护处置,有定章欤？

(二)违犯官设铁道定章者,其罚则如何？

(三)在公共街路敷设轻便轨道有一定制限欤？

第二项　递信行政　目二　题五

甲　邮政　题二

(一)自设邮以来驿站之情形如何？

(二)由官经营之通信机关有几(如文报局之类)？现在办理情形如何？

乙　电报电话　题三

(一)关于电报电话有无特定规章？

(二)防害通信(如割窃电线)除处罪外,有无责成赔偿之定章？

(三)遇前项之行为,有无责成保护不力之地方官赔偿之习惯？

第九款　救恤　目二　题七

甲　救贫　题四

(一)有无奖励贫民储蓄之制度？

(二)管束乞丐游民之方法若何？

(三)因疾病衰老年幼而不能营业者,有无赈恤之制度？

(四)有无由官收养孤老孀妇弃儿者,其办法及经费若何？

乙　恤灾　题三

(一)遇不时之灾害(如水火饥荒),赈济之法若何？

（二）防火之事有由官经理者欤？其办法若何？

（三）救生船筏及义渡之由官办理者，其向章如何？

第三类　教育行政　款二　目五　题二十五

第一款　行政机关　题六

（一）本省学务公所成自何时？除照部章遵行以外，有详细办事规章欤？

（二）学务公所对于各地方教育事宜监督惩奖之方法若何？

（三）议绅议长之权限有无详细定章？

（四）自劝学所成立以来，遵奉部章举行之事，其先后次第及现在之成效若何？

（五）教育会为教育行政之补助机关，现有何种施设之事业可以补行政机关之不及者？

（六）教谕训导除丁祭外，尚有何种事宜是其职权？

第二款　行政事务　目五　题十九

甲　学区学龄及各种教育　题九

（一）各地方学区已一律划定欤？其已划定者试将其学区之制度言之。

（二）既定学区，非本区之住民子弟得入其区内之学堂欤？

（三）习惯上儿童约何岁入学？其已及可以入学之年者，有无劝谕儿童家属迫令入学之方法？

（四）中小学校由官创设者与地方团体或私人创设者孰多？

（五）境内有无专门学堂？其办理章程如何（如师范、法政、工业、商业及旧时书院改为专治旧学之学堂）？

（六）境内有幼稚园、女学堂否？其办法若何？

（七）改良私塾之办法若何？

（八）外国人所设学堂有无曾经禀官立案或遵学部之定章者欤？

（九）设立学堂以外有无讲究普及教育之方法者（如宣讲白话报油画等是）？

乙　教科书　题二

（一）官立各种学堂之教科书由教员随意编定欤，抑有检定刊本欤？

(二)旧式教科书(如百家姓等)尚流行于私塾否？用何法劝谕改良？

丙　学费　题二

(一)各学堂之征收学费者,其征收之数每月至少若干？至多若干？有一定之制限欤？

(二)不收学费之学堂有无沿旧时书院之积习,给学生以膏火膳费者？

丁　教员　题三

(一)官立学堂所用教员有无一定之资格？教员之月薪有无一定之制限？

(二)官立学堂教员是否由堂长或监督主聘,抑由行政官委用欤？

(三)延用外国人为教员,其合同是否由行政官核定？有一定之制限欤？

戊　经费　题三

(一)境内官设之学堂,其经费如何筹集？有无由私人捐助者？

(二)私设学堂有无受官款补助者？

(三)旧时之廪生饩贫生粮及书院经费,现在作何销纳？

第二部　财务行政问题目录

第一类　财务行政组织　款二　题十二

　　第一款　机关及其沿革　题三

　　第二款　会计　题九

第二类　租税　款五　题六十三

　　第一款　地租　题十五

　　第二款　厘金　题十一

　　第三款　盐税土药税　题十一

　　第四款　杂税　目五　题十二

　　　　甲　牙税

　　　　乙　当税

　　　　丙　契税

　　　　丁　茶税

　　　　戊　其他杂税

　　第五款　关税　目二　题十五

　　　　甲　常关　题六

　　　　乙　新关　题九

第三类　官有财产　题七

第四类　官营事业　款三　题十七

第五类　公债　题五

第六类　杂收　题三

第二部　财务行政问题

第一类　财务行政组织　款二　题十二

　第一款　机关及其沿革　题三

(一)全省财务行政向以藩司为总汇,自有善后局以来,藩司所管之款项何者移属善后局,或一款而分属两处管理者,试详列之。

(二)筹议全省出入款项事务向由藩司主政与抑必由藩司与善后局协议欤?

(三)善后局与牙厘局之沿革及其职务权限若何?

　第二款　会计　题九

(一)出入款项结算报销有无定期内销外销之款项得闻其目欤?向来办理报销之定章习惯若何?

(二)每年应收应支款项有预算案欤?如作预算案在何时编成?归何衙门核准?

(三)既经核定应收应支之款项,自何时始准支用?何时截止?支领有一定之期限欤?

（四）给发官款、领支官款所经之手续如何？

（五）凡典守官有金钱财物所备之收支账簿领给收据样式若何？

（六）出纳官款有无托银行或钱庄代为经理者？如一时存储银行或钱庄之款遇倒闭时作何处置？

（七）典守官款之官员有如何之责任？例定之外有无专章？

（八）凡有仓库者例须盘查，盘查之时期及方法除例定以外，向来之习惯若何？

（九）地方团体出入之款项财物（如善堂、积谷仓是）由官经理欤，抑由地方绅耆经理而官为之监督欤？向来之习惯若何？

第二类　租税　款五、题六十二

第一款　地租　题十五

（一）向来赋课地租视地之肥瘠以为等差，现行赋则有无与旧制变通之处？应课地租之地分为若干种（如田地、荡地等是）？每种分为若干级（如上中下是）？试就所辖地方情形言之。

（二）地租向有应征应免者，试举其种类。

（三）设有荡地变为田地或田地变为荡田，其地租循旧征收欤，抑准地主随时报明改征欤？

（四）土地之亩数种类及地主姓名向用鱼鳞册登载，现在是否照旧备有此册？该册备载何种事项？责成何人编造？何人典守修改？有无定期？凡有地亩变迁或地主易人须改注时，由官派员验查登注欤，抑仅凭地主之报告欤？

（五）地租向须按亩计算，但地方习惯计算土地有不用亩之名目而用他种名目者，设所辖地方有此种习惯，征收地租时仍按亩计算欤，抑沿用习惯之名称计算欤？

（六）新开垦地之土地有减租、免租或若干年后而始课租者，试就境内垦地地租情形言之。

（七）赋课地租之初旨在使地主负担，各处积习往往有地主避纳地租而以其应纳之租散归他人名下使他人代出者（如俗所谓飞洒），又有买卖土地时买主不愿出租，或欤〔歟〕过户烦琐其地租仍归旧主代出者(如俗所谓不过户),此种习惯向许之欤〔歟〕,抑禁止欤？有无清查之方法？

(八)征收地租赋银每两加科耗羡若干,各地系一律欤？此外有无新设名目？曾经奏准详准附随地租征收者欤(指丁漕以外之费)？

(九)征收地租向分上忙、下忙,非在忙期有纳租者欤？

(十)地租一律循例在官署设柜,由花户投柜完纳欤,抑派员赴乡设柜,使花户就地完纳欤？

(十一)有无本无管理钱漕之职权(如地方之绅士富户及州县以外之地方官)而代理收纳地租者欤？

(十二)完纳地租准用之货币约若干种？其以钱或银圆折银如何计算？

(十三)学租现归何处？征收所收之费拨充何用？

(十四)凡纳地租照正额完纳外,有无别种费用(如柜费、串费)？其额有一定欤？

(十五)不能如期缴纳之地租有无缓征之例？展缓期限有无一定？设屡展屡欠作何归结？

第二款　厘金　题十一

(一)自改设统捐以来,办理厘金之情形若何？试述其变迁之梗概(光绪三十一年分所定新章一并录送)。

(二)征收厘金之方法若何？

(三)各货之税率如何(有税率表可将表录送)？

(四)何种货物减税、免税？

(五)照定则纳捐外,尚有何种费用随税附收有定额欤？

(六)办理厘金之人员监督惩奖之定章如何？

(七)抗捐滞纳绕越者如何查禁示罚？有定章欤？

(八)厘金有无由各业公所或会馆包收者？其约束之法如何？

(九)查验扣留船货有定章欤？

（十）各局所用之人员其职务如何？局员有遵守之定章欤？

（十一）所收之款其报销结算之期如何？款项拨充何用？试分别言之。

第三款　盐税土药税　题十一

各按下列诸问题逐条说明：

（一）办理税务之情形历经变迁，试撮其大要言之。

（二）税则如何？

（三）现在征收之方法如何？

（四）照额纳税以外有无费用随税附收者？

（五）纳税之手续如何？

（六）抗捐滞纳者如何查禁惩罚？

（七）所收款项除提若干成充办公经费外，余充何用？试列举之。

（八）办理税务之人员隶何衙门？其任用惩奖有定章欤？

（九）纳税以银计算欤？或以钱计算欤？准用之货币凡几？

（十）巡缉之法如何？

（十一）所收款项呈报拨解有定期欤？

第四款　杂税　目五　题十二

甲　牙税　题二

（一）牙帖向有定额，现在有无与旧例变通之处？关于征收牙税之利弊能言之欤？

（二）牙税向分上中下三则，其等差以何为标准？鄂省现行章程若何？

乙　当税　题二

（一）当税屡有更革，现在鄂省办理当税之情形若何？

（二）小押当与普通典当一律领帖纳税欤，抑别有费用欤？

丙　契税　题三

（一）征收契税之法迭经更革，先后所奉章程何废何行分别言之。

（二）自设官中以来，于清理契税果能收其效欤，抑仍有流弊欤？

(三)契税税率本以房产买卖价格为比例,然遇有赠与分析田地房产者,倘其价值不明,其税率以何为准欤?

丁　茶税　题二

(一)茶税制度不一,鄂省现行茶税制度如何?

(二)茶税之外尚有茶厘,其征政之法如何?

戊　其他杂税(如酒税、铺捐、房捐、商捐及各种新设之捐税,皆列于此,按下列各题逐条说明)　题三

(一)创办之原因及曾经奏准详准与否?

(二)征收之方法。

(三)税率。

第五款　关税　目二　题十四

甲　常关　题六

(一)自设新关以来,常关比较旧制有无变通之处?试述其梗概。

(二)何者课税?何者减税、免税?现行之税率如何?

(三)自货到以讫验货纳税,其间所经之次序如何?

(四)定额以外随税征收之费用有定数欤(如盖印验票及验货所用轿饭或银色不足贴水等是)?

(五)管理关税之人员惩奖之法如何?

(六)脱税绕越如何查禁惩罚?

乙　新关　题九

(一)新关所掌管之事项及其组织如何?

(二)何物课税?何物免税、减税及税率如何?试就现行之章程言之。

(三)征收之手续如何?

(四)有无先已纳税,继因特别事故而以所纳之税返还货主者?

(五)税关对于出入之船舶货物监视检查押收之方法如何?

（六）处罚之定章如何？

（七）输入之商人与税关有争议时如何办理（如因货物之价值种类彼此各执一说是）？

（八）定额以外有无随税征收之费用？

（九）不纳付关税时有无供担保者？

第三类　官有财产　题七

（一）官有财产之种类试举其目。

（二）官有土地房产专设官员经营欤，抑贷与私人经营欤？其贷与私人经营者租金及约束之法若何？

（三）官有土地之发卖者，其方法如何？

（四）有无以官有土地供地方公益之用者（如设学堂、农业试验场是）？

（五）官有之土地或房产物件有无暂时贷与私人征收费用者欤？

（六）官有物件之买卖贷借，其方法如何（如投札或照私人买卖缔结契约是）？

（七）官有财产不无增减每年造册报告欤？

第四类　官营事业　款三　题十九

第一款　因振兴实业或专供官用而设之工场（如织布局、纺纱局、缫丝局、制麻局及印刷局、兵工厂是也，按下列各题逐条说明）　题五

（一）设立之由来。

（二）经营之方法如何？

（三）资本如何筹集？

（四）所制物件之种类。

（五）收入拨充何用？

第二款　因补租税之不足专以收入为主由官经营之商业（如鄂省所行彩票及外国盐烟专卖等是也，按下列各问题逐条说明）　问题三

（一）设立之由来。

（二）经营之方法。

（三）收入之运用。

第三款　官钱局　按下列各问题逐条说明　题十一

（一）设立之由来。

（二）监督之方法如何？

（三）经管之方法如何？

（四）资本有无定额？如何筹集？

（五）有无存款储蓄制度？

（六）有无押款及放款？

（七）兼理汇划贴现欤？

（八）发行之钞票有若干种？其发行之数有无一定制限且有准备金欤？

（九）有无铸币权？

（十）代理官署出入之款项有无特定规章欤？

（十一）所备之账簿及各种票据样式种类若何？

第五类　公债　题五

（一）有无因新兴事业或临时急需募集地方公债或外债？

（二）募集及偿还之方法如何？其募自外国者条款如何？

（三）付息及偿还之时期如何？

（四）募集公债但由本省督抚专主欤，抑须奏请核准欤？

（五）公债证书或借据准民间互相抵押买卖欤？

第六类　杂收　题三

（一）如有私人请求官署保护其特有之权利（如存案请给护照或给咨或请发告示钤印等是），或请求准其营业（如开矿办电灯及给付执照等是）有一定之费用欤？

（二）有无无主之财产或因罪没入之财产由官收入者？其管理之法若何？

（三）有无赋课夫役（如因修路防火防水派供劳力）或现品（如因建设公众病院学校派出木材砂石）之例，其不任劳役或不出现品者，有无改征现金之例？

第三部 军务行政问题目录

第一类 军务行政之组织 款三 题十一

    第一款 机关 题五

    第二款 军事教育 题三

    第三款 军事裁判 题三

第二类 军事沿革 款二 题十

    第一款 旧军 题六

    第二款 新军 题四

第三类 征募及遣散 款二 题八

    第一款 入伍 题四

    第二款 退伍 题四

第四类 征发及军用地之制限 款二 题六

    第一款 征发物 题四

    第二款 军用地 题二

第三部 军务行政问题

第一类 军务行政之组织 款三 题十一

    第一款 机关 题五

（一）鄂省军政机关有二：一为营务处，一为督练公所。现就本省水陆各军而论何军隶营务处，何军隶督练公所？又如汉阳、岳州各镇标原隶长江水师，其分隶体制若何？

（二）无论水陆新旧各军例归陆军部专辖，其有新旧各军关系事宜是否分行分办，或系分行合议，抑系单行某处核议？又如军事习惯上有无两处因军事交涉会议之事？

(三)近来他省地方官有用营务处兼衔者,鄂省有无其例？司道实缺兼衔为多,自府厅以下何职得用兼衔？如不兼衔,遇有事调发军队,向来成例若何？

(四)海军统系尚未成立,鄂省新造船舰系归何处专辖？其有拨归南洋者,是否分隶两省,抑本省遂不与闻其事欤？

(五)军需为军务行政大宗,其动用系归何官主裁？每届报销应呈报之衙门有几？具领时手续若何？有预算案否？于预算外所有活支款项有无限制？

第二款　军事教育　题三

(一)鄂省现设陆军各学堂,除通行规章外与他堂殊别者凡几条？考取时限制之法若何？卒业后录用之法若何？此种学堂向归何处直辖？并述军事教育沿革之大概。

(二)凡新军入伍是否训练并行？就教训论,有无特设堂课专授新军之制？其科目若何？教规若何？就操练论,是否专采一国操法,抑兼采两国之制？有无分行不相谋者？

(三)近来各省旧军颇亦采用新操,鄂省水陆各军其操法有无变更？试就现成各军分类以对。

第三款　军事裁判　题三

(一)军事裁判在律有成法,于时有变例,鄂省各军有无专行之裁判制度？

(二)凡军人犯罪,其专属刑事者勿论,至如违犯民法各罪,受军事裁判欤？受地方官裁判欤？其拘禁处所与平民有无异同？

(三)凡平民违犯军法受军事裁判欤？受地方官裁判欤？又如平民在营地或军舰以内违犯军法之时,与他处犯罪有无异同？受何处裁判？其有时例受军事裁判者,不服得向何衙门控诉欤？

第二类　军事沿革　款二　题十

第一款　旧军　题六

(一)鄂省旧军,如各制营、长江水师、陆师防营、水师防营各军,其成立之历史若何？

自成立迄今有无分合变更？或昔设今废，或昔无今有，或昔隶督辖现隶提镇？又如卫所之制尚未裁撤者有几？各举其沿革之大概。

(二)各军遇有征调，其权属何衙门？其同城地方官有临时征调权欤？水陆各营互为声援，有无直接互请援助之权？

(三)各制营、长江水师、陆师防营、水师防营各军，其驻扎之处初创时应有，自创立迄今除临时改驻随撤外，有无增防或撤防或变更驻所？其原因若何？

(四)各军自统兵官以下，何职系奏补？何职以下系札委？除由行伍出身外，其他有无限制？近颇有以文职改委者，有无转补武职之例？就近制论，凡各军将校员弁以何种出身人为多？

(五)各军每营兵弁之数昔制若何？今制若何？其配置之法今昔有无变更？每营夫役人数有无定限？又如兵役月饷自创立迄今，其增减之数又若何？

(六)每营配用马匹枪刀棚帐各件，营各异制，制各若何？就原制规定之数迄今有无增减？增减之数若何？其更换时期是否例定？所有废弃各件有无缴存验收发卖之制？凡平时放哨有事出队，其加领之数有无限制？

第二款　新军　题四

(一)鄂省新军创自何年？初创时是否由他军改练？自协以下各标营成立之次第若何？中间有无以他军改练者？现成者凡几营？于分配镇标之制若何？又如现宜增加各营，其已在预备中者所有布置方法能述其梗概欤？

(二)凡镇协标营其分合配置之法部有定章，鄂省有无变通之处？每营之制有无于定章外量为变通者？又，各营有无异同？试详述现行军制之大要。

(三)新军将校是否均系学堂出身？除上项外以何种出身为多？有无他项之限制？有以旧军员校调补新军员缺者否？非定制之军官，其长官得从宜酌定名目委用否？凡委任升转由试验欤？由资格欤？又，辞职时有无限制？

(四)凡军医军工之属，系别成一部欤，抑附属各营欤？

第三类　征募及遣散　款二　题八

第一款　入伍　题四

（一）凡新旧各军，其应募入伍时有无下开之限制：

不识字者；

年龄身格不合者；

犯刑事之惩罚者；

曾从军逃亡者。

（二）凡兵弁缺额随时募补欤？定期募补欤？每遇募补之时，是否以文告招募？其权系归何官弁？其手续若何？

（三）凡兵弁应募入伍有无自具愿书并加具保结之例？其保结应由本身上何种关系人始能加具？临时有无试验？入伍后有无特别规定之禁例？

（四）各军兵弁以何省人为多？此省内又以何县人为多？本省人充兵役者约居全军若干成？以全军兵弁论，在未入伍以前大都经营何种生业？有专册备载其事否？

第二款　退伍　题四

（一）兵弁因事革退尚须附加刑罚否？于出具保结人有无干系？有无将该兵弁姓名传知各营之例？其传知者传知本军欤？新旧两军、水陆各师亦有互传之制欤？

（二）兵弁自请退伍者，或以老病，或以家计，有无一定之制限？请退时应否说明理由，抑并无上开各节，亦得随时请退欤？

（三）新军定制与旧军不同，退伍后除定章限制各节外，鄂省有无特别单行之制？

（四）兵弁应募后遇有逃亡情事，各军定制作何处置？获到后惩儆之法若何？各军有无异同？试举现行军制之大概。

第四类　征发及军用地之制限　款二　题六

第一款　征发物　题四

（一）无论新旧水陆各军每遇放哨出队之时，所有人夫船车以及食品什物各项，势不能不就地采备,其采备是否悉照民价,抑给官价,抑有若干种类并不给价者? 其标准以何为定?

(二)凡军用采备各项,由本军委员自备欤? 由地方官代备欤? 由本军自备者应由何种职官发给征发文告? 又,各军采备各项,其手续若何? 有无异同?

(三)凡遇行军之际需用民间屋宇,是否给与赁金? 有无限定何种屋宇不给赁金者? 倘有毁损情事,有无赔偿之明文?

(四)无论官私铁道,如遇运军时有无特定成约? 有无运费? 有则作何核减? 商轮同此例欤?

第二款　军用地　题二

(一)凡各军行营如须占用民地,有无给租赁之例? 其地上所有房屋田园林木建物等项有必须撤去者,于军事习惯作何处置?

(二)在军用地线以外,如有房屋林木等项障碍军务行动者,作何处置? 所谓障碍行动,有无特定之界说?

第四部　外务行政问题目录

第一类　本省外务行政之权限　题八

第二类　交涉行政　款三　题二十二

  第一款　通商　题十

  第二款　传教　题八

  第三款　订约　题四

第三类　保护行政　题四

第四类　礼节　题四

第四部　外务行政问题

第一类　本省外务行政之权限　题八

(一)凡本省外交事项,如外人直向外部交涉,外部有无不交本省核议先自定议者?本省能否抗议?其抗议能发生效力欤?

(二)或单向本省督抚交涉是否必咨报外部?有无先议结后咨报者?或有无始终不咨报者?其标准以何为定?

(三)外交事项有时涉及两省,是否以一省为主议,抑必由两省会派专员处理其事?

(四)本省通商之始,其时洋务局尚未设立,所有交涉事件系归何衙门专管,抑曾委员专理其事?其专员之权限若何?

(五)洋务局设自何年?其在初设时仅为承转之机关欤,抑竟为交涉之代表欤?凡交涉事项或并有不行由该局者欤?

(六)自关道与洋务局分行,何事属关道所掌?何事属洋务局所掌?有无一事分属两处者?

(七)关道、洋务局其处理交涉事务有无特定规章?

(八)外府州县如猝生交涉事项,有无先议结后详报者?倘主管衙门以所议为不可行,能消灭其原议否?

第二类　交涉行政　款三　题二十二

第一款　通商　题十

(一)本省通商之始,凡订界立约以何国为先?其沿革若何?嗣后续增及新辟者凡几国?原因何在?沿革何若?试各举其大略。

(二)濒界江岸其始因盛涨未立界碑遂成交涉重案,此事无有特定约文,其议结或尚未议结者凡几起?每届交涉其处置之方法若何?

(三)自订界立约后,恒有私占界外之地自辟马路者,私占者为何国?事见于何年?自通商迄今凡几起?其交涉之沿革若何?有无迄今尚未议结者?

（四）按照约章外人不能在内地设立行栈，近来时有所闻，始设者为何国人？于何年月？继设者何国人为多？曾否公然交涉？其交涉沿革若何？

（五）按照约章外人不能杂居内地，鄂省为交通要隘，外商云集，度必有移住内地者，其人以何国为多？大都经营何种商业？官家有无清册可稽？有因此酿成交涉者否？

（六）按照约章外人不能在内地购买地产，近年屡成交涉，或隐射本国人户名，或由本国人串买，其处置之方法若何？又如除教堂公产外，教士不能自置私产，近有因此旁生涉者否？

（七）近有外人在内地沿途兜售货物，此系约章所不许，本省有交涉成案否？有无专册记载其事？

（八）按照各国通商行船约章，近年有无于约章外或背行或增益积久成为习惯者？其中或已见公移，或并未见公移，未见公移者或默认为可行，或尚在谈判，试条举其事实及历来交涉始末之大概。

（九）洋务会审公所设自何年？未设之始，凡两国人民诉讼事件作何处置？是否照约章办理？该所自初设迄今，其办事方法有无于定章外变通办理积久成为例案者？试详举其变通之原由及沿革大略。

（十）在租界内，或甲国人与我国人之讼件，或我国人与我国人之讼件，又如甲在租界，乙在内地，或甲乙均在内地而甲为外国人、乙为我国人，或甲乙均为外国人，所有提犯审断一切事宜，是否悉照定章办理？有无于定章外变通办理久之成为习惯法者？试略言之。

第二款　传教　题八

（一）外教传入本省何教为先？国何名？事何年？就地方官行政论，其对付方法若何？嗣后屡生变迁，其变通方法又若何？并详举各教入境后与公家交涉之沿革。

（二）未订传教条约之始，遇有教案交涉事件，当时作何处置？约章既布，遂成国际问题，历来办理此等案件，其成法若何？其变例又若何？

(三)各国教派不一,同属一宗又分数支,官署有清册可稽否?两教相哄时,为地方有司者有评断之权欤,抑仅处调停之地位欤?不服又何以善其后欤?试举成例以对。

(四)就鄂省而论,凡教案既生,是否由我国专审结案,抑亦有时与彼国会审者?如为专审,外人有旁听权欤?或须俟外人承诺后始可结案?如为会审,其会审事序若何?

(五)教案发生,所毁生命财产由教会开单咨报欤?由地方官查明具报欤?其抚恤银两之数以何为标准?交纳之事序又若何?

(六)近年教会中亦有设立民教平和等会自图补救者,该会行动于行政上能发生效力否?

(七)上年枣阳县由地方官委派首士,教会中亦选择牧士组织会议公所,他县有踵行者否?该会于教务交涉为补助之机关欤,抑有独立之行动欤?

(八)凡民教讼件是否由地方官迳向教会提犯审问,抑必经教会允许而后提取?所犯得实,其处罪是否与平民同等?有知照教会令该犯出会之成例欤?

第三款　订约　题四

(一)用本省名义或借外款,或有他项交涉,在本省方面向由何衙门主押?其与该事项有连涉之各衙门须联署否?其在彼国以何种押章为主?此项条约本省能专订欤,抑必经奏准,或咨准而后可行?

(二)凡官家聘用外人订立合同,其该管衙门局所是否于签押后禀报备案,抑必经禀报批允后始可签押?此项合同有无移交该管领事加押之事?

(三)上两项之条约合同所有彼此签押以印信欤?以私禀欤,抑并用欤?其印信以何衙门为主?

(四)凡官家订立条约合同,有无一定格律?又,对于私办之公司、学堂,官家有颁行规定之书式否?

第三类　保护行政　问题四

(一)凡外人到省游历,除由外部给咨外,有无由本省给照者?所过地方应否缴照呈验？其入境出境应否禀报？有无由地方官经理供应之事？或自本省游历他省，地方官应否咨报他省？试各举其成例。

（二）教士入境例有保护明文，除示谕外，尚有他项保护事例否？华教士亦同在保护限内否？所携子女仆从人数若干，房屋什物价值若干，是否到时呈报？亦有不报者否？或教士行动已越传教范围以外，尚担任保护之责否？

（三）凡受聘外人，如遇勘矿测路以及因公事项，其沿途保护向来成例若何？

（四）上三项人员或中途遇险，其被盗杀害者，地方官作何处置？向来成例若何？如系因病致毙，以及遇有跌毙致伤等情，向例有无抚恤？

第四类　礼节　题四

（一）中外文书体制理有等别，然就鄂省而论，各国领事官对于总督暨以下各官，均用照会，此项是否著有成例？其相见时称谓礼节彼此有无异同？或上级对于下级、下级对于上级有无他项区别？试各举其成例。

（二）凡官书所用文字，欧洲各国其来文悉用汉文，上年日本拟改用日文，其交涉沿革若何？近尚有偶用日文时否？又如公文外间用函牍，其与公文区别何在？

（三）凡本国遇有庆贺事项，或彼国遇有庆贺时，是否先期知照？临时礼节若何？

（四）凡外国师船入口，例应先期知照，到时有无致敬之礼？彼国答礼如何？致礼先后之次序又若何？其停泊有无一定地所？其往来有无一定期限？设停泊非地、往来非期，其交涉若何？又如水兵上岸，其人数有无一定限制？有特别规定之成例否？

第五部　司法行政问题目录

第一类　审判制度　款二　题二十一

　　第一款　审判机关及其管辖之范围　题十五
　　第二款　审判机关与补助机关之关系　题六

第二类　诉讼事序　款三　目二　题二十二

　　第一款　讯断以前之事序　目二　题十三

　　　　甲　诉状代书抱告　题七

　　　　乙　批示传讯保释　题五

　　第二款　断结　题四

　　第三款　行刑　题五

第三类　狱政　款二　题十三

　　第一款　监狱之种类　题五

　　第二款　管理之方法　题八

第五部　司法行政问题

第一类　审判制度　款二　题二十一

　　第一款　审判机关及其管辖之范围　题十五

(一)审理民刑词讼之衙署为向例所许地,近今添设者凡几? 其添设之原因与旧许审理词讼之衙署彼此权限若何?

(二)审理民刑案件衙门本有等级,不容逾越(如未经县讯不得府控,此以县为第一审级,府为第二审级,余可类推),审及之次第如何? 有无变通向例不依审级承审者?

(三)审理民刑案件之衙署,其管辖之范围若何(如视罪名之轻重,或犯罪地之所在,以定收受呈词与否是也)?

(四)主审词讼之上级衙门对于下级主审衙门监督之方法若何(如因滥用私刑、讯断不公、怠理词讼等事)?

(五)非问刑衙门有无收受民词而为习惯认定者? 其范围若何(如所受民词限于何种案件)?

（六）地方团体（如围防局之类）有无处理民刑事件者？其原因（如奉官吏函牍，或从该处习惯）、权限、组织若何？

（七）民教互争事件，有无先行调处之机关？其设立原因、年月、组织、人数及原定章程若何？以及现在是否照办？试详述之。

（八）有无以所辖之官吏为会审委员（如既委知府又同城知县会审之类）？果有是事行之有无流弊？

（九）会审委员与承审官吏各述异议时，其处理方法若何？

（十）何种案件派员会审？有一定之标准欤？其会审人员资格、权限若何？

（十一）委员会审会勘相验等事，有无不依向章变通办理者（如本应由省委员改委邻封之类）？其原因若何？

（十二）有无上司与下属自行混合裁判之事（如叛逆重案，道府赴县会审之类）？

（十三）关于军（指防营陆军、绿营水师等）民旗籍互诉案件及提传会审处罚移解详报等项顺序有无定章？及现行实情如何？

（十四）一案牵涉他县或他省者，其移解一切有无与定例变通者（如定例有移少就多，或移多就少之类）？

（十五）承审官员有无因事须请回避者？现行实情若何？

第二款　审判机关与其补助机关之关系　题六

（一）缉捕犯人及提传原被人等所用人役之种类，试列举之。

（二）有无责成无缉捕责任之人（例如族长）缉捕犯人之事？如不能孥获，可否处罚？及其处罚之方法若何？

（三）补助缉拿机关（如防营警官）之权限责任如何？有定章欤（如绿营缉捕权限则有定例订明）？

（四）有无雇佣亲兵缉传之事？其用亲兵缉传者系何种人犯？有制限欤？

（五）讯问案件所用房书隶役有无定额？其所司之职务、所守之规程若何？

（六）捕役、线役、忤作等如何采用？惩奖之方法若何？此辈所守之规程若何？

第二类　诉讼事序　款三　目二

第一款　讯断以前之事序　目二　题十二

甲　讯状代书抱告　题七

(一)不论民刑事件,非用诉状得申诉欤？其用诉状者格式字数有无一定？诉状之不合格者得斥还不理欤？

(二)现行犯为警兵或其他有缉捕之职权者当场孥获移交于主管衙门时,所用之公文格式如何？

(三)诉状用纸有无由官制就发卖者？呈递诉状有无费用？收受诉状之方法若何？

(四)遇外国人与内国人涉讼时,外国人所具诉状及呈递之法与内国人无异欤？

(五)他省有官准代书名目,鄂省亦有之欤？官准代书选何种人充当？有无定额？凡具诉者,是否必经官准代书之手？取费若干？其未经官准而私充代书者,一概禁止欤？废止代书与准设代书,二者孰宜？

(六)何种案件准用抱告？充当抱告有无制限（如何种人准为抱告,何种人不得充抱告等是）？

(七)被告有无必须用抱告者（如下列各种人类）？一、未成丁；二、妇女；三、聋哑及其他残疯癫者。

乙　批示传讯保释　题五

(一)既受诉状,其应批示传讯者有无一定之期限？

(二)对于上控案件,其处理之方法有几（如批驳、饬审、委审、提审之类）？有无一定之标准？

(三)搜索犯人或查封家产,其手续若何？

(四)讯问案件有须传案件以外之人作证,或须请专门之士验勘者,其传呼待遇之法若何？

(五)案未断结有无暂准保释之例？何人可以具保？保结格式若何？既保释出外有无加以制限者（如不准离开原地）？

第二款　断结　题四

(一)自呈诉以至断结有无定期?

(二)既经断结之案欲申请覆审或上控者,有无制限?

(三)稽查属员判断之册共有几种?始自何年?其中款式之变更以及考核之方法(如记过罚银等是)试详述之。

(四)定例重罪案件应归内结,嗣为便宜起见改为外结。本省奏定改为外结之案,其罪状若何(如强盗会匪之类)?有无犯罪行为不在《奏定章程》之内,比附援引曾奉批准详准者?

第三款　行刑　题五

(一)用刑讯者限于何种罪犯?所用刑具之种类若何?不用笞杖拷问,现在情形而论,果能实行欤?

(二)执行死刑(斩绞)之地方、时期及监斩行刑之人有无一定欤?试分别言之。

(三)应加刑者有无因事改缓之例(如遇节日,或妇女有身,或期犯人改悔)?

(四)流徒以及枷号人犯,其时地有无制限?

(五)应罚锾者其缴纳之期限有无一定?罚锾与他刑抵算之方法若何?现行情形有无较定例变更者?

第三类　狱政　款二　题十三

第一款　监狱之种类(附待质可)　题五

(一)刑事被告人有定案、未定案之别,已定案者,其罪有轻重之殊,收容此等人犯之处有无区别?试列举其目。

(二)刑事被告人之暂时拘留者,其拘留之处凡几?

(三)妇女幼儿之应收狱者,与寻常罪犯有无区别?

(四)有无待质所?其有待质所者,管所之章程及入待质所者之资格罪状若何?

(五)有无专收死罪女犯之所?其管理之方法若何?官媒存欤、废欤?新奉部章革除官媒设立女看守所如何实行?有端绪欤?

第二款　管理之方法　题八

(一)监狱有杂居(以多数犯人杂居一处而不分罪之轻重者,谓之杂居制;或分罪之轻重而以罪状相若者杂居一处,亦谓之杂居制)、分房(有昼夜分房者,有仅于夜间分房者)、阶级(视囚徒之罪状设为数级,视有改悛者,则进而上之,优其待遇)之别,今各处监狱究用何种制度,抑兼采各种主义欤?

(二)狱犯之粮食、衣服、现行之定章若何?

(三)狱内赏罚之规则若何?

(四)有无令狱犯从事劳役工作者?其服役者限于何种人犯?工作所得之价分给于犯人欤?其分给之法若何?

(五)狱犯得典狱外之人通信接见欤?其许通信接见者,有无一定之制限?

(六)管理狱犯死丧疾病及清洁卫生之方法若何?

(七)新设监狱(如模范监狱)之典狱官(指委员等)与有狱官(例如知县)及管狱官(例如典史)之权限责任若何?

(八)有无不将监犯收监之习惯(如外结监犯而收入班管之类)?如有逃逸,应由何人负其责任?

法制科调查报告例(附报告书样式)

第一条　府厅州县之调查方法及对于本局报告之体例以本例规定之。

第二条　于府厅州县衙门以内调查者,应抄录或条对汇送本局。

第三条　须于该衙门以外调查者,应由府厅州县就各地方情形酌派通晓事理、众望素孚之员,分赴城厢各镇实地调查,限期报告,或委托个人(如团董及其他首士等类)及团体(如商会、教育会、善堂及各帮公所等类)调查之。

第四条　报告日期视问题之繁简定之,应于所定日期内答覆汇送本局。

第五条　于本局所定日期内调查未能完竣者,应延至何日止,得先行通知本局。

第六条　于调查时或先就各部中之一部，或一部中之一类调查，既讫可随时汇送本局。惟所查某部或某类其问题仍须按本目所载，依次顺答，不得抽减倒置。

第七条　凡报告书均用楷字，其有非绘图或拍照不可者，应以图及照片参入之。

第八条　凡问题中有问及种类者，应于各问题之后列表参入之。

第九条　报告书用官堆纸样式，依别纸仍装订成册。

第十条　各项契纸字据等类，应检查原件（如废契等类）黏附之，如无可检查，得用拍照或照原式抄黏。

第十一条　如属于各项章程或格式（如诉呈格式）等类有印刷者，应以印刷原纸黏附之，无印刷者得照原式抄黏。

第十二条　遇有在问题以外应调查者，应以调查所得添附于各问题之后，或别立一目附之。

第十三条　调查员应照式位填写年月日及姓名。

第十四条　本例凡府厅州县以外各衙门局所及为府厅州县或本局所委托之个人及团体，皆准用之。

湖北某县（府厅州同）报告

宣统　　年　　月　　日　调查员　　　报告

某部

　某类

　　某款

　　　某项

　　　　某目

　　　　　某问题

　　　　　　答

（国家图书馆古籍馆藏。）

江宁调查局调查商事习惯商号类问题

南京农工商务局照催各商会查照答式填报商事习惯问题文

为照催事。案准江宁调查局移开,案照敝局法制第一股主管调查事件,业经仿照鄂局,编定大纲,移请转行在案。惟是习惯攸殊,逐类调查,既已略分序次,而条文复杂,按目答复,尤宜确定范围,庶事无凌躐之虞,体昭划一之效。敝局前次所发问题,仅举大纲,现经详细考求,编为子目,以便条答。至问题既立,答案尤宜注意。前据各属答复事件,文多泛论未切,体复参差不齐,亟应预定范围,以示标准。复经本局于每条问目之下,注以答式,但条目繁夥,若待一律完竣,再行抄送,恐不免稽延时日。兹撰拟商事部之商号一类,先行抄送,以便仿办而作准备,相应备文移会,为此合移贵局,请烦查照,转饬商会分任调查,详细答覆,望切施行等因,并商号问题一件到局。准此,查此案迭准调查局移送调查例言、商事问题,均经照请贵总会督饬各分会填报在案,迄今多日,尚未准复。兹准前因,合再抄黏照催,为此照会贵总会,烦为查照,希即转催各分会,按照先后来文,指询各节,迅速确查填报。幸勿稽延,望切须照。

计抄单

调查商事习惯问题　第一类　商号

第一项　组织及资主

(一)商号之组织共分若干类？各类之异同若何(如独力与合资之类)？

　　(答式)共若干类。一……类。二……类。三……类。某类与某类其所异在……,其所同在……。上一项列表以明之,下一项举事实以证之。

(二)商号资主除股分公司外,其人数有无限制?

(答式)有限制之资主举其例,如某某商号之类。无限制之资主,举其例、如某某商号之类。

(三)商号中资主自行营业与请人经理营业者孰多?

(答式)或云自行营业者多,计有若干号。或云请人经营者多,计有若干号。或云自行营业居十之几,请人经理居十之几,列表以明之。

(四)资主得随时退资解约否?

(答式)得因……如何之理由得退资解约。例如某年某号某资主之事,不得因……如何之契约不得退资,余约叙其理由。

(五)资主责任是否无限制?

(答式)责任无限制是因如何之理由,如有限制,亦应叙其理由。

(六)经理人之商号,其对外代表仍须以资主出名否?

(答式)或资主出名,或经理人出名。如某商号对于某事之类,均举其例。

(七)理事资主与不理事之资主,其责任有无异同?

(答式)其责任所同者……。其责任所异者……。

(八)资主中人得另出资为同类之营业否?

(答式)得出资为同类之营业。例如某人已与某某合资营业,又另出资为同类之营业,举成例以证之。如不得另出资为同类之营业,应叙其理由。

第二项　资本

(一)资本月息,其至多至少之率若何?

(答式)某某业资本月息若干,某某业资本日息若干,列表以明之。

(二)由资本中提存护本或公积,其计算之比例若何?

(答式)营业资本约计有若干,以几分之几抽作护本,以几分之几提为公积。多举例证之。

(三)资本实数于开业之时是否皆应声明?

(答式)某某业有声明者,例如某商号。某商号于开业之时皆会声明有资本若干,声明之处系对于何人。

(四)经理人除结给薪资外,有无以其劳力作资本者?

(答式)有则举例以证之,无则直答曰无。

第三项　伙友徒弟

(一)通常商号伙友,其职务共分若干类?以何类为最重要?

(答式)通常职务约分……类,一……,一……,一……,以……为重要,……为最重要。某业另有……职务,某业另有……职务,或亦为重要,或不为重要。

(二)各职伙友是否皆由徒弟递升次序?期限如何?

(答式)由徒弟递升者,例如某业学徒,……年升为某职伙友,又……年升某职,又几年升某职。多举例以证之。

(三)经理人权限、责任有无一定?

(答式)经理人权限,对于资主……,对于伙友……,对于徒第……。凡……皆其责任。

(四)经理处置伙友,应回明资主否?

(答式)如……处置则应回明,如……处置则不必回明。

(五)伙友得兼营与本号同类之业否?

(答式)得兼营者,例如某某业友伙兼贩卖……物是。

(六)雇用伙友,期限有无一定?

(答式)某业以年计,某业以月计,某时为某业接续订约及辞退期,各列表以明之。

(七)伙友如违反号规,有无处罚之法?

(答式)违反……号规则……处罚。

（八）教授徒弟除实地练习外,有无讲习之法?

　　（答式）应实举其练习之法,各业之教授不同,并应详细答覆。

（九）徒弟满师期限通常约须若干年?

　　（答式）通常约以……年为限,特别者以……年为限。

（十）雇用伙友徒弟是否必用保证人?

　　（答式）某某业则最注重保证人,保证人必须有何等之资格。

（十一）伙友徒弟有无定期归省之例?

　　（答式）伙友徒弟每月限假出约几次,每年何时为伙友徒弟休息期。

　　　　　　　　（《华商联合会报》1910年第5期。 本篇标题为编者所加。）